超级90后 亲爱的

（第1季）

许 洁 主编

90后文学社 执行主编

中国青年出版社

图书在版编目(CIP)数据

亲爱的. 第 1 季 / 许洁主编
— 北京：中国青年出版社，2011.12
（新青年文库. 超级 90 后系列）
ISBN 978-7-5153-0353-6

Ⅰ.①亲… Ⅱ.①许… Ⅲ.①中学生－学生生活－文集 Ⅳ.① G635.5-53

中国版本图书馆 CIP 数据核字(2011)第 229982 号

书　　名：亲爱的（第 1 季）
主　　编：许　洁
执行主编：90 后文学社
责任编辑：庄　庸　王　昕
特约策划：举杯邀月
特约编辑：张　双
插画作者：杨雯茜
出版发行：中国青年出版社
社　　址：北京东四十二条 21 号
邮　　编：100708
网　　址：www.cyp.com.cn
门 市 部：(010)57350370
印　　刷：三河市世纪兴源印刷有限公司
经　　销：新华书店

开　　本：787 × 1092　1/16
印　　张：14.25
插　　页：17
字　　数：200 千字
版　　次：2012 年 3 月北京第 1 版 2012 年 3 月河北第 1 次印刷
印　　数：0,001-5,000 册
书　　号：ISBN 978-7-5153-0353-6
定　　价：19.80 元

当90后都开始谈情说爱时，

我·们会谈些什么？

——网络社团"90后文学社"五人谈

文／《超级90后》

《亲爱的》系新青年读物工作室"以爱的名义"为主题，征集90后作者的"情感"作品，分别从青梅竹马、同桌的你、蓝颜红颜、父爱母爱等不同情感类型和发展历程，遴选优秀散文与小说，辑为《亲爱的》第1季出版。

2011年暑假前后，网络开始流行"90后微博秀"，对90后的关注热开始从偏见到正见——其中以90后的爱情和90后跟父母的情感矛盾为焦点。90后的爱情观和情感世界开始逐渐揭开面纱。但是，出版市场上仍然缺乏由90后表述自己情感经历和思想情报的图书。

作为"第一本"（第一套）全面揭示90后情感世界的主题青春图书，《亲爱的》旨在通过"情感概念＋草根作者优质作品"的方式，全面、系统和细致地揭示90后情感世界的各种亚情感模式——男生VS女生、闺蜜伤逝、简单@爱——其中，诸多90后隐秘的情感需求和亲密关系"第一次"正式浮出水面，对于整个社会了解90后群体的情感观提供了鲜活的样本。

为了贴近90后，贴近他们的内心，贴近他们隐秘而鲜活的情感世界，挖掘文学新人·"新星"，本期《超级90后》特邀榕树下"90后文学社"作为《亲爱的》（第1季）的执行团队。"90后文学社"是一家新锐的"草根明星社团"——作为典型的90后派，他们成立90后文学社的目的在于，寻找那些热爱生活、珍惜青春、胸怀理想、志同道合的朋友。大家一起认识文学，交流文学，用文学写作的方式来深化自我的思想，升华自我的灵魂，寻回遗

失的文学灵性，恢复遗失的表达激情。

以爱的名义，寻找属于90后的乐观向上的生活与情感方式，表述出自己对这个社会的看法与想法——这就是“90后文学社”在《亲爱的》（第1季）中倡导的理念和思想。今天，《超级90后》特别邀请来90后文学社的组稿、选稿人员，一起畅谈这本主题图书台前幕后的故事：当90后都开始谈情说爱，我·们会谈些什么？

社长：寂静克里斯

真名赵燕燕。生于江南长于江南。对自己的定义实在是太多，愤青还是文青，无法明示。生来就带着极端矛盾的性格，时而懒散，时而高速旋转，无法闲下来，正应了那句“我忙故我在”，就是这样需要强烈地证明自己的存在感。极度依赖朋友们生存，又极度渴望独立存在。涉猎广泛，标签如下：略宅，ACG，F1方程式，网球，文字，电影，摇滚金属乐，朋克，哥特，摄影，古风，桌游，吃货，怕黑。以上所有，怕是一离开就会死。愿意大声叫嚣：我，为爱而生。

前任主编：叶徵羽

倪国欣。扎根于南京，流浪在扬州。网名宫商角，笔名叶徵羽。五音分散，迷恋破碎的美感。生在江南，却向往漠北之地。喜欢黄沙遮蔽的天空，一如喜欢漫无边际的夜晚。害怕黑，却沉溺在夜色的荒芜里无法自拔。始终坚信青春是开在悬崖的花，一边怒放，一边凋零。这是我们生存的姿态。

写手部部长：第六生命曲

原名尚顾秋子，生于90年代初。喜静，惧生，又内向。曾被冠上内心强大之名，真实见于文字。在夜晚多半有璀璨又深情的梦境，隔天醒来咬下第一口面包片的时候就选择忘记。习惯在荒诞中捕捉真实的影子。宁愿夸张也不要被淹没在潮流之中。始终相信，人生就是一部奋斗史。

评论部部长：紫陌然

真名李椰蕾，一个从小喜欢文字喜欢音乐的女生。喜欢在空闲的时候捧上一杯热茶或一杯咖啡，听着歌坐在窗边看着手里书，或者对着电脑不停地扣字。在我眼里一篇好的文章是要感情的，最喜欢看随笔，因为只有那些一时兴起随手而写的文章才能体现一个人的真实感情。

资深编辑：飘飘飞雪

90后文学社元老级别人物，为人谦虚温和，常常给人造成她是一枚新人的错觉。对文字要求极高，鉴赏力强，社团工作兢兢业业。目前被“流放”到海外接受西方的爱国主义和开放多元的文化洗礼。据说根据某人多年的阅人经验判断，这个秀外慧中的丫头，将来会成为一个家庭中的贤妻良母，事业上的女强人。

亲爱的，我是谁？

《超级90后》：今天特别邀请"90后文学社"的管理组人员，大家可以通过这个机会认识并且了解这些平凡而又了不起的90后们。现在请她们做个自我介绍吧。

寂静：hi，我是"90后文学社"的社长寂静克里斯。嗯，首先我要澄清一下我一直以来在社里的"爷们"形象，其实本小姐气质彬彬，温柔娴淑，乖巧可爱，可爱甜美的捏……

后台：社长被群殴（血腥啊）！

叶子：咳咳，那个，刚才，只是个小插曲，没事的，大家习惯就好。呵呵呵(叶子同学尴尬一笑)。噢，大家还不知道我是谁，亲们，我是主编叶徵羽。大家叫我叶子、徵羽都可以哦。

曲儿：hello，我是写手部部长第六生命曲。今天，我真系好激动呀，人家第一次接受采访啦~（曲儿好可爱哦）。

陌然：大家好，我是评论部部长紫陌然。

《超级90后》：额，好干练的开场白，呵呵（尴尬）。陌然好严谨的性格。

飘飘：hello，我亲爱的"飘带们"，我是编辑飘飘飞雪。嗯，就这样，大家对我很熟的，我就不多说了。是吧？

《超级90后》：嗯，这样，好吧。

寂静：是资深编辑飘飘飞雪哦。

《超级90后》：为什么一定要加"资深"呢？

寂静：因为飘飘其实是我们的“开国”编辑了，虽然现在职位也只是编辑，但是飘飘在社团里的地位是非常高的，她是我们社团里的灵魂人物呢。因为现在在国外留学，所以才稍少介入社团事务了。你也知道的，做文学社团真的是一件不容易的事情，坚持到现在的我们这几个社团主干，其实都是“元老”级别的了。因为太辛苦，之前很多的编辑都放弃了。

《超级90后》：这确实是我们想要知道也应该了解的“内幕”。那么我准备了几个大家都非常想要知道的问题给各位呢，我们现在就开始看看这些问题吧。

众：好的呀。

众人做期待状(*^__^*)……

90后的标签，我贴不贴？

《超级90后》：我们“超级90后”主题出版的图书，是针对90后的作者和读者们。你们社团叫做“90后文学社”，主要也是由90后组成。现在的“90后”呢，已经被套上很多标签，比如：非主流、脑残、不装、互联网原住民、改变的一代、粉红力等等。你们作为90后对此有什么看法呢？你们接受这些标签么？如果让你们给90后加上一些标签，你们会加上些什么？

寂静：不接受的话就说谎了，但是全部接受的话，对我们来说，也太不客观理智了，不能以偏概全的嘛。我觉得不管哪一代，都有疯狂的一群人和普通的一群人吧，只不过90后这一代的我们个性更加鲜明一些，大家更喜欢展现自我，表现自我。咳咳，如果是我的话，倒情愿给我们这一代人贴上“矛盾”的标签。真的是好纠结的捏。

陌然：这是一个很严肃的话题呀。我想作为90后，看到这些标签的看法无疑就像大家常说家长与孩子有

代沟那般，给90后贴上这些标签的人，其实并不怎么了解真实的90后。这些标签有的我们可以接受，但有的我们无法接受，因为你们只是看着片面说全面啊。如果要给90后贴上标签的话，我想，我会给我们贴上：给力。

曲儿：绝对不接受。哼，才不能因为少数人的存在而否定这样一群人。90后的我们偶尔消极却不堕落，努力的时候会比别人更加疯狂。标签嘛，就“小清新、小文艺”好啦。

90后式的青春文学，是神马东东？

《超级90后》：现在青春文学都泛滥成灾，泛滥是因为市场，而90后就是一个庞大的市场。那么作为90后，你们本身是怎么定义青春的？又怎么定义青春文学？

你认为当今青春文学市场上产生的“青春”真实么？这能够真实表达你们90后的情感么？

寂静：青春太大，以我现在的阅历还无法定义。至于青春文学么，只要符合当代读者的口味，能够切合我们的心灵就足够了，不需要太复杂的阐释吧。

目前市场上的青春文学，我个人觉得不能满足我的需求。我是个不爱矫情的人，目前的大多数青春文学显然太过于矫情了。有的甚至是过于浮夸或者过于颓废，这样的文字看多了对90后的成长其实并不是很好。我希望大家能够有自己客观的选择性阅读。

曲儿：青春，多么美好的字眼。我攒紧拳头挤进了青春的一列火车，可是却被告知车上没有座。这是我对于青春的定义。

青春文学就是当作者在写文章的时候像是初恋般悸动又冲动，当读者在看的时候内心同样的悸动和感动。

陌然：青春就是活力四射，就是我们在校园中那些是是非非。青春文学就是体现校园时光中孩子们的生活。

文学市场上产生的青春不是那么的真实，有些经过了夸张。但是我想大部分可以体现出90后的情感。希望亲们，不要被我的表象吓到，我本人其实是很有爱的，只是对于工作，态度严谨啊。期待谅解啊～

《超级90后》：你们觉得什么样的文章才是贴合如今90后的呢？

寂静：我想文学是没有年纪之分的，但是文化有啊，文化背景和时代特性决定了文学的形式、表象、内容等特征。90后们成长在物质高度发达的时代，所以90后的文章大多对物质没有过多的执拗，在情感的表达上会更多一些。对亲情、友情、爱情、爱国情怀等的体会和想法都是独到的，表达也更要充分一些，可能渴望这样的作品也更多一些。总的来说，90后如今最大的也不过是20岁的孩子，大家都奋力地用着自己年轻的血液书写着最真实情怀的文章。

叶子：现在的90后的文章可能或多或少受了很多青春作家的影响：郭敬明的华丽，韩寒的犀利，安妮的忧郁……可能导致他们写出来的文章有些跟现实的感情有所脱轨。我觉得好的文章，一定要写得饱满：故事情节饱满，感情饱满，人物内心情感饱满——有让人身临其境的感觉，从而从故事里看到我们自己，看到我们生活的现实世界。

曲儿：成长的路上一定是多感的。好的散文和感受随想都是能引起共鸣的，因为路上所见风景大都相似。根据自己的体会想象出一副别开生面的美图，写下来就会是一篇好的小说。但是文章应该是以亲情和友情为主的。关于爱情在学校里还是不能见光的。大家懂的(*^__^*) ……

陌然：现在的90后并不是大家眼中那些孤傲、特立独行的孩子。90后有着他们独特的看世界的角度，他们的内心是大家并不熟知的。然而就因为如此，我觉得只有那些反映了90后真实生活、内心的文章，才是贴合如今的90后的。90后的最大的不过20出头，他们的内心并不强大，校园小说、生活随笔、心灵疗伤等文章，才会让他们在文字中找到属于他们安慰自己的坚强。

飘飘：90后应该不仅仅局限于某一类型的文章，面对现在多元化、信息爆炸的时代，他们需要的是更广阔的领域和多层面的发展空间。我希望有更多的90后的朋友们来加入我们，丰富我们团队，让更多的好的文章来充分表现我们哦。

选文内幕：《亲爱的》谁?

《超级90后》：各位都参与了选文，那么在与这些90后作者交流沟通的时候，你们觉得这些90后的作者有什么与众不同之处，有什么特别的想法和见解呢?

寂静：首先得感谢"邀月大叔"（听上去怪怪的，但系大家都这么叫他啦。）在树下的征文。这给我们提供了一次难得的机会。另外，这次征文的写手们，很多都是第一次在纸媒上发表文章，不少都是出于兴奋状态随笔写就的，可能还比较稚嫩。同时，因为没有经验，所以在流程上很不明白到底是应该怎么做，也犯了不少错误。包括我们管理组，也傻呼呼地做了很多糊涂事。觉得我们真的是还没有真正长大的一代，要步入社会，可能还需要一段时间的磨合期。但是最值得高兴的是，没有任何人因为这些困难退却了，放弃了，大家都这样相互扶持着一步一步地走过最艰难的时期，期间可能有误会，有争吵，但是乐观的精神和永不言弃的决心还是让我们做到了。现在，我感动，鸡冻，我们一直以来的苦难让我们建立了多么深厚的友情啊。

叶子：与众不同倒没什么，因为我们本身也是90后，思想观念什么的大体是差不多啦。想法和见解是仁者见仁智者见智的，大家对于文学对于写作的看法不尽相同。有人觉得犀利的是好文章啊，那有人就会觉得忧郁的是好文章，我呢就觉得大家无论喜欢什么风格都无可厚非。只要是个人喜欢的，写手用心去写的，都是好文章的~~~

曲儿：这是一群想象力极为丰富的孩子。情感细腻又敏感。不能单说这是件好事或是坏事。感情细腻总使人温柔，写出来的文章能够感同身受。但太过于敏感感受到的不快乐也会多一些。他们总是能在气氛严肃尴尬的时候突然讲出一两句缓场的笑话，我想这还源自于他们独一无二的青春吧。

陌然：在与这些90后的作者交流沟通的时候，其实可以看得出来他们和普通的孩子没有什么区别。他们喜欢小说，喜欢动漫，喜欢讨论热播的偶像剧，但是他们有一种自己对文学的独特看法。

或许每个人接触文学的时候，会照着自己喜欢的作家的笔锋学习写文章，可是有不少孩子他们会自己找到自己的风格。他们心中的文学是他们在这喧嚣的城市中唯一能寄托自己情感的净土。

飘飘：可能因为正处于最富有活力的阶段，在沟通交流中，他们往往会显得比较活跃、思维发散，同时对梦想有着非常执着的追求，这一点真的很令人感动。

《超级90后》：那么能透露一些幕后的花絮么？当然，“花絮”越爆越给力。

寂静：花絮啊……这个问题就是刁难我的吧……好不开心！跟作者联系的时候因为实在太忙，每天电脑窗口都开到爆，所以跟作者们总是很公事公办的口吻，然后被好几个作者说凶，说不和蔼可亲，然后跟他们装孙子似的解释。当时觉得特别委屈，都快哭了。我只是个小女生了啦。

曲儿：寂静克里斯一点都不温柔！催稿催得像是欠了她好多钱一样。每天晚上什么事情都不能做，歌也不听，天也不聊，电影也不看了。要专心致志地选稿！好讨厌的啊~讨厌讨厌！ %>_<%……

寂静：你看我就说了这个问题是针对我的！连曲儿都这样说我！曲儿乖啊，不要讨厌我啦。

陌然：我弃权！

《超级90后》：如何挑选文章，在你们心里面什么样的文章才是佳品？

寂静：这个恐怕是见仁见智了，不同的编辑有着不同的个人偏好。比如我，看到言情和诗歌就头疼，一看到杂文、武侠、散文、玄幻什么的就来劲了（笑）。再比如曲儿是擅长言情类别的，叶子偏向于美文。但是为《亲爱的》选文，肯定是不能光凭个人好恶的，所以我们在审核文章、退稿、加荐的时候有一套比较完善的制度，一般不会导致佳作由于编辑的个人原因而被埋没。

叶子：好的文章要能够引起读者的共鸣，文章有了感情才会有血有肉，触动读者。写作技巧在其次，很多精彩的文章并没有一板一眼地按照传统的写作技巧来写，只要不是让读者感觉不知所云就好。

曲儿：这个问题有点难回答。每个编辑经历的事情都不同，所以在审文方面还是有一定差异的。有的注重亲情，有的则注重友情多一些，还有一些喜欢诗歌更多。但不管怎么样，好的文章总不会被埋没的。好的小说会让人感觉那不是在描写生活，而是那就是生活。

陌然：情感的真挚。一篇文章的灵魂不在于它的语言有多么优美，字句多么严谨，情节多么紧凑。而是在于他情感的真挚。只有有着感情的文章，才能吸引人，才能打动人，才能让人真正地看到文章的精髓。

飘飘：对于不同体裁的文章会有不同的衡量标准：比如杂文类会更加注重思想内涵方面，小说类则需要关注故事的结构和可读性……但不管怎样，一部优秀的作品都应该具备相当的感染力，要求作者对文字有一定的驾驭能力，甚至在细节上也不该出现太多的疏忽。对作者而言，要精心、细心、耐心地对待自己的作品，首先得到自己的认可，才有可能使它成为读者心中的佳作。

我看90后：不想长大

《超级90后》：你们几个都是在90年代初出生的人，现在都已经渐渐成熟起来，但还不足以完全脱离父母独立成长。处在这样一个尴尬的年纪，期间来自各方面的压力都很大。有没有想过不想长大？想要逃避现实？这个时候你会怎么做？

寂静：不想长大？人家根本就没长大啊！今天出门买东西还被老板娘误以为是初中生呢！好吧，我就是长了一张卖萌无限的萝莉脸。可是身体发肤受之父母啊！总不能让我整容往老里整吧？！不过我的困扰就是因为这张脸，大家都一直觉得我还小，什么都不会，都太溺爱我帮助我，在同龄人当中我确实算是能力很差的了。我下决心了！我要有意识地开始锻炼自己，让自己成熟起来，可是心智就好像定死了一样，很难改变。真是的，总有一天我要成为一个社会人，不是每件事都可以以“我是社会新鲜人”的借口搪塞过去的，最恨的事情就是逃避，我永远不会逃避，遇到任何问题，我都会迎难而上，以最高的效率完成，虽然风风火火，但是我不想被冠以“做事拖沓的无能力者”称号。

叶子：长大确实是个很尴尬的问题，想过不想长大，想过逃避。但终究要跟着时间走。在改变不了的现实面前，我们只能适应。这时候我会重新给自己定位，想好下一步要做什么以及怎么做。并且努力把它做好。

曲儿：不想长大是长大以来一直幻想的事情。可是当你每天早晨照镜子的时候还是能看见脸上新长的痘痘或者胡渣。这是岁月留下最好的证明。而你报答岁月的将是一颗好好生活下去的心。压力很大但从来没有想过逃避。只是在一个温暖的怀抱里停留一下然后勇往直前。不开心孤独落寞失望的时候，一切不好情绪到来的时候，我都会选择写字。文字一直都忠心地陪伴着我，让我度过了这么多艰难的岁月。不要问我对于文字的感情是什么样子的，这是一个秘密。呵呵。

陌然：我想在我们这种尴尬的年纪，的确压力很大，而我也的确想过不想长大。我想正如S.H.E的那首《不想长大》所唱的那样，每个人都觉得孩子的世界是最纯净的最美好的。但是不想长大，却不能逃避现实。记的小的时候，曾经用过许多极端的方式，就是为了逃避现实的压力与无奈，但是经历这么多年的现实的洗礼，我想不只是我，很多人都明白了，现实不是想逃就能逃得掉的，倒不如让自己勇敢地面对现实，一步一步在现实的阻挠下继续前行，虽然痛苦虽然困难，但是我们会获得的东西一样很多，如同朋友兄弟。我想我不会再逃避，面对现实，是我要求自己一定要做到的。

飘飘：从孩子蜕变到成年人的过程中，确实有过逃避的想法，希望能够永远不会长大，一直躲在父母的羽翼之下。但更多时候，还是想要完成它，努力地破茧而出，因为父母也会垂垂老去，依赖着他们成长到现在的我，也期盼着有一天自己能变成他们的依靠。所以，从来都不曾失去过信念和勇气。（高唱《相信自己》……）

为什么写作：梦想or现实？

《超级90后》：你在生活中把文字当作什么？假若只有以下选择，你会怎么选择？为什么？——妻子，小三，纯朋友，缓解一时寂寞的陌生人。

寂静：当然是纯朋友啦。每次心情不好的时候，看5分钟书，立马什么都不记得了（这真的不是记性不好的问题）。大家都知道我是脾气火爆的性子，唯有文字可以让我回归寂静。所以我坚持相信，看书看进去的远远不止知识和内容，更多的是气质。腹有诗书气自华。我真的是个温柔的女子啦~干嘛，不要打我啊……

曲儿：把文字当作生命的一部分，与日月同辉。以上的选项没有一个符合心意的。但是综合起来就是文字之于我的感情。

陌然：把文字当成纯朋友。因为，他就像朋友一样，听着我诉说所有的酸甜苦辣。听着我的唠唠叨叨，他不会对我怎么样，他会像朋友一样给我一个发泄的地方，可以安慰我，让我烦躁的心情平静下来。

《超级90后》：写作是作为梦想的存在，还是作为一种赚钱的方式？梦想和现实你是怎么看待的？

寂静：当每个人最初拿起自己的笔的时候，一定是为了梦想而战的。也许有些人把梦想坚持下来了，一直纯文学，有些人把这个梦想变为了生财之道。当然不是说后者不好，自己的文字能够给自己带来收益，说明这是有着相当的效益和价值的，是非常好的事情。也许这是每个写手的愿望，这样就可以把自己的文字和大家分享，也使自己的才能得到了证明。没有人说梦想和现实不可以兼得，确实很难，但是我们每个人都在为之奋斗呀，只要努力了，就算做不到也是问心无愧的吧。

叶子：一般来说，我们90后对于写作的态度还是出于热爱的。写作是很多人的梦想。我不否定用文字赚钱。虽然把文字和赚钱扯到一很庸俗，但我想没有人排斥文字以这种形式给我们带来的欣喜。我们守着梦想不放手，因为我们是90后，我们年轻，有着坚守梦想的资本。如果有一天，写作作为一种赚钱的方式存在于我们的生活当中，这也是很正常的事。要让写作的梦想一直延续下去，就必须学会用它来生存。这是现实。梦想与现实并不冲突，只要不突破写作的底线就好。

曲儿：现实和梦想是现在考虑最多的问题。每每想起就觉得头痛。还是因为没有找到一个很好的平衡点。我们需要梦想来支撑生活，却需要现实来让生活存在下来。两者一个都不能少。写作呢。一直是作为梦想存在着。是永不停止奋斗的目标。没有把写作当做一种赚钱工具，提起来总有点俗气。宁愿纤尘不染。

陌然：对于我而言，写作是作为梦想而存在的。梦想与现实就像镜子里外一样，梦想就是镜子里的世界，现实就像镜子外的世界。我们用尽一切的方法去完善镜子中的我们，但是我们清楚地知道无论如何，我们都不能达到完美。现实是无奈残酷的，而梦想是美好。我只希望写作一直以我的梦想而存在着，因为梦想的美好在成为现实的那一刻就灰飞烟灭了。我希望写作给我带来的是为梦想而奋斗的美好，而不是实现后的麻木与无奈。

飘飘：写作是多年以来始终不灭的梦想，也是驱使前进的动力。但不可否认，假如能够带来经济效益，依靠它来生存，那么可能就是人生中最棒的事了。从事自己喜欢的工作，是最大的幸福。

谈到梦想与现实的关系，我认为它们是相互依存的：若是失去了现实的支撑，梦想恐怕不能长久；但是人因为梦想而有所追求，才会在现实中不断努力。所以现实和梦想并不矛盾，我们要做的，只是将它们融为一体。

90后情感观：如果爱，请真爱

《超级90后》：其实大家都很好奇90后的感情世界。现在的感情观和以前的有什么不同？

寂静：这种东西，还真是说不好。可能我还没有心智成熟，一直都没有变化？（笑）90后谈爱情，也许还太早，这是需要一定的社会阅历积淀的一种感情。但也是比较正常的现象。但就我本人来说的话，我是重视友情和亲情要比爱情多得多的。对朋友，就那四个字吧，两肋插刀。我的朋友太多，我爱他们，也依赖他们。他们都对我太好，让我不得不依赖，然后导致的结果是他们总是这样惯着宠着顺着帮着我，我脾气很差能力也很差，不过我很得瑟！别人想依赖都依赖不来啊！嘻嘻。我被朋友溺到无能让我自豪！好吧，我承认，这样说欠抽了。对于家人，我的爱就来得要厚重一些了，我从来不对爸妈说“谢谢”、“对不起”，因为这些都在我的心里，说出来仿佛就让这份爱显得廉价而浮躁了。

叶子：以前觉得，感情就要始终如一，要轰轰烈烈才对得起青春岁月。亲情，爱情，友情，都要长久如一，才是真正的感情。但是现在想想，这永远如同远古的传说那样遥远并且不真实。人生如同坐车，每一站，都有不同的人相伴。珍惜每一段感情，珍惜当下才最重要。

曲儿：感情呀。最初的时候一直好奇爱情，虽然是学校命令禁止的行为。但是抵挡不了年轻的心蠢蠢欲动啊。哪个时候诺言说得最动听。也不能说哪个时候，因为诺言什么时候都动听。只是在那个时候是真正的一心一意地付出，认真到在爱别人的时候总忘记爱自己。但是人生总要有一段失败的感情来让人瞬间成长。后来长大一点点，特别是上大学时，越来越觉得父母的重要性，其实亲情才是生命中不可或缺的。微笑地看着身边的闺蜜，原来你一直都在身旁。一直一直。这个时候那种感情孰轻孰重一眼明了。忽然想起奶茶的《不能跟情人说的话》。呵呵！

陌然：应该说我是个很难改变自己观念的人吧。感情观我从来没有改变过。一直都认为感情无论是亲情友情还是爱情，我只会在乎我自己的付出，我一直都希望所有的人可以因为我而快乐而不是不高兴。经营一段感情不是一个人的事，如果对方不乐意我从来不会勉强。要在爱我的人和我爱的人中选择一段感情，我情愿选择爱我的人，因为爱我的人会让我快乐，我爱的人我希望他快乐。

飘飘：相对于从前对“轰轰烈烈”的追求，现在却觉得平淡而隽永的感情更加能够打动人心。其实生活中也大多如此，没有那么多突显的剧情，但这并不代表着乏味——就像一杯茶，并不浓烈，却韵味悠长，愈久弥香。我也突然想起一首歌来，黄小琥的《没那么简单》。

《超级90后》：现在期待着什么样的感情呢？从多个角度谈谈。

寂静：期待更加富有激情的友情！有人说，你身边的圈子就是固定那么大，进入了几个新朋友，就一定自动替换掉了几个老朋友。我严重不同意！一直以来新朋友很多！老朋友也没少！不管是平日里的玩伴还是交心的知己，都是越来越多！可能有些渐渐褪去的绚丽的颜色，但是卸下了激情的友谊，都是一辈子的，任何情况，一个电话，没有寒暄，直奔主题。当然还有更加厚重的亲情，这个不必多说。（爱情我可以不谈嘛？单身主义者伤不起。）

叶子：期待不掺杂质的感情，或许，很多年以后，我们都会改变。变得没有现在这么单纯，很多情感都会带上功利的色彩，所以我只想在还能单纯的所剩无几的年华里，拥有一些不掺杂质的感情，平平淡淡就好。

曲儿：终于问到这个问题了！要知道等了好久的哎。一路上这么走来，最想要陪在身边的，并且真的如愿从未离开的，是父母。一直都是他们。以前处在不懂事的年纪，浪费了太多的时间用来争吵。现在想要他们身体健康。当然，如果能够批评我一辈子也是欢喜的。不能说没有为友情哭泣过，只是它慰藉的时候更多，想起来就会觉得温暖。那些忘记的友谊就忘记好了，希望这个时候留在身边的朋友能够一直都在一起。最后，弱弱地期盼有一份完美的爱情降临。他一定不是完美的，他做的事情一定不是完美的，他说的话语一定不是完美的，但是他在这里，陪着我身边，一切都会是完美的。

陌然：期待一种平淡的平凡的感情，或许是自己看多了身边人感情上的大起大落，而自己时不时会被搅进去，觉得太轰轰烈烈，太完美的感情我接受不起。或许经历了很多，觉得自己还是那样喜欢简单安静的生活。一个简简单单的感情，只要都是有心人，一样可以过得很幸福。

飘飘：目前的生活比较忙碌，所以对感情方面没有太多的想法。如果一定要算的话，可能还是亲情上想得略多一点：想要好好努力，使自己变得强大，成为他们的依靠。

《超级90后》：在你的情感世界里有信仰的存在么？如果有，那你的信仰是什么？

寂静：信仰这种东西，没有的话，会死掉的吧。我的信仰没什么慷慨激昂的陈词，只是希望自己可以生活得更加美好满意。当然，这个“更”在某种意义上是没有止尽的。我的追求只会越来越高。嘿嘿嘿，我就是贪心啦。

曲儿：如果爱，请真爱。

陌然：情感世界的信仰就是，不是自己的决不强求，如果真的爱一个人就是让他快乐，所以我希望身边的人都可以快快乐乐的。

90后思想情报：口味、爱好和状态

《超级90后》：能以90后的思维来解读一下“重口味”与“小清新”么？你们认为这两者有什么联系？

寂静：嘿嘿，我不就是出了名的重口味么（笑）。我第一吃东西是甜和辣两个极端，第二喜欢猛料杂文。第三可能是平时接触的人和事物太多，完全无下限了。小清新，难道我长得不小清新么！大家都这样说！

曲儿：重口味请看我，小清新请看寂静克里斯。这两者的关系就是：呐，好的不得了。在一起很欢乐。

陌然：以上两人是不是矛盾了……真是纠结的孩子们！

《超级90后》：说说现在90后的兴趣爱好和生活状态吧。

寂静：这个，好像又要拿我开刀了……我是出了名的兴趣爱好广泛，涉猎广到我自己都难以想象，如此忙碌的20年，我这个懒鬼究竟是怎么度过的……喜欢的如下：动漫，金属摇滚乐，朋克风格，电影（文艺武侠各种风格），文学，网球，F1方程式赛车，外语学习，摄影，设计，桌游，文艺清新物品，美剧，聚会，美食，古镇老街。还有，睡懒觉！可能我的爱好囊括了大多数90后的爱好吧，望天……我坚信："我忙故我在，我再忙我就不在了！"这是我的生活状态。忙！

叶子：兴趣爱好要因人而异。上网应该是大多数90后都喜欢的。在社团里的人要多一个共同爱好，就是看书写字。现在社会的多元化也让大家的兴趣爱好多元化。生活状态也是因人而异的，可能多少带着点得过且过的意味。但这并不代表我们不努力不奋斗，我们比谁都清楚以后的竞争有多惨烈。只是我们年轻，感觉不到时间的紧迫，有些慵懒，但都为了以后做好立马奋斗的准备。

曲儿：在外人眼里，90后是一个不好的代名词。平时看到的也是这样，懒散地睡觉说话吃饭，毫无生气的样子。但是我们不消极也不堕落。我们是有活力的新生代。没有人看到我们曾为了考试可以几天几夜的啃书不睡觉，可以为了一场比赛而鞍前马后地做准备工作，如果是自己的爱好，就更会神采奕奕地去面对。90后涉猎很多。但不管怎么样，我想大家有一个共同的愿望，那就是快乐地生活。

陌然：动漫，小说，音乐，电视剧。

我想这几样，大部分90后都喜欢吧。最起码我自己是这样的。虽然动漫的东西了解不多，但是剩下三个却是我生活中不可或缺的东西。

大部分90后还处于上学的状态中，在平常生活中，忙碌的学校生活让她们很疲惫，在课下空闲时间，听听歌，看看小说，自然也就是他们消遣的东西了。

飘飘：90后的爱好也同样是广泛的，比如文学、电影、漫画、音乐等等。

大部分的90后目前都在上学，应该是很忙碌的生活状态，但90后们也存在着一些通病（同样存在在自己身上的毛病~）：比较宅、喜欢熬夜、很晚起床……最后想对所有的90后说一句：无论如何，请不要放弃自己的梦想，努力坚持下去才永远也不会后悔。

超级90后："超级"在哪里？

《超级90后》：最后问一个，你认为90后"超级"的地方体现在哪里？你的又体现在哪里？

寂静：一千个人有一千种"超级"！我坚信每个人都有自己的特别之处，都是某方面的天才。比如超级好口才，超级擅写作，超级美丽，超级善良，超级温柔，超级贤惠。额，怎么又说到自己了……其实我本人的话，"超级爱玩"！抱着娱乐的心态努力把所有事情做到国务院级别的强度！哈哈……

曲儿：都超级聪明。只要一努力就可以无所不能。我可以说自己超级能睡嘛。哈哈哈哈。

陌然：超级的地方体现在90后数量的庞大。他们有着超级的与众不同心理承受，他们有着所有人多不知道的强大的内心世界。而且我体现在"我"的内心世界吧。我想每个人都有着丰富的内心，然而对于那些对文字有好感的人来说，内心的强大无疑是他们的特征。

你想问她们什么问题？

提问开始……>

目录

Contents

作者我说

安子夏——原名胡婧妮。生于1995年11月18日。

南方的天蝎座女子，善笑，爱静亦爱动。迷恋盛夏和午夜，热爱黑白分明的一切。在闲暇时一个人静默写字，在阳光温暖的午后听歌，坚信只有文字和音乐能对抗孤独。信仰爱，不愿茕茕孑立，但愿热闹一生。生命的伤痕那么多，只求能以安然的姿态守望生命的残缺。笔下文字不求名扬天下，仅以寥寥几语给人片刻温暖。

给未来的你

文／安子夏

我在十六岁的盛夏给你写信。

——My love.

这个时候的我还是一个人，像个小女孩那样一个人又哭又笑。有时候和值得信赖的朋友在一起，我总会不自觉地把她们当做恋人那样对待。新认识的同龄朋友最常问我的问题是，你有男朋友么？然后我会笑容坦然地说，我觉得我现在还不想要恋爱。可是我总是可以在他们眼睛里看到或多或少的怜悯和同情。你一定不知道，最伤人的话是曾经有人毫不客气地对我说，不是你不想，而是根本没有人喜欢你。

根本没有人喜欢我。大概是这样吧。你不知道那时候我真的希望你快点来。尽管我不知道你的样子，你的爱好，你说话的语气和小习惯，可是在我的内心里还是一直在憧憬着你来。我不想让别人觉得我是一个没有人喜欢的可怜虫，骄傲的我不愿意这样。可是春尽冬来，你还是没有来。我常常会想，是我哪里不够好呢？是我不够漂亮么？或者是我不够温柔？我也想过，只要我随便将就着点，也许找到男朋友也不会很难吧。可是这样又有什么意义呢？为了不被人看扁，不被人怜悯而在一起么？其实这就是虚荣吧。所以昨天听到记忆说爱情她绝不可以将就的时候，我有一瞬间为我曾经有这样的想法而感到羞耻。

现在我想得很轻松。我觉得这样一个人没有什么不好，至少我可以让自己在遇见你之前干净得像一张白纸。说一句矫情的，我生命的所有颜色都只属于你。

在深夜睡不着的时候，我有时候会满怀期望地想象你的样子。你的样貌不需要很出众，可是笑容一定要很温暖。你不需要多么会说话，因为看到你沉默而安静地注视着我，我的心里就会很满足。你不需要很优秀，可是你一定要有自己的理想，因为我会很喜欢你谈到自己的理想时眼睛里的光彩。你不需要多么会写文章，可是你一定要懂得我在文字里面寄托的情感。在我这个傻瓜为了一本小说、一部动漫哭得不能自已的时候，你不会像其他人那样奇怪地看着我，好像在看一个大怪物。你会把我抱在怀里，用沉默来安慰我。我知道我有很多不好，有时候总是极端而决绝，所以我们也许会吵架，你也会很大声地吼我，冲我发火，可是之后你会来小声地给我道歉，安静地拉住我的手。你一定要知道我倔强而不服输的性格，所以在我被伤害得遍体鳞伤却始终没有哭泣的时候，你一定要在我身边。

我知道我的要求又多又杂，可是我自己却不怎么好。我总是任性而且情绪化，冷血的时候好像一切都事不关己，而这些，我都愿意为你改变。也许我们最后不会永远在一起，可是我希望，在你和我交往的时候，你心里是抱着要和我永远在一起的想法。养小鱼昨天说他不交女朋友，交了一个就不想要再换的时候，我心里其实是有被感动到的。在你有一天觉得厌倦了我的时候，你一定要直接对我说，我也许会很难过，会大声地哭泣，可是比起这些，我更加希望我们能够干干净净地、不拖泥带水地结束。

我想我这么写，肯定会有很多人说我不知廉耻吧，可是有什么关系呢，比起把一切想法埋在心里，在虚伪做作地迎合别人，我更加想把我的想法告诉你。

看起来我的要求真的不少吧，其实并不多啊，这些要求全部总结起来只有一句话而已——就是你得爱我。你要记住，我是因为爱你才会和你在一起。也许我不够漂亮，不够成熟，可是我的的确确是把自己最美好的情感给了你。所以你在我身边的时候，我希望你满脸微笑地看着我，好像很喜欢很喜欢我的样子。

这些，你都听到了吧。

——喂喂喂，你在哪里呀。

——嗯，其实我已经在路上了。

潘云贵——生于福建。第六届“雨花杯”全国十佳文学少年。上海市作协文学百校行创作会会员。就读于佳木斯大学人文学院。作品发表于《山花》、《飞天》、《延河》、《萌芽》、《美文》、《诗刊》、《读者》、《青年文学》、《福建文学》、《儿童文学》、《中国校园文学》等刊物。获《儿童文学》全国大学生创作大赛“最具潜力新人奖”，首届海峡两岸网络文学创作大赛榕城十大写手奖第一名，第二届冰心作文奖一等奖等。

我们的来舟

文／潘云贵

那座叫来舟的古镇，很多年后，溪水依旧清澈，水声始终如铃。而我从来不知道来舟的船究竟会划到哪里？

我凝神地看着明信片上古朴的镇落，顷刻，说不出话来。那座叫来舟的古镇，很多年后，溪水依旧清澈，水声始终如铃。

而我从来不知道来舟的船究竟会划到哪里？

一

小镇深藏在山中，沈熹羽是最早知道它的。那时我们都还在学校抱着英语书狂背单词，沈熹羽突然探过头来落在我的视线中。

她说，栀年，我们离开这里好吗？我没有回答她，只敲了一下这个小姑娘新做的爆炸头，说，你真该到宇宙去。沈熹羽看了看我，又朝铁栏窗的外面看去，天是深邃的双眸，那些飞翔而过的翅膀，那么微小地与这庞大的世界做着对比，而我们却只能屈服在密密麻麻的纸页中，囚禁自己一页又一页薄弱的青春。

沈熹羽单薄瘦小，眼睛很大很漂亮，是那种可以比喻成宝石的本体。她身上反叛的分子远远超越了我，喜欢在淡粉色的T恤外套一件格子衫，戴黑色的艺术镜框，腿上穿的是深暗色的直筒裤。不过很多时候，我都不知道她究竟是在用这样的装扮掩饰什么。

在被她劝服之后，此刻我也坐在了来舟这座小镇的戏园子里。很简单的环境，舞台，座位，很淳朴的演员，乡民和孩子。我们混在听戏的观众中却想着在锣鼓喧嚣之外的事情。我喜欢坐在最边上，靠着古树或者清凉的露天井水，而沈熹羽却总是坐在最前排，不时给台上舞袖念词的演员鼓掌，给身边好动的孩子拍照，分糖。闽江流过镇子，潺潺的水声十分清晰地环绕在耳畔而并不被戏园里的氛围所遮掩，恍如祖母留下的故事，一直都在与人安静地说起。

我听不懂那些身着彩衣的戏子们口中的词句，浓郁的闽地方言。显然有一扇城池紧闭的门，门外的人无法知道细长清脆的语调里藏着的沧桑沦变。我相信沈熹羽也听不懂，好几次我试图问她，她总是张着自己的眼睛眨巴眨巴地看我，不时竟靠在跟前的梁木上睡着了，让人不忍打扰。狭长的廊梯不断延伸，旋转，像一条条巨大的带鱼。而我不知道它们所期盼的海究竟是不是像黑夜一样的辽阔而安宁。

这个夏天，我们几乎花光了所有积蓄从城市中来到这样的深山中，从车马如水里挣脱开来而进入这样充满原生态味道的镇子，浮躁繁琐的梦靥一下子抛到很远很远的云层里。我们住的是一间小客栈，店主是上了年纪的山间妇人，很少微笑，做事倒很贴心。那种真诚的面容在习惯了都市表情的人看来是一种冷漠，但我却觉得这便是淳朴了，属于尚未被工业利欲所污染的真实。客栈店面不大，木质楼阁，二层，周围是青树环绕，常闻得鸟声欢鸣。我和沈熹羽都住到二楼一间较为宽敞的厢房里，很浓的木头香气，自然是城市中所无法享受的。

我很佩服沈熹羽在来到来舟的第三天，已经出落得像个本地人，和镇上的老人在树下一边乘凉一边打探这座镇子的故事，在青石铺设的石阶上和挑水的女人寒暄，晚间听戏时也总有一群孩子围着她熟络地喊她姐姐。临睡前，我常问她，熹羽，你不会一直待在这儿吧？她笑笑，转过身去说，是时候就会离开的，毕竟这样的安静只是我们旅程中短暂的一段，我们终究无法享用这样的安宁。亲爱的熹羽，你说的我还理解不了，你是不是有不想说出的秘密？我轻轻摇了摇她的身体，沈熹羽没有反应，她应该是睡过去了。

月亮在山头别成一枚明亮的徽章，柔软的光在我们半睡半醒间摇摇晃晃，我们的生命被这样宁静地抚摸。

二

上了中学后，沈熹羽一直都是我的同桌。无论其间是经历了分班，中考，还是高一下学期时的分科，坐在我右边的始终是她。

我对她说，缘分让我们一直在一起。沈熹羽很坏地笑着，说，栀年，你真是阴魂不散，我不相信缘分，缘分只是属于永远不在一起的人。无可否认，在言辞方面沈熹羽的功夫在女生队伍里是无人能敌的，我时常在她的话语之下只能像个哑巴。有时我会产生错觉，觉得沈熹羽就是一个叛逆的自己，永远的不谙世事，永远的海阔天空。后来证明她确实是很好的伴侣，在旅行途中，我们两个人拥有的是一个影子。

在学校提及她的恶行，老师和教导主任都视之若恐。她的头发总和学校制定的仪容仪表规章发生矛盾，校服很少在她的身上出现，除了星期一的升旗仪式，她缺课的频率保持着每年学校的前三，晚自习更是不见她的身影，所以我的身边似乎有谁，又似乎不曾出现过谁。在某种意义上她进入到了学校的可教育好的学生名单内，而享受这种待遇的学生整个学校不超过五个，三个已经被开除学籍，一个留校察看，沈熹羽记大过。但她绝对不是坏女生。她常常喜欢自己一个人在操场上奔跑，跑得汗水涔涔，使得里面的小可爱都能清楚看到。她在考试时从不用百度，却好心地把手机借给身旁急得贼眉鼠眼的同学。她说她很少在乎自己。她说，栀年，在他走后，我努力地学会所有他的本事，却始终发现自己无法成为他。我问过沈熹羽几次，那个他究竟是谁，这丫头没有说话。我只能抚摸着她的头发，说，熹羽，没有了他，不是还有我吗？

内心里温存的少年，那么神秘得与我有着隐形的距离。

三

高中之后，我们全都要在学校寄宿，这一点恰是沈熹羽期盼已久的。她不喜欢被家人约束或是提醒，她喜欢自由，真实和疯狂。

那天是周末，身边的很多同学都被父母接回家了，人去楼空，四野寂静得仿佛不曾有谁来过，走廊、楼道恢复成建筑学里的标本一样，光滑的瓷板上连脚印都逐渐模糊。沈熹羽抱着我，说，栀年，我喜欢这样，全世界好像只剩下我和你。我摸着她的手心，然后看着她，怎么，不想回家吗？她轻轻摇了摇头，从口袋里抽出一盒烟来。我惊讶地捂着嘴巴，沈熹羽见我夸张的神情不免笑了笑，这有什么，不过是支烟嘛。语毕，她又拿出打火机点了下火，滋，幽蓝色的焰心随即长出金黄色的火苗，风中妖娆地摇曳。

熹羽，你胆子好大，如果被教导主任见到会没命的。她不屑地笑出声来，栀年，你不知道吗，那个老头自个儿抽烟抽得凶，每次没烟抽的时候总来夺走我们的烟。这个世界慢性自杀的人永远都那么多。

那是我第一次看见一个小姑娘在我的面前触碰那么成人的东西，让我觉得她好像是一座被工业侵蚀的森林。那些圈状的烟雾不断上升，缓慢地在空气中飘浮，隐隐约约，我似乎看见那是我们自己摇摆在现实与梦之间的样子，充满尼古丁的困惑。

没有沈熹羽在身边的日子，我总是在做着很安静的自己。总是要在清晨很早时抱着课本到无人注意的草坪上小声诵读，总是在课堂上静静地抄写黑板或多媒体上老师讲述的内容，基本上没有主动起来提问的习惯；总是要等到教室空无一人的时候，才整理好书包离开班级；总是一个人在夜色逐渐湿润的小道上傻傻地看着晕黄的路灯，感觉远方一直都在离自己不远的地方。路过便利店，常常会停下来看看橱窗里新上架的杂志和书籍，想了好半天，才咬咬牙走过，不时也回头再看看。

风中，高挂枝头的木棉，片片硕大的红，不经意间就会落到额头，我闻着，是一种淡然的香。回到宿舍楼，一下子感觉自己在阶梯上攀行的脚步响亮得让人有些害怕，仿佛在时间的隧道中不断走远，重复无尽的漫长，却能走得那么铿锵有力。窗外，操场空旷无边，树木被绿光照耀，光线暗淡的教学楼总让人产生奇异的幻想。我在夜色之中做题，听 MP3，看页脚起卷的书。

看书看到后半夜，身体的骨架似乎都能被抽动出来，常常感觉不到自己的存在，似乎自己一直都只是天宇中的星子，那么脆弱地努力发光。笔尖突然就停住了，再也没有向下一行的英文或是数列探索的耐力。我承认现在的我已经被装进了一个透明的瓶子，没有形状的痛楚来得是那么真实。LED灯的光芒逐渐微弱，目光中庞大的黑暗是一片让人束手无策的海，就这样将我淹没，就这样让我不再醒来，好吗？

栀年，我们离开这里好吗？

不行，我得再想想。

要想多久？

不知道。

四

我拒绝过沈熹羽很多次，每次她都很鄙视地白了我一眼，然后略微失落地离去。之后，便是她自己一个人开始了孤独而盛大的旅行时光。

在她消失了十天后，我右边空荡荡的位置上终于又出现了她的脸。她回来了，依旧地瘦小，头发依旧地杂乱，眼神里还是那么地一意孤行、海阔天空，仿佛不曾离开似的。那样懒散地走进教室，拿出抽屉里要快挤爆的试卷、练习，一张张铺好，若无其事地把胳膊摊在上面，然后依偎在我的身旁，很快便在老师诵经似的讲课中睡着了。而我并不理会她，只在一旁认真地抄写笔记，当然不时也会偷偷看她，这丫头的泡沫星子快从嘴边流下了。

沈熹羽去花莲的时候，说自己运气好的话没准会看到《练习曲》里的东明相。她说他那小麦色的娃娃脸上镶着两只酒窝，笑起来憨厚温暖，像被点燃起的巧克力火焰蛋糕，相信全世界少女内心的冰山都会为之倒塌。

随风吹乱的头发贴着昏昏入夜的苏花公路，盲人般穿过黑漆漆的涵洞，一瞬间，天地开阔，猝不及防中囫囵吞进许许多多腥涩的海风。疾飞的鸥鸟划过柔美的线条，无人的海滩乱石嶙峋，枯枝遍地。剧烈的海声，庞大的潮涌，云层不断放低——末世感的组合。

感觉海岸线绵延得似乎可以接入云端，左倚断崖，右见大海，慢车穿行于莽林和东海岸间，风景十分壮阔。沈熹羽用下巴搁在车窗窗前，膝盖跪坐在座位上，她说，栀年你知道吗，原来大海是这么地接近我们，我们都是大海推向陆地的浪花。她说话时的眼神那么晶莹，清亮透澈，仿佛阳光的触角在我的皮肤上抚摸，而我从未见过辽阔无垠的海湾，从未见过那个电影里站在礁石上不知疲倦跳舞的立陶宛姑娘，也从未见过蓝水墨的海涛和天穹翻滚的硕大乌云。

我说，熹羽，对不起，我的作业还没做完。

她兴致勃勃的言语一下子陷入到凝固的尴尬里，脸部僵持了一会儿，然后瞥了一眼我手上紧握的英语模拟卷，说，有些事，现在不做，一辈子也不会做了。

我知道，这是来自《练习曲》里那个叫东明相的男孩说过的话。

五

我要和你去来舟。执意和母亲争夺了一个暑假的自由权之后，我便向沈熹羽说起旅行的计划。她微笑着，明媚得如同青翠林海。她说，栀年，你终于要做回你自己了。

可是来舟，真的有我们真实的存在吗？

来舟，这样一座百度上都知之甚少的镇落，位于闽江的上游，重岩叠嶂，风轻云绕，颇为幽静，走入其中，恰真是云深不知处。溪流潺潺，千百年转身已是浮尘万里，我们坐在时间的转轴上拉不回一个个溃败的王朝。

沈熹羽说，来舟是她在一次旅行中因火车中途停靠时发现的。她说栀年，你不知道当时我多么兴奋，看着这样一座小小的镇子，它似乎散发着空谷幽兰的香气在我的鼻翼间萦绕。山间深邃的走廊没有炙热的光，声音在竹叶间轻轻地摇摆，像牙齿咬出柔软的痕迹，栀年，我们的内心深处将会充满笃定的坚信感。

我就这样相信了沈熹羽所说的一切，坐上了火车。经过来舟的火车中也不乏一些D字头的，但我们选择的还是绿皮车厢。在这浮躁的时代里，老式的事物反而能给人充实的安全感。毋庸置疑，我和沈熹羽都是喜欢怀旧的人。我们喜欢听尚马龙的法语香颂唱片，喜欢整日抱着普鲁斯特的《追忆似水年华》反复看着，喜欢在烟火绽放的节日里静静瞧着另外一边暗淡的天空不说话，喜欢一直唱着那个昔日暗恋了许久的偶像的歌，喜欢在钟摆的固定节奏里沉睡，宇宙经纬分明，交错编织，我们那么热烈地期盼有一天所有时光的倒流。

我坐在列车上，窗外是缓慢倒退的树影，山谷静寂如坟茔，夕阳将车厢的坐垫染成腥红。感觉时间一定在数个瞬间，脱离了原先的节奏，那些须臾停缓的片刻安抚了许多慌乱与吵杂。远村，陌生而广大的世间燃烧着粼粼灯火，悲欢情事远远地抛在山的另一头。我默默观望这轮回的天地，看到车窗上映出的少年清澈的侧影，沈熹羽那么安静地靠在我的肩上睡着了。

有时觉得自己能做一只候鸟也不错，牵绊的事物少了，真正的自由便多了。可以永无止境地迁徙，找不到家，或者四海为家。

荒睡的夜晚，江水发出粼粼的光，星星点点地围绕着村子。客栈老板娘为我们蒸好糯米团子，做好了简单的饭菜，如干炒田螺、糖醋鲤鱼、老肉豆腐等，很快端上来凑成了一小桌。沈熹羽坐我对面，我们津津有味地享用。老板娘时不时走过来拿走我们的盘子夹了些红烧肉，还舀了点肉汤到饭里。她看着我们笑了笑，眼角的鱼尾游得很慢，她说你们这两个丫头跑这么远旅游，家里人不担心么？穷乡僻壤的，有什么好玩的。你们倒是不知道这里有多少人一辈子都想做梦离开呢。

在老板娘说话的间隙，我扒了几口饭到嘴里，感觉有点噎，沈熹羽见了，便拿过一瓶摆在木架上的瓶装茶水，打开的一刻，香气盈满了整个大厅。老板娘说这些茶水大都是自家酿制的，用的是红壤种植的白芽茶。多是夏天晨起采摘，晒干数日后，泡水品饮，自是芳香四溢，去火明目。沈熹羽听了可来劲儿了，把茶水一直放在鼻子前闻着，都不舍得放下。

饭后，镇上的灯火很早便渐渐熄灭了，我和沈熹羽常结伴闲走至河边。蛙声在这个季节里沸腾，星星像揉碎的宝石，撒落在天宇之上，东一颗，西一颗，快把眼睛看花了。沈熹羽摸着我又长了一季的长发说，栀年，如果你是男生的话，我会爱死你的。我一下子脸红了，但幸好有夜色掩盖了我的羞涩。我说，熹羽，你还爱着他吧？沈熹羽愣住了，看着我，栀年，你说的是以前提过的那个人吗？我点了点头。年少时选错了人就像选错了标签，即使撕毁了，但依旧留有痕迹。她边说边把目光向远去射去。我没有问下去，不想说的故事告诉风就足够了。沈熹羽突然转过身来，抱住我，然后我清楚地听到她第一次在自己面前流泪。她哽咽着声腔，说，栀年，其实我一直都忘不了他，栀年，我该怎么办？外表假装坚强的女孩，原来内心还是那么忧伤得长不大。月光里，整个世界不过是高处摇摆的一片叶子，微薄，绯红，透着细微的光亮，风过处，开始向下的飞翔。

这个世界的光芒消失了以后，沈熹羽说，她再也没有见到自己的影子。

苇草疯长的河岸停着一艘陈旧的渔船，熹羽，我亲爱的熹羽，我希望你的不快乐，你的悲伤往事都能载到那艘船上，从来舟顺着闽江越漂越远。

六

叶世杰是沈熹羽喜欢了很久的男孩。他就是五个可教育好的学生名单中排第一的而被开除学籍的人。

学校能给的理由永远只是那么几条：抽烟，打架，形象邋遢，顶撞老师，进三流场所，屡教不改，品行恶劣。沈熹羽摇了摇头，不是这样的，起码在我看来他不是这样的。叶世杰是个真诚善良的男孩，他可以为哥们打群架，两肋插刀，可以在教导主任对其他无背景的同学做出不公平处理时当众骂他臭老头，可以在全班大部分人都在考试中做小抄时潇洒地伏案大睡，可以在校运动会上自己率先跑到终点后又甩头去帮落后的对手领跑……

沈熹羽说着说着，突然又泪眼涔涔。她说，栀年，你知道他是怎样打动我的吗？我好奇地注视着她逐渐幸福的脸蛋。一天夜里，雨水倾泻在路面上，像条发光的银河，他没有撑伞冒雨跟在我身后，在一棵樟树下我停住了脚，回头看他。他愣愣地笑了笑，然后大声地说，沈熹羽，我很喜欢你，非常喜欢你，总有一天，我一定要追到你。就像《那些年，我们一起追的女孩》里的柯景腾一样。他双手放在嘴边做成喇叭状的样子很可爱。栀年，那天我还留着像你一样的长发，穿着洁净的校服，转过身的一刻，裙摆和头发都飘了起来，我羞涩地不让他看见那时我的内心多像潮涌的海。我知道那天我走后，叶世杰在我的身后站了很久很久。

后来呢？我问。沈熹羽拿出烟吸了一口，然后咳嗽起来，树上有一些深蓝色的果实坠落了。后来，在被开除学籍后，我们没有相处多少天，他就被家人送出国了。后来，天涯苍茫，我的孤独成为一片忧郁的蓝。鼻子酸酸地抖动了一下，我抱着沈熹羽的头说，傻姑娘，别难过。栀年，我真的一直都想戒掉它，真的。她哭得像一朵雨天里的蔷薇花。傻瓜，你戒不掉他的，你现在变成这样不是为了让自己成为他吗？我好好打量着眼前的沈熹羽，又一次轻轻抱住了她。

清冽的水边，杨花四散的蒿草丛中停息着几只粉蝶，摇摇晃晃的树影间它们彼此相拥，像岁月里那道深刻的吻在风中飘动。年少的故事，宛若高悬枝桠的白霜，散发晶莹而冰凉的气味。

熹羽，我们都要勇敢地成长为自己，而不是做谁的影子，知道吗?

七

在来舟生活的十来天里，我见过几次豹子。

夜间，它孤独地站在山丘前，巨大的月亮悬在丘上，豹子的影子被拉得辽阔而漫长，似乎覆盖住整座镇子。寂静的空气里飘浮着神秘的气息，一种来自遥远之地的声音浑厚而深邃地传来。我推醒过睡在一旁的沈熹羽，她揉揉眼睛说没见着什么又倒下去睡了。而我分明清楚地看到山丘上豹子被蛊惑了一般舞蹈，步伐时慢时快，身形闪闪晃晃，整个来舟，包括河流、土地、山峦与草木，也在与它保持一致轻微地震动。

事后，我再和沈熹羽说起，她便笑话我说，栀年，那只是梦。而我仍觉得那个场景预言着某种涵义。向客栈老板娘说了此事后，她便热心地带我去向当地的一位花白长者询问。有一只豹子，我使自己定了定神继续说着，有一只豹子在山丘上对着月亮舞蹈。长者捋了捋胡子，只有你一人见着？对！我点头。长者忽然笑了，目光移到远处，丫头你会有好运的。豹子身上有来舟古老的魂魄，你会交好运的。

我又一次和沈熹羽站在江边时，她一边举着手里的单反拍照，一边很不屑地说，栀年，不要再对那个梦境耿耿于怀了。要知道，我可是你一生的劫难，除非我离开了，你才会交好运。我笑她的白痴与无聊，随手捡了些石子往江里扔去。石子一粒粒在水面跳跃了两三下后就被波涛吞没，很多细小的事情原本便没有取得从容站立在这个世界的资格。

夜色愈加深沉，从闽江上升腾起来的雾水稀释着所有苍翠的树木与紫色云霞，也稀释着一切原本古旧的事物，最后这世间沦为一张丧失表情的脸，庞大而模糊到难以分辨。隐约间，我似乎看见河畔那艘陈旧的渔船动了，我叫道，熹羽，快看，来舟的船动了！沈熹羽看着我，说，栀年，它一定是带着昨天的我们划向一个永远看不见的远方。

得我感觉到一种内心的疼痛。她送给我一张有关来舟小镇的明信片，说，栀年，我要离开这里了，你的劫难要跟着我一起离开了。这张明信片是那时拍的，回家后我自己做了一下，你要好好存着哦。她抽噎着，随后又笑了起来，栀年，你这下真的会交好运了。但，但是，要记住哦，在我走后，你还要像我们在一起时那样生活着，知道吗?

我点点头。

花影卷着梢端的风，在夏的指缝里流淌而过，树叶浓密而闪亮得让人睁不开眼睛。城市像匍匐的困兽，在闷热的车水里懒散得假装疲倦的死亡。来自东南海岸的潮汐被吹荡起伏成澎湃的话音，在炙热的沙滩上一遍又一遍地重复，多少年前许多人用枝桠画出的那一排图案终究被冲淡了。

关于沈熹羽离开学校的传言有很多版本，有人说因她的旷课次数刷新了以前由男生牢牢保持的纪录而被开除了学籍，有人说她是被父母强行送出国去受苦了，有人说她是去和叶世杰逍遥了，还有人说她这是在玩失踪。而我最相信后者的说法，但我觉得用旅行代替失踪更为贴切。我坚信着沈熹羽应该又是到来舟去了，她会坐在闽江边，看着来舟那艘陈旧的渔船，安静地等我。

熹羽，我亲爱的姑娘，你会不会偶然在汗涔涔的教室人群中看见我苍白的脸，会不会在已经很少人会去的公园里看那只空无一人但仍兀自摇摆的秋千。你会不会喜欢偶尔在我肩膀上停靠的蜻蜓，会不会看出那是我绽放在这个夏天的花，上面有你明亮的颜色。

熹羽，我亲爱的姑娘，我右边的位置一直是留给你的，即使现在那里坐着其他的女孩。

熹羽，我习惯自己的手被你牵住的样子，你就像另一个我自己，保持着和这世界真实的距离。我们要拥抱，要相爱，要一辈子不离不弃，要不管谁先离开，另一个都要像我们还在一起时那样活着。

夏日里经常下起暴雨，雷声大作，天空一下子黑了。我手里握着沈熹羽曾经亲手做好并送给我的那张明信片看了很久，不知不觉间睡着了。

我在梦境里看到过一艘船只，它慢慢地与我靠近。我认出它就是那艘来自来舟的船。我兴奋地叫着。沈熹羽也在这时出现了，她拉住我的手，认真地看着我，说，栀年，我们的船又划回来了。

是的，我们的船又划回来了。

烟雨道相思——原名郭桑。1990年生，江西吉安人，著有长篇小说《凡尘子》、《红尘摆渡》、《联姻》，散文集《式微》《庐陵诗词集》在创作中，文章散见于各大文学网站。起点中文网签约作者，曾担任榕树下“90后文学社”副社长。

我是一个90后的孩子，或多或少带有90后独一代的思想和观念。我有着一具无处安置的魂儿，就藏于退隐在静默鸿蒙的躯壳之中。我的灵魂无处安置，我的文字流离失所，期待你能走进我的文字，走进我的灵魂，走进90后的世界。

式 微：我的象牙塔

文／烟雨道相思

人生若只如初见，在合适的地方遇见合适的你，谈一场不会再有离散的恋爱，秋风不必悲画扇，我就真的没有留下一生的遗憾。

总是会有这么些注定了的绝望，在我们二字头的年纪里，如期地上演。

一字头的年纪，我们一直都在疯狂地挥霍着我们本来就为数不多的感情，也一直都在疯狂地远走，总以为一切我们预想好了的将来都会随着时光的流转款款而来，绝望只是存在于新华字典里的遥远词汇。

终于，在年华的转角处，我们就真的看到了我们的绝望在二字出头这段充满了转机和悬念的动荡岁月里浩浩荡荡地泛滥着，一如洪荒。我们就真的看到我们濒临到了绝望的边缘。

其实，人生该有这么一次，我们只是一味地叛逆着那些本来值得我们去珍惜的感情，比如亲情，比如友情。

人生也该有这么一回，我们极端地执着于一些不该由我们去担负的感情，一如那些纠结迂回的爱情。

多少岁月往复？多少时光流转？二十载的人情世故，我毁于一旦，功亏于溃，我负了多少人情？背离了多少世故？

那些我爱的人最终还是爱上了别人，那些爱我的人也相继淡出了我的世界。

荒芜不堪，支离破碎。

猜得出心，却猜不出结局；给得了爱，却给不了未来。

关于未来，我曾经以为只要把自己的精力捻碎，并均匀分布在一个个暗无天日的二十四小时中，未来就会在我的左右，不会游离得太远，可事实告诉了我，我的未来早已经弃我而去，只是我还站在原地。转身，悬崖，未来深不可测，恍然若梦，一梦二十年，我好像还在沉睡。那些我慵懒的神情，这些我颓废的文字没有欺骗我。

关于爱情，我以为付出了真心，哪怕没有太多过于亲昵的动作，爱也能保持着鲜活，一如最初。

我曾经还傻傻地以为，只要心在一块，我们就不会游离得太远，可逆命题却是真命题，我们游离得太远，心早已经不再一块了。那些再次相见时尴尬的心绪和极度扭曲的表情告诉了我，离散过的感情就在离散之中离了，散了。那些牵强的笑脸，那些可有可无的对白。我到了绝望的边缘。

所有的一切都会在浩浩荡荡行进着的岁月里得到最为确切而无疑的验证，柏拉图式的恋情只有我还固执地在追寻着。

秘境，我孤身一人。

濒临绝望，我孤身一人地行走在图书馆去往十八栋宿舍的路上。北半球西伯利亚冷空气从我的身边急遽地穿过，我只是微颤了一下，就掉入了绝望的深渊。原来，早在两年前那个并不寒冷的冬天快要结束的时候，我就已经濒临在绝望的边缘了。

如今，两年后，冷空气在兜了两大圈之后，再一次彻头彻尾地包围在了我所在的陌生城市里。

我想，我的绝望仿佛夹杂在冷空气的罅隙之中，它拂过了我的每一寸麻木的肌肤。

我想，这个冬天会很冷。

我想，我真的该蜷缩出一种自我保护的姿态，给自己一个承诺：相思再也不会让任何一个人像你一样伤我伤得如此深，如此理所当然，如此彻头彻尾，如此无痕无迹。

二

人生若只如初见，在合适的地方遇见合适的你，谈一场不会再有离散的恋爱，秋风不必悲画扇，我就真的没有留下一生的遗憾。

然而，这些都只是想象中的假若，现实中，我在不合适的地方面对着一群不合适的人。有恋爱就一定会有离散，副热带的高气压每到九月总还会牵引着瑟瑟的秋风，那把印有你唇印的桃花扇就真的在秋风里泛滥着悲伤，泪流满面，只是卿吻犹香，我就真的抱憾了终生，而当时却只道是寻常。

“弃我去者，昨日之日不可留”，我用这句该死的矫情的话麻痹着当时的自己，总以为注定了的你我无缘，过后，却始终伤心依旧。

你骄傲的兰花指，捻碎的不仅是如昨的往事，还有我曾有过的所有的美好希冀。

那些我构想好了的幸福就真的一直停顿在你我挥别那一刻的钟面上，从此没有再挪动过。

人生若只如初见，你还是那个幼稚懵懂的女孩，我还是那个意气风发的少年，那辆载着你我十八岁年华的老旧单车，还是一直往返于家和学校的那条并不宽阔的柏油马路上，我们还会为了能在早上吃一顿兰州拉面而迟了早读课，我们还会因为一起迟到而被班主任罚站一个早上，我们还会相视一笑……我想，我的想象力太丰富了，事实上，我们之间便有了隔阂，慢慢地，就真的无法再逾越了。

人生若只如初见，那些记载在你我青春里的一幕幕在渐渐行进着的岁月里永远地走向谢幕，偃旗息鼓，一切的分分合合、悲伤欢谑都停止了挣扎。

人生若只如初见，纳兰和我一样，都一样满怀心事。

人生曾不如不见，这样的青春应该就真的没有遗憾了吧！我也就不用再一次次地触景生情了。

那么，在你我的记忆里，就只有欢谑，没有悲鸣了。

我就真的不用一个人坐在十二月末阳光和煦的草地上，打下这些关于那场“初见”的伤感的文字。抬头，艳阳依旧高照，飞鸟掠过我的头顶，疾速地消失在光线最刺眼的天与地相接的地方。

我想，我该走了。

我想，我真的该走了。

二

曾一度满怀信心，以为循着我倒影着的步伐，就能拥有一幕如烟花般炫丽的人生，在行走匆忙的世道上，留下一抹属于自己的姹紫嫣红。

亲人、友人、爱人会一直陪伴在我的左右，共同去开创一片任自己叱诧的天地，从此不用再去直面人生的聚散离合，也不用去把玩那些荡气回肠的爱恋和勾心斗角的蝇营狗苟 。

然而，迷茫，现实中，力不从心，我一再跌倒。

父亲昨天打来电话，声音不再铮铮有力。在那些告诫的话语里，我听出了他的身心疲惫，二十余载的事业家庭，二十余载的柴米油盐，我知道，他真的累了。

挂了电话，我终于无法抑制地泪流满面。这些未曾表述的亲情，我却一直处于忽略的状态。我为那些年少轻狂忏悔。如果一切表述还为时未晚，我是那样地深知，自己曾经对他、她、他们，还有她们的淡漠是始终无法无法弥补，错过了执手表述的时光。我知道一生的赡养也填补不了这过多的空白，对于亲情，我有着无尽的忏悔。

在这个各奔前程的世道上，那些曾和我走过青葱、走过荒芜的朋友们，又是否还记得我们曾经一同喝下过11°的青岛纯生，念叨着彼此惦念一辈子呢？我不知道。也许还会在一些特定的场合和时间里泛起印象，但那个逐渐失去联络的事实告诉了我，他们还在按照自己的生活轨迹运行着，邂逅不同的人，经历不同的事，目睹不同的景，我们已经鲜有交集。

在一切都是那么幼稚和不成熟的年华里，我有过一次未知和懵懂的爱恋，纯情；也有过浪漫，却没有完全的表达。就在这夹缝之中，我们相伴而行，走过黎明，走过黄昏，走过一些坎坎坷坷、风风雨雨。但现实铁证如山，幼稚和不成熟的感情最终会随着时光的流转离了散了，我知道，那全是我的挚爱。朋友劝我说挚爱不是真爱，真爱未必结果，结果也未必成熟，于是，我就信以为真了。也许，我还是太过难以释怀，不想在本来就很短暂的一生之中留下遗憾，但遗憾却已在我的年华里留下了大把大把。回头张望，我才恍然知晓，原来，我一直踏着感情的遗憾风雨兼程，杳无音信，那些我爱的人和爱我的人如今都已销声匿迹，一个接着一个地走出了我的世界。

我人生中最最宝贵的亲情、友情、爱情啊！在自己最失落时，你们都不在我的身边，孑然一身，我厮守着一份不与人说的悲哀，说不出话来，我想我已经失去了说话的欲望了。

现实让我感到空前的惧怕，我怕我所憧憬的人生会最终与自己擦肩而过，成为一段无法觅寻的空想。暗自想想，它好像已经与我失之交臂了，所以我一直不愿去想，也不敢去想，一点也不敢。

我想做的只是用一晚的时间去回想，回想自己梦寐的人生与我邂逅的那一刹那，偶尔响起过烟花，在天穹的上方绽放，虽然极尽短暂，却美好如初。

如今，行走在陌生的城市里，我还能看到在天穹盛放的烟花，那是不是意味着我未了的炫丽？还是我黑暗之前的一抹回光？我不敢妄下断言，一如对我的未来。

直面人生，我举步维艰，虽然路还很长，但没有哪一条路能够让我远离苦难。何去何从，我现在能做的好像只有站在人生的十字路口，迷惘地看着来来去去的路人。路人甲说向左，我担心我会走失红尘；路人乙说向右，我说我怕会迷离尘世；于是，原地，踏步，我始终泪眼婆娑。

没到终点，无法预言，走到最后，谁会在我身边。

三

我说过，我不想在本来就短暂的生命里留下那样冗长的遗憾。然而，实际上，我的遗憾已经无限地延伸到了我生命的尽头。我想，我是要抱憾终生的。

我似乎无法形容我的遗憾，或许，在我如今二十年的生命真的就是用遗憾堆砌而成的，那么，请先听我讲一段故事吧！当然，它完全是我虚构出来的。

【关山月】

长安少年游侠客，夜上戍楼看太白。陇头明月迥临关，陇上行人夜吹笛。关西老将不胜愁，驻马听之双泪流。

如今，我在西蜀吟咏着王维这首《陇头吟》的时候，我感到空前的怅惘。

八月十五日，中秋月圆夜。西南季风夹杂着湿热的空气在成都的上空氤氲开来，天穹中没有了月亮的影踪，密密麻麻的雨滴从夜空中穿刺而来，然而，我的思念却在此刻泛滥成河，一如我永远无法泅渡的弱水。

“小野，对不起，我们还是分手吧！”

“你还是没有忘记霄月，对吗？”

“我说过，我不能在我心里还有别的女孩时与另外的女孩在一起，这是对你的不负责，也是对那份感情的不负责。”

“我也说过，我不在乎的。”

“我在乎。”

“其实，我心里也放不下他，但又能怎么样呢？那已经是过去式了。”

“我不理解你这种想法。”

“我也不理解你。”

“算了吧！我们分手吧！”

不等小野开口，我急速地跑出了小野撑着的那把伞，一路狂奔，任由雨水冲涮着我这具已是背负了太多罪恶的躯壳。我伤害了小野,更伤害了我自己,但我的心已经在两年前那个注定了分离的九月就已经死了。小野，原谅我的麻木不仁。

我叫关山。我出生在甘肃省天水市，在成都，我时常想起那一带延绵百里的关山，那个闭塞的小山城，我和霄月发誓要走出去的地方。我恨那个闭塞而又落后的地方，落后的经济，更为落后的思想。

霄月是我高中的女友，我的初恋，我一生的挚爱，我们时常在一起憧憬着关山以外的天和地。

“我们一定要走出关山，一起去一个谁都无法将我们分开的地方。”我望着那一带完全遮住我视线的关山说。

“我一辈子走不出关山。”霄月竟然这样说。

我疑惑地问：“为什么？只要我们度过接下来的两个月，等高考完后，我们填报同一所大学，我们就能永远在一起了。”

霄月笑着说：“傻瓜，我不是那意思啦！我指的关山是你。”

于是，我就欣慰地笑了笑，一把揽过霄月，“霄月，遇到你真好！”

霄月依偎在我怀里说：“关山，如果你考上了大学，而我没有的话，那你一定要在大学等霄月，能做到吗？”

“怎么会呢！别多想啦！”我知道这一直是横亘在我和霄月之间让我时常感到不安的因素。

霄月挣脱了我说：“你说你能做得到嘛！”

“嗯，我答应你。”

“真好。”

离高考还有两个月的时间，我感到度日如年，然而，每当我想到我和霄月构想好了的那个未来正朝着我们款款而来的时候，我都会认为一切等待都是幸福和值得的。

两个月后，那个我一直认为遥遥无期的高考就真的结束了。那晚，我带着霄月沿着山间那条崎岖的小路一路奔跑。我知道，路的出口，那是我们的美好的未来。然而，这只是我的一厢情愿，这条路，注定了根本就没有出口。

高考成绩出来了，霄月以比我多了整整五十分的成绩超过了省重点线，而我的成绩只能将我送到普通的地级二本院校。

填报志愿的那天，她找到了我，她说，她父母要她填报上海的复旦大学，而她不能违背他父母。

面对这样的现实，我又能怎样？“那是应该的，人往高处走。”

“嗯，谢谢你能理解。”

我们自始至终没有提到那个我们曾经许下的愿望。我想，时间的洪流终会冲淡那些原有的浓浓的希冀，愿望终归只是愿望，在现实面前，它不得不退居二线，在一个不起眼的角落里慢慢腐烂变质。

“那，你打算填哪所大学？”

“我爸帮我选了，是四川成都的一所二本学院。”

“嗯。”

“好啦！不说这些了，我们毕竟都走出了关山，不是吗？”

此时，霄月那句“我一辈子走不出关山”充斥在我的头脑当中，那些曾有过的感动也许就在这种种平淡之中被冲涮殆尽了，如今，又有谁会提起呢？

是的，毕竟，我们都走出了关山，不是吗？

九月，那是一个充满了离散的季节，我来到了这所西蜀的大学，而霄月决绝地去了上海。是的，那已经是铁证的事实了，而日渐稀少的联系更是时刻地提醒着我，霄月已经离开了我。

小野是我高中同年级的校友，但我们俩原来根本不认识，因为考在同一所大学，所以，我们俩慢慢熟络起来。如果可以的话，我宁愿将她称为我的“知己”，而不是“恋人”。但这太自私了，毕竟，我们之间有过一段交往。在我还没有和她确立关系之前，我时常会在她面前提到霄月，提到我和霄月之间的那段感情，她也时常在我最需要安慰的时候给我最为柔腻的抚慰，为此，我深深地感激着她。然而，现在更多的是一份愧疚。从她口中，我也得知了她曾经也有过一段感情，她的前任男友小寒也是我所在高中的校友，也是因为高考而分开了。也许是经历的相似，也或许是出于情感上的惺惺相惜，我们时常在一起安慰着彼此。渐渐地，我发现小野竟然依赖上了我，我知道，她喜欢上了我。但我对她只是纯粹的异性友谊，我也暗示过她，我说，我不会在我心里还有其他女孩的时候与另外一个女孩在一起，这是对那个女孩的不负责，更是对那份感情的不负责。

然而，她还是勇敢地跨出了那一步，她最终勇敢地向我表达了爱意。她说，我不在乎你现在心里还有霄月，只要能和你在一起就行，我相信，终有一天你会忘记霄月并且喜欢上我。

于是，我们就走到了一起。为此，我一直感到愧疚，而我也时常在心里说服自己说，我会忘记霄月的。但对于我何时能够彻底放下霄月，我一点也不知道。所以，和小野在一起时，我自始至终都感到无比的纠结，但我知道，小野是喜欢我的。我也时常问她，为什么能够放下小寒，而她的回答总是那样果断。她说，那都是过去式了，回不去的又何必耿耿于怀，我们只有在对的时间遇上对一点的人，那才是一生的幸福。我说，也许吧！

而我时常在西蜀这个依旧闭塞的天地里，在夜深人静的时候，想起霄月，那个我爱之入骨的女孩。我想，时间并没有冲淡我对霄月的那份感情。对于那份感情，我想，它已经漂浮在时间的洪流之上了。每当那轮崭新而又古老的月亮赤裸裸地悬挂在天穹中时，我对霄月的思念就呼之欲出。我知道，这是我对那份感情的忠诚，对小野的残忍，但我真的感到无能为力。我曾一度决绝地认为，除非宇宙中从此没有了月亮的影踪，否则，对于霄月，对于那份感情，我始终无法释怀。然而，成都的月总是那样明亮，明亮得有些残忍。

关山月，关山和霄月，我要怎样才能将两者分割成一对没有丝毫瓜葛和牵绊的陌生人？

【西蜀情】

“答应我，永远不要和我分开，好不好？”我依偎在小寒的怀里说着。

“傻丫头，当然了，我那么辛苦才追到你，怎么可能轻易地错过你呢？”

“真好。”我把玩着我手中的那个发卡，是关山在我十八岁生日送给我的礼物。

我叫霄月，我的高中时代是在甘肃省天水市一所中学度过的。那时，我的身边还有关山，那个说着要和我一起走出关山的男孩，他说我们要去一个谁都不能将我们分开的地方。

我是那样深深地爱过他，我时常和他一起憧憬着关山以外的天和地。然而，我背叛了他，背叛了那份感情。对于关山，除了遗憾之外，我感到更多的是愧疚。是的，我背弃了我们曾经一起许下的诺言。高考后，我们的成绩相差很大，我父母要我填复旦大学，我知道，我根本没有选择。作为家里的长女，我知道我肩上所担负的责任。在我很小的时候，小到我在别人眼里根本就是个不谙世事的小女孩时，我就在心里发下了誓，我一定要通过自己的努力，让父母走出这个闭塞的小山城，让我的弟弟妹妹能够得到良好的教育，绝对不能像那些人一样一辈子待在关山，生在关山，死在关山。所以，我决绝地选择离开关山，来到了这所国内一流的大学，而关山去了四川成都的一所大学。对于关山，我只能深深地祝福他，我今生对关山欠下的情债，我会用我的来生去弥补他，如果，我们还有来生的话。

去年的寒假，我听说关山已经有了女朋友，是我们高中同校的一个女孩，我想关山已经忘记了我，但知道关山是幸福的，我真的为他感到高兴。我想，那些我们曾经许下的诺言只是当时说说罢了，又有谁会当真呢？我为我曾经的恋恋不舍和抱有一丝幻想感到可笑，是的，我不否认在我听到关山已经有了女朋友的时候我怨恨过他，但一开始就是我背弃了他，我又怎么能埋怨他呢？他能找到真正属于他自己的幸福，起码，我心里的愧疚感会减少一点。我知道，关山的世界已经没有了我，他真的不需要我了。

就在去年寒假回到学校之后，我答应了那个追了我一个学期的男生，他叫小寒，是我高中同校同学。但我们之前根本没有见过面，因为整个年级就只有他一个老乡，所以，我们走得很近。久而久之，他说他喜欢上了我，但那时的我，根本无法接受他，因为我心里还有一个关山挥之不去。我知道，小寒是真心喜欢我的，他是一个万里挑一的好男孩，和关山一样。我知道，我不能再辜负他了，否则，那又将是我犯下的另一个罪恶。

我是一个残忍的女孩，我一直这么认为。曾经的我对关山残忍，对自己残忍，而现在，我不能再残忍下去了。于是，我逼着自己喜欢上小寒，和小寒在一起的时候尽量不想到关山。然而，我还是时常会想起关山。对于关山，我知道我是无法忘记的。有一句说得很好，既然忘不掉，那就选择铭记。我会铭记着那个出现在我一生中最为美好的时节里那个男孩，包括那些我和他一起许下的愿望，我都选择铭记于心。还有一句话我也觉得很好，既然无法和最爱的人在一起，那就和次爱的人狠狠地幸福。是的，我选择和小寒在一起，给他想要的幸福，也给自己幸福。人不能只活在过去，既然过去给自己带来的痛苦，那么又何必一味地回味？

现在是在八月十五日，中秋月圆夜，我依偎在小寒温暖的怀里，那轮圆满的月亮就镶嵌在晴朗的天穹中，这毕竟还是一个比较圆满的结局，不是吗？

西蜀情，西蜀和爱情，我要怎样才能将两者想象成一对没有冲突和关联的共用体？

是的，这是一个彻彻底底的遗憾，我不得不这样说，而我是一个善于编造和经历遗憾的孩子。

我说，我是带着种种遗憾开始这段大学征程的。高考前，和我相恋一年的女朋友向我提出了分手。随后是高考的失利，接着一系列问题都随之而来了，我来到了一所普通的地级市本科院校，开始接触我根本不喜欢的专业，这难道不是遗憾吗？如果不是的话，那我想整个世界都在一片祥和之中了。二十岁年轻幼稚的心灵是断然接受不了这种种突变的，当然，我这样说并不是抱怨人生的残酷，而是想说明一个现实，是的，在我二十岁的生命里已经留下了大把大把的遗憾了，前途之中的，感情之上的。

是的，这就是我在象牙塔里的心路历程，与我原有的想象太过冲突了，我不知道，当我背上行囊即将离开这个我生活了四年的地方时，我会是怎样的一个心境，会是人生之中一段美好的回忆和片段吗？悲伤和忧郁也说不定，但我知道，它必然是深刻而隽永的。

我在这里长久地驻足过，不是吗？

四

南方六月的下半夜，雨下微凉，天穹无星。

和缓的信风浩浩荡荡地更改着路径，潮湿的东南季风途径南部山地和丘陵吹到了我所在的江南小城，烟雨迷蒙。

我搭在散发着微热的键盘上的双手，总感觉到一股物质的暖流在指间缠绕，总是与我的精神世界背道而驰。

原来，我终究还是一个没有深刻灵魂的人，我始终表述不了我的灵魂，写了这么多的文字，也不知道到底哪些能够真正代表我灵魂最深处的真实感受。

灵魂，流离，动荡，自始至终都无处安置，我最亲最近的人儿啊！你们却给不了我灵魂哪怕一点的安抚，只有那一幕密密麻麻的江南烟雨，才能给我最柔腻的抚慰。

天使落泪，仅凭一幕烟雨道相思，你又是否知晓？

夜，还是深沉的六月夜。

人，却是朱颜暗换的相思人。

也许，我又在故作感伤了，烟雨不尽，相思总会枯竭。只是我还一直在延长着某段时间的那场情绪，为了某些不与人说的目的。

其实，岁月是编年史，相思只是记载在某年某月某日，而我却始终舍不得翻动，眼睁睁地看着它渐染尘埃，最后化为灰烬。

五

记忆中是炎热的夏天，他们都说，夏天是恋爱的季节，可是那一年的夏天有一个男生一个人在夕阳里哭了好久。

——郭敬明

这是一句无比矫情的话，我想，只有郭敬明才说得出，我是断不会这样做的，我甚至忘了我上一次的哭泣发生在哪年哪月哪日，然而，看到这句话，我的心里还是充满着无数感念的，小四毕竟是我们这群独一代的代言人，他华丽而伤感的语句总能切住我们要害的部位。

是的，夏季是一个适合恋爱的季节，男生可以穿上酷酷的装扮，女生可以打开她们尘封已久的衣柜，把自己的身体在最大的尺度之内暴露于那些视觉动物面前，因为，恋爱是感性的，所以它当然离不开性感。

而对于我来说，夏季是一个分散的季节，我总是要在六月和七月份之间与我相处久了的人和物做一个暂时或是永远的告别。

那么，时光倒退到那个燥热的六月。

六月八号的那个下午，当我结束完那张英语试卷之后走出了考场。是的，高考就这样结束了，欢呼声此起彼伏，我是应该兴奋的，可是我心情很沉重，比任何时候都感觉沉重。一是业已习惯的高中生活就这样结束了，虽然那并不是一种好受的状态，但三年如一日，惯性的力量是强大的，我知道我一时是无法接受这个巨大的转变的。二是我和她终于要分开了，尽管我们早在高考前就已经分手了，但还能见到她对于我来说毕竟还算是比较满足的，而高考结束了，我们仅存的一点交集和瓜葛也就断了。从此以后，我所经过的路途当中就再也不会出现她的身影了，当我回过头去，也再看不到她低着头认真学习的样子。此时，我的头脑里浮现出很多形象的场景，与她有关的一点一滴，是那样的清晰，清晰得已经模糊不堪了。

一想起她的脸庞，我就想到了夏季，而一到夏季，我就想起她的脸庞，这是一个恶性的循环，发生在夏季里的恶性循环。

我们是在夏季走到一起的，我挥汗如雨地载着她往返于上下学的路途之中。我们在课外时间一起打羽毛球。我们之间有着各种交集，那种千丝万缕的联系。她会突然发来短信要我帮她带几块南瓜饼，或是简单而无厘头的三个字——臭小子，很窝心。她总能带给我窝心的感受。有一个小细节，我时常想起来都会不自觉地发笑，她家离学校远，所以她平时是住在她一个亲戚家的，那是一次放月假，她在收拾好书包后，突然蹦出一句“回娘家了”，我听到后就笑得不可开交了，于是，她就追着我满教室跑。（PS：没有记错的话，她那时和我正在热恋之中，回娘家？）

我总是想得太多，这是我时常感到悲伤的原因，我想，也许是我的头脑里多出了一根记忆的神经，以至于那些细微到极致的记忆在两年后的今天依旧完好无损地保存在我头脑之中。我想说的只是，对于那样冗长的记忆，我又该如何才能忘记。

是我太过于感性了吧！漂流瓶说我始终活在记忆当中，我无奈地选择承认。

正值夏季，回忆还在倒叙。

六

时光倒退到那个夏季，也是高一结束后的那个暑假。

这是一个让我感觉悲痛却又庆幸的夏季。就在我向我父亲说了我在文理分科时选择了文科后一天的那个晚上，我父亲突然感觉胸闷。看着他挣扎着大口呼吸而扭曲的脸时，我和我的母亲惊慌得不知所措。随后，我背着父亲赶往了我家附近一所普通的医院。一路上，父亲紧紧地拽着我的衣领，但是他因为呼吸困难而说不出话，我知道他这个动作在想向我传达什么。我哭着说，爸，我知道你是要我承担起这个家庭，我会的。于是，他的手就稍微松开了。我说，爸，没事的，马上到了。到了医院后，值班医生为父亲戴上了氧气罩，父亲铁青的脸有了一点血色，但医生说，仅仅戴氧气罩缓解不了，我的父亲呼吸依然很困难，于是，医生决定割开父亲的气管。母亲还没有赶过来，我在签了病危通知书后，医生就紧急动手了。我知道，我在冒着多大的风险，但我没有选择。幸好这个方法管用，父亲终于能够自主呼吸了，连夜，父亲住进了危重病房。

第二天，父亲被确诊了，是肺积水。这也在我们意料之中，这是父亲常年落下的病根，是常年的咳嗽和常年的吸烟所导致的。医生说要进行肺部穿刺手术，就是在肺部穿一个孔，把里面的积水引出体外。这是一个小手术，但风险却不小，因为正值夏季，很容易受感染。但是，院方却没有建议转去其他医院，我们也没有想到这点，就匆匆同意了动手术。手术完后的两天内，父亲缓和了很多，那个用来接水的瓶子里不断有水滴出来。在我们都以为手术成功的时候，意外发生了，父亲高烧不止，最高时达到40度。院方想尽办法，父亲的高烧却一直退不下来。看着躺在病床上苦苦挣扎的父亲，我几乎到了崩溃的边缘，母亲也没有主张。也就是在那段时间内，父亲几乎留下了遗嘱，他成天挣扎着在我耳边交代这，交代那，我也只是安慰着他说，还没到那么严重的地步。而院方却依然试着一些于事无补的办法，于是，我毅然向主治医生提出转院。看着在死亡线上挣扎的父亲和形容憔悴的母亲，我跑去医生办公室和那个昏了头的所谓的主治医生吵了一架后，他终于同意了转院。接着，我找到院长要求调一辆急救车送父亲去邻市的一附院。办好转院手续之后，父亲被紧急地送去了那家医院。在更为先进的医疗设备和医术下，父亲的高烧终于退了下来，一个月后，医生说肺部的积水差不多都引出体外了，我一生经历无数苦难的父亲终于在死亡线上活了过来。我愕然地发现此时母亲原本黑青的头发里，已经明显地多了许多银色的白发，而我的父亲也已经苍老了许多。但庆幸的是，我们已经暂时远离了死亡，我希望我们能永远地远离死亡，但是，岁月啊！它总是那样的残忍而无情。

这是夏季留给我的不好的回忆，我也不想再让时光倒退了，因为那里写满了磨难和不幸。

七

倒叙·夏季·失语。

这是三个原本没有丝毫瓜葛的词汇，却在我的头脑里、我的现实生活中铁证如山一般地纠结在了一起，而我能做的似乎只是在这个聒噪的夏季里保持着绝对的缄默，在缄默的状态中极不情愿却又无法控制地倒叙不止，在倒叙不止中度过这个让我伤感的夏季。

这是一个“式微”的无限循环，我表示无能为力。

作者我说

第六生命曲——原名尚顾秋子，生于90年代初。喜静，惧生，又内向。曾被冠上内心强大之名，真实见于文字。在夜晚多半有璀璨又深情的梦境，隔天醒来咬下第一口面包片的时候就选择忘记。习惯在荒诞中捕捉真实的影子。宁愿夸张也不要被淹没在潮流之中。始终相信，人生就是一部奋斗史。

再见，少年

文/第六生命曲

我在走一条乏味又漫长的道路，期间有不同的人来和我同行。我们并肩或前后走。

末日余光把身影拉斜变长，以缠绵的姿态缱绻着。遗憾的是他们只陪我走了其中的一小段。从来没有人陪我走到尽头。

于是后来，这条路走着走着就变成了陌路。

陌路不是一条完全陌生的路，而是在同一条道路上和一个完全陌生的人行进。

想为我们的堇色青春谱上一首曲子，在歌曲唱完之前谁都不要说再见。

No.1

最深刻的疼痛，是给你的倾城爱

一

清和左手放在脑袋底下，右手捂着放在肚子上的热水袋，听着周围舍友均匀并且加深的呼吸声，脑海里不断重复刚刚慕鹏发来的短信。不是已经拒绝了么？怎么还会这样的不安。清和那点小心思，她自己不说，别人就会无从知晓。

这是来例假的第二天，下腹涨涨的，坠着疼，全身轻颤，好像还有些发冷。喝了一大杯红糖水也不顶用。不得已只好摸黑下床来找止痛片。才刚刚吃完躺下，就收到慕鹏发来的短信。出来和我一起上网，校门口见。

是不容置疑的语气，清和气不打一处来，自己已经痛了一天，连饭也没有吃。慕鹏倒好，什么也不问，就直接这样开口命令，也不管是否方便。更何况宿舍已经锁门熄灯了，要想出去不是一般的麻烦。还要绞尽脑汁地编些生动形象的借口来搪塞宿管老师。想到这里，清和有些赌气似地拿过手机发短信。不了，我要睡了，宿舍锁门出不去了。

可刚发完就立马后悔，这是一个和慕鹏单独相处的好机会。自己若是答应了他，不仅让他在心里面觉得自己好，更让他下次再遇到类似的情况时首先想到的便是自己。清和皱着眉头，用力握了下热水袋，越想越觉得懊恼，翻来覆去地睡不着。肚子还隐隐约约传来疼痛感。怎么会这样，这都遇见了什么事。清和小声抱怨道。

望着头顶的天花板发呆，借着月光看见洁白的墙壁上一条条细微的裂痕，弯弯曲曲从一边延伸到另外一边。清和努力平复着心情，周围安静得能听见水管滴水的声音。最后还是一把拿过手机。你现在在哪？我去找你。

没过多久，慕鹏回了短信。不用了，我找到人陪了。

只是短短的一行字，清和亮着手机反反复复看了好些遍。每看一遍心酸就多几分。自己这样做到底是图的什么？最后反倒好像是自己的不对了。本以为会在慕鹏的心里是有那么一点不同的，最起码他在孤单的时候会想到自己。可现在这个样子看来，的确是自己想多了。

清和强迫自己平静下来闭上眼睛不要去想，不要为了芝麻点的小事就落泪，更不要去懊恼慕鹏第一次发来短信时的拒绝。

二

清和身边是有男生的。这个皮肤白晰，大眼睛小嘴巴的女孩子，笑起来有一种清澈的美丽。

这样的女孩子总是很招人喜欢。有时遇到比较大胆的，直接拉着清和的手表白。有时也会在桌斗里发现匿名巧克力。清和表面上什么都不说。只是偶尔被慕鹏撞到会有那么一点点的尴尬。慕鹏眼里全是不可置信的笑意，那种神情写满了嘲讽。清和不甘，故意撕开包装巧克力的精美盒子，拿出里面的巧克力大嚼特嚼。她只有赌气的时候才会这样。身边虽然有大把的男生，可清和从来没有和他们有过多的接触，总是委婉又坚定地拒绝了一个又一个。并不是孤傲漫视，偶尔也会有一两个心动的，犹豫了一下还是拒绝。因为这颗心早在一年前给了别人，要不回来了。

慕鹏的身边却是没有女生的，不然怎么会天天喊着要找一个对象来排解寂寞呢？一米七的个头，有点发胖，脸上还有这个年纪独有的痘痘。眼睛浑浊而狭小，眯起来只剩下一条缝隙。只有那一头金黄的头发看起来比较前卫一点。但是配着他的长相仔细地看，就会发现染发实在不是什么明智之举。

可是他的身边却有一个甘愿受他虐待的女生。他没事的时候会找她调侃，聊天气发型等等。可是脾气上来的时候不管她做得对不对就是一阵怒吼。他记得那天好像是为了吃午饭而和她争吵起来，他愤怒地甩手不小心带掉桌子上的玻璃水杯，掉地上啪的一声就碎掉。那是她最喜爱的杯子，天天抱在怀里。可是他却让她眼睁睁地看着最心爱的东西消亡掉。他什么也没说，没有解释也没有道歉。心里那股火气还没完全消失。她蹲在地上慢慢地捡着碎片，动作很轻，眼里没有泪水，却分明写着伤心，抿着嘴唇不讲话。

那些无关紧要的吧，大概都快要忘记了。他觉得。

他至今都没有觉得自己哪里做得不对，当喜欢已经慢慢变成了理所当然。那些来自异处的偏爱也会变得天经地义。

三

天气渐渐转好，湖里的浮冰开始融化，有金鱼冒出水面。阳光垂直地打下来，能够看到空气里漂浮着絮状物质。一阵一阵地传来不知名的花香。城墙边上的野草也有拔高的迹象。人家说，这个季节最适合谈恋爱。

有情侣在后操场空地上放风筝，放的是普通得不能再普通的风筝，几根竹条，几块碎布，只有简单的红白蓝三色，却让清和羡慕得不得了。多浪漫的事情啊，尤其是在这个浪漫不起来的学校里。如果可以的话，多想和慕鹏做这样的事情。

清和走近了一些，想多感受一点这样温馨祥和的气氛。走进一看，才发现放风筝的原来是慕鹏，他身边那个女生清和不知道是谁，他没有提起过，她亦没有见过。两人都沉浸在制造出来的氛围里，没有注意到几米外树丛里站着的清和。慕鹏张开很大的口，不停地笑，那声音爽朗又清脆，那表情是清和所没有见过的。这样祥和的氛围还真是强大啊，一下子就熏湿了清和的眼睛。

清和说，该死心了吧。都亲眼看到的东西再怎么解释也是掩盖不了的吧。虽然没有明说，但事情到了这种份上，明眼人都看的出来啊，以后别想些有的没的，净惹自己伤心。空闲下来的时候可以想想其实班长王某某还是不错的，应该给彼此一个机会。

清和转身离开了，目光呆滞，念叨了一路别人听不懂的话语，来到超市买了一只棒冰，然后又沿路返回到了慕鹏放风筝的地方找了台阶蜷腿坐下。

这是来例假的第三天，昨天肚子还疼得要死要活的，今天就突然想食凉了。夕阳在身后舒卷懒散的身姿。把这一刻拉扯得无限漫长，余辉散落到清和背上，一片无以名状的忧伤。女孩肩膀颤抖，一边吃着冰棒，一边感叹真凉，凉得泪水都流了出来。

慕鹏揽着他的小女朋友走的时候，应该看到了正在哭泣的清和，只是转头了看了那么一眼，既而又转正大步向前走去。

晚上慕鹏给清和发短信说自己有对象了，问清和那女孩感觉怎么样。

那个时候清和倚在窗边面无表情，不知道在想什么事情。她觉得慕鹏真残忍，真不是个爷们。灵动的大眼睛里一片死灰。手机随手扔在床边，没有力气再多说一句话了，没有力气再去分析慕鹏发的那条短信到底是什么意思。

她想，找个时间好好整理一下回忆，把该丢掉就丢掉，然后祭奠一下往昔就向前走吧。人家慕鹏都不怜惜过去，前进的速度那么快，自己何苦陷在回忆里面不肯出来？不能输得这么惨烈，最起码要跑在慕鹏的前面。

四

在清和决定好好生活的第五天，慕鹏又出现在了清和的世界里。

那天下午天空下起了缠绵的细雨，世界温柔又朦胧的样子，清和在看一本书。看得正仔细，整洁的书面上忽然就被打湿了一片水渍。清和抬头看，慕鹏脸颊的头发全被浸湿，还簌簌滴着雨水，耳朵被冻得通红，眼睛也氤氲得看不清。想必是淋了好久的雨。清和忽然就心疼了。连忙问，怎么了？

慕鹏没有回答，挨着清和坐下。许久才开口，你陪陪我吧。

改了已往盛气凌人的语气，甚至有些祈求。嗓音略显沙哑。清和把手中热水推给他。

如果慕鹏一开始就这么对自己好好说话，而不是动不动就发脾气。就会发现慕鹏的声音其实挺好听的，像现在这样温柔。那样会不会自己就更加喜欢得无法自拔了呢？

五

直到后来清和也不知道发生了什么事情。那个下午一直陪着慕鹏静坐着，听着窗外淅沥沥的雨声。这么久以来第一次感觉到的平静。发自内心，由内扩散在了空气里。慕鹏也不说话，只是呆坐着，紧锁眉头 ，一副心事重重的样子。

听同学无意提起，好像是和对象分了手。

清和心里小小沸腾了一下，有点欢呼雀跃。只是连自己都不明白，不是说好要放弃朝着未来跑去的么？

从那天起，慕鹏和清和似乎亲密了不少。例如，慕鹏改掉了对清和的态度，不再对她大呼小叫。有时候还会对清和温柔地唱歌。再例如，他中午还会在拥挤的餐厅里耐心地排队为她买饭，她则会在上公共课的时候在教室的最后一排为他占座位。

这些都是微不足道的小事。清和想，虽然慕鹏没有挑明，自己也没有求证，但有些感觉明显不一样了。这样就好了，清和很珍惜这来之不易的幸福。

清和说，不清不楚也好，不明不白也没关系。受点委屈就更不用提。只要能和慕鹏像现在一样在一起，愿意拿出一切与之交换。

六

只是没有想到，这个梦的保质期居然只有短短的一星期。一个星期之后慕鹏便抓着清和的肩膀强迫她醒来。用力地摇晃着，她似乎一直都沉浸在和慕鹏朝夕相处的那一个星期里，不愿意醒来。

可当看见慕鹏和那个曾经分了手的小女朋友又十指相扣时，蓦然就回过神来。

原来什么都是假的，只是自己编制了一个完美的世界，跳进去不肯出来。慕鹏迟迟不肯说出口，原来是因为他知道许不了自己一个未来，而又贪恋有人在身边的美好。自己却又刚好填补这个空缺出现在了他的生命里。那么尴尬的关系，自己还满心欢喜。原来是这样，没有人告诉清和居然是这样。所以到头来清和像傻子一样狼狈不堪。

慕鹏一点都不觉得愧疚，和小女朋友在公开场合亲密一点不顾及清和的感受。但又凭什么顾及呢？本就是在一个人的时候随手就这么拉了一下，便有人自觉地贴了过去。每每看到慕鹏这样，清和恨不得那段生活从来没有出现过。这是一段悲哀的感情，当连记忆都觉得不堪的时候。不想要过去了，也不想过现在，想直接跳到更远的未来，一个没有慕鹏的未来。

清和多想在慕鹏心里占有一席之地。她想作为一支藤蔓紧紧缠绕在慕鹏的生命里，而不是作为一个过客。这种强烈的欲望没有人体会得了。一个人永远无法对另一个人的痛苦感同身受。

还好，清和在知道真相的时候只是大哭了一场，难过了一天而已。远比第一次恢复迅速了好多。欺骗要比心死好很多吧？是不是，受的伤多了，免疫力就会增强，恢复元气的能力就越来越强？

七

清和原谅了慕鹏，她有些讨厌现在的自己。明明他把自己伤害得那么深，可是在隔天伤口结疤的时候忘记了当初划开伤口时的疼痛，居然又原谅了他。她觉得很不可思议，但却无法不贴近他的气息。

她自己一遍遍地下定决心，然后在慕鹏的堇色笑语下又一遍遍地打破了围墙——当慕鹏笑着来找清和借书的时候，当慕鹏用拜托的语气来找清和打掩护的时候，当慕鹏皱着眉头来挑刺的时候。

清和和慕鹏像往常一样在班里打闹，两人很有默契地对那一星期绝口不提。偶尔清和晚上会失眠。梦里全是慕鹏拉着自己走向一片玫瑰色的花田，天气正好，阳光灿烂，世界片刻停止喧嚣。但忽然梦境一转，慕鹏却转过身来推了清和一把，嘴角蔓延着笑意挥手说再见，清和置身在漫无边际的黑暗里，四周都是围墙。跌跌撞撞地摸索，找不到出口。每次清和都会挣扎着醒来，枕边潮湿一片，眼角还挂着泪水。大块大块的斑驳痕迹。

只是这样的回忆在不同人的心里占据了不同的位置。清和小心翼翼地埋在心底，不舍得遗忘。慕鹏则是希望那段回忆从来没有出现过。

八

这是四月二十六日慕鹏和清和的短信记录。清和没敢看第二遍，颤抖着把短信拉进收藏夹。

慕鹏 00:12你在干嘛？陪我说话吧。我好没意思的。

清和 00:13怎么了么？这么晚怎么还不睡？

慕鹏 00:17我没事，白天睡太多，晚上就睡不着，你在干嘛？

清和 00:18早点睡觉吧，明天还有课，下次别把生物钟调得这么乱了。

发这些的时候，清和揉了揉酸涩的眼睛。本来是已经睡着了的，突然就响起了尖锐的铃声，把正在熟睡的清和吓了一跳。刚想要发火，拿起手机却看到了慕鹏的名字，顿时就火不起来。勉强撑起眼皮支起身子。

慕鹏 00:32我和你聊天还不行了？你知不知道我和你聊天是你的荣幸。

清和 00:33哼！拉倒吧，和我聊天是要收费的，一个小时五十元！

慕鹏 00:50嗯……你这么说……嗯……我突然想到了，你知不知道大学城那边有一条小巷，左边靠里面一点全是做那个的女人，她们一晚上才一百，做的可不仅仅是聊天。怎么说呢？你还没有人家那种姿色，居然一小时问我要五十！

清和不知道是怎么看完这条短信的。看到中间的时候就有预感，开始呼吸急促，支撑下来努力看完。内心酸涩无比，一心一意地想要他早点休息，绞尽脑汁地想出这个看起来不太苍白的想法，没想到在他心目中自己居然是这个样子的。居然把自己比作那种为了钱不惜出卖掉一切的人。

慕鹏慕鹏，怎么会是这样？你是成心还是无意？

合上手机躺下来，拉过被子盖在身上。心里是湖泊一样的澄净。周围是拥堵的黑暗，身体仿佛滞留在了腥臭的河水里面，腿脚被肆意漂浮的水草缠绕着。努力挣扎却永远触不到彼岸。

清和无力地伸出手抚过自己的脸颊，早已是泪流满面。

走了这么久，已经以为足够强大以致坚不可摧。心的表面不知什么时候附上了海绵。即使用力挤压最后也会回到最初的模样。所以清和才会对慕鹏一次又一次地妥协，不是没知觉，而是心里那么大的地方，全都给了慕鹏。他可以在里面嬉笑打闹，也可以唾骂歧视。每次都是在受到伤害之后隔天时间就又恢复了原来的样子。只是清和忘记了，再柔软的海绵如果受到来自外界过大的压力后终有一天也会失去弹性。

这一刻，清和突然不想原谅慕鹏了。

清和把短信收藏在了能经常看到的地方。每当有一点点想要放弃的时候，就会指着那些话语说，你看，这些都是你给慕鹏的爱。这些都是慕鹏给你的伤害。

她每天唯有这样一次又一次地提醒着自己，才能换来短暂难得的清醒。

那个夏天要结束的时候，清和抬头看着叶子密密麻麻地挂在枝上，遮盖着天空，满眼皆是碧绿。阳光不再炽烈，人群不再密集，不会感到周身腻烦的闷热。她在想，这样的日子还要持续多久。

No.2

在旧时光的故里相遇

一

莫林又回到了这里。

这是高中时上的学校。那个时候学校周围还没有这么茂密的青桐，周围的栅栏也破旧不堪，如今似乎焕然一新，连墙壁都新漆了颜色。向里望去，原来野草丛生的操场如今也铺上了塑胶。莫林低下头咬着嘴里的奶茶吸管，不知是对这突然的场景接受不了还是对保存在心底那份最初的形态持有抵触态度。

“物是人非”这样的词语在如今也会显得苍白没有力气吧。人不在，连所在的回忆聚集地也被督促着拆掉重建。莫林觉得自己是把回忆都寄托在了这里，而今这里却不是最初的模样。顿时，沉甸甸的回忆压得莫林喘不过气来。

莫林后退两步，顺着街边的躺椅坐下来，就这样正对着学校的大门。觉得自己身体里哪一个部位压抑得厉害，似乎是被重物一点一点地往下坠，直到扼住了血管。有无边的狂潮吞噬而来。莫林知道那是带有尖锐刺痛感的回忆。

困意顿时席卷而来，是史无前例的劳累，仿佛繁忙了一个世纪没有消停过的样子。

二

英语老师没有来，班主任宣布临时把这节课变为自习后离开了教室。

莫林摊开放在面前空白的习题册，没有丝毫写下去的欲望，百无聊赖地趴在桌子上画小人。忽然从后面飞过一张纸条，掠过耳际不偏不倚落在怀里。

“下课后去楼梯拐角处一趟，有事找你。”没有署名，字迹也乱七八糟的，依稀可分辨出来。能够看出是左手写的，猜得没错的话应该是故意的吧。

莫林为了这张纸条想了一节课，把班里所有人都猜了一遍，也把所有能委托自己办的事情想了一遍。纠结着到底要不要去。一方面出于对事物的好奇，另一方面还担心是个恶作剧。但好奇心驱使她刚打下课铃就冲出了教室。

楼梯拐角处的玻璃窗前果真站着一个人，高高瘦瘦的模样。逆着光，莫林看不出来是谁。

“是你……写的纸条么？”

青钥转过身子，看着眼前不知所措的莫林，嘴角上扬起一个刚好的弧度：“是我写的纸条，是我找的你。”

眼前的青钥依旧是一副拽得要死的表情。青钥要比莫林高出很多，莫林捏着衣角抬眼看他。

“哈哈，你不用这样的，怎么像犯错误的孩子接受惩罚一样？”

“那个……青同学，请问你找我有什么事情么？”

“事情……嗯……我嗯……你……所以我们在一起。”是不容置疑的语气，前半句说得含糊不清，想必是因为害羞的缘故。

莫林脸刷一下就红了下来，明明知道他要说的意思，但还是忍不住回了一句。“什么？你说什么？麻烦你再重复一遍。”

“你这人怎么这么啰嗦？只说一遍不说了，以后你会明白的。”说完便头也不回地离开。

莫林看着青钥走远以后才捂着嘴笑出声音来，刚才青钥涨红了脸，开始是想要耐着性子再重复一遍，但发现莫林有些戏谑地看着自己时，才意料到是被耍了，就暗自握了下拳头离开。

其实莫林是知道的，但还是想要捉弄一下平时看起来一副冷冰冰表情的青钥。想看看他窘迫的样子，是不是从来都没有见过的可爱。还有一点私心，怎么说这都是第一次被人告白吧，怎么能吞吐连话都讲不清楚就这样过去了？

三

青钥是品学兼优的好学生，家里又有钱，自然得同学们的青睐，无论是男生还是女生，身边总免不了讨论的声音。莫林对于这些从来都是持远观的态度，并不是不喜欢，而是知道距离太过于遥远，遥远得像是生活在不同的星球，所以莫林每次都会从青钥面前目不斜视地走过。

每个女生都爱过一个少年，一个白T恤白球鞋带着爽朗笑容的少年。笑起来的时候净白的牙齿会把阳光都衬托得暗淡。说起少年，莫林一下子想到了青钥。等莫林笑够了冷静下来，发现自己和青钥之间完全是没有可能的。想到两个人的悬殊的身份和家庭背景一下子让莫林开心不起来。两个人的距离不止是表面看起来前后桌，而是怎么都跨越不了的亿万星河。莫林把刚刚萌生的想法及时地遏制住了。

像是被抛入高空后突然就跌入了深渊，明明上一秒还在欢天喜地地说着，下一秒却被人泼了冷水。这样的跨度让莫林一时间很难接受，她一直说服自己是因为刚刚才过于兴奋了才会把现在的心情衬托得格外忧伤。抹了抹挂在眼角的泪珠，向班里走去。

这是上午的第三节课，是乏味闷长的数学课。那个秃顶的四十五岁老头在讲台上慷慨激昂地说着，时不时喷出一点带有气味的液体来。他也只是自顾自地讲着，对于下面昏昏欲睡的同学们不管不顾。莫林从书包里掏练习册的时候触到了桌斗里的东西，拿出来一看是奶油面包和酸奶。这个时候有纸条从后面传来，碰了碰莫林的凳子。

“你总是在第三节课就会饿，有时候看你趴在桌子上，是因为胃痛得受不了了吧？我以后都会帮你买加餐，你的任务是负责把它吃完。”

没有署名，但莫林一下子就知道是谁，这般干净又娟秀的字体，老师不止一次在班里当做范本夸奖过。

“先谢谢你，但是不用麻烦了，以后我会自己备着。”

纸条传回去的时候，莫林一直用余光关注身后的反应，但好久都没有动静，应该是生气了。大概还没有人这样拒绝过青钥，连上帝都眷顾万分的人，怎么会有人舍得拒绝？莫林撕开包装纸假装冷静地吃起来。后来逐渐开始有点坐立不安，究竟是怎样了？也不说话也不回纸条，身后到底是什么情况？最终莫林没按捺住小性子，以扭头看墙后面的挂钟为理由借机看了一眼青钥。青钥趴在桌子上一动不动，应该是睡着了。旁边放着一团揉碎的纸张，莫林认出来是那张纸条。

看着青钥的睡姿，一动不动安静地趴在桌子上，好像连呼吸都是静止的。窗外的阳光斜斜地打进来，照在男孩棕色的头发上，莫林没敢仔细看。只看了一眼便转过身子。她好像听见了自己心跳的声音，联想到青钥耳垂后细小的绒毛在阳光下闪耀着，心就一发不可收拾地悸动起来。

莫林向走道外面挪了下椅子，尽量避免碰到青钥向前伸出的手臂。整个数学课莫林都侧着身子，屁股坐得发麻也没舍得变换姿势。

四

莫林不记得这样拒绝过了青钥多少次，但好像每次都是因为婉转怕青钥受到伤害才会看起来并不利索，青钥在被拒绝的那一刻总是强忍着将要发出的怒气，踢一下桌脚或者把课本摔在地上，把怒气转移到其他地方。

莫林本想下次青钥就不会这样对自己了。却不料下次青钥如往常一样做着他认为看起来对的事情，总是搞得莫林无可奈何。时间久了，莫林也就渐渐妥协了。半推半就地接下青钥送来的东西，开始变得心安理得起来。

青钥脸上笑容多了，成绩也保持得很稳定，每当老师又夸奖青钥时，莫林就会躲在一旁偷笑，比夸奖了自己还要开心。莫林不知道从什么时间开始，青钥慢慢地驻扎进了自己的生活里。

“今天午休别睡觉，跟着我去一个地方。”莫林打开从身后扔来的纸条。

青钥趁着同学午休的时候，拉起莫林的手向楼下跑去，直到楼下的那片小树林里，青钥放开了因为出汗而微微有些粘稠的手，满脸笑意地看着莫林抚顺额头边上被风刮乱的刘海。

“中午不休息下午上课会没有精神的。你这是要干嘛？”

“班里人多，不自在。你看这里多好，只有我们两个。”青钥坏笑地看着莫林。

“你想干嘛？这光天化日下。还是在学校……"

"你思想这么不单纯？都想哪去了？我只是想要一个单独和你相处的机会，只是这个机会好难得。”青钥笑意更深了。他把莫林惊恐的摸样全都记录了下来，包括那双一眨一眨的大眼睛。

莫林不再答话，找了一块石头坐下。头上是一片接一片的叶子，把天空都遮挡得密不透光。莫林看着满天的碧绿忽然就安下心来。这一刻什么都不愿意再想了，那些遥远的距离和那些难缠的别扭都丢到了一边。现在是在一起就是好的，至少现在他在身边。

青钥没有挨着莫林一起坐下来，而是在莫林面前蹲下，侧头靠在莫林的膝盖上。闭上眼睛，听见风声吹醒野草的声音，窸窸窣窣的摩擦声。

以这样和谐的姿态安静地度过了这样一段漫长时光，连后来回想起来都会觉得无限温柔。被记忆拉长慢慢地缱绻了的身影。

就在莫林以为青钥睡着的时候。腿边忽然发出了呢喃：

“其实你对我来说很重要。”

五

大概是热恋的期间吧。虽然青钥自那次不成功的表白后再也没有说过什么，虽然莫林也没有应承什么。但两个人给人的感觉还是不一样了，相视而笑又默契的样子。

莫林放学总是一个人回家，青钥家里有专车接送。两人总是在学校说了再见以后，便在校门口从两个相反的方向走去。尽管这样，莫林也觉得自己的步伐越来越轻快。似乎每天只要和青钥简单地说几句话，就能在第二天的时候保持全天的好心情。

这天放学莫林如往常一样自己回家。天黑得快，很快就像渲染的墨迹一般染黑了整片天空。一路哼着歌曲也不觉得疲惫。只是总觉得身后似乎一直有人跟着自己。莫林低下头加快了脚步。在走到庭院拐角的时候。

“这么晚你怎么还没有回家？怎么了？”

青钥从黑暗的地方走出来。一脸无辜。

“你自己么？晚上不安全，你跑出来做什么？家里知道不？”看见青钥身后还背着的书包，又继续说：“你居然没有回家？爸妈该着急了。你赶紧回家啊。”

青钥向前走了一步，仍就没有开口说话。莫林有些微微的怒气了：“你到底怎么了？是想干嘛？”

“我只是想要亲口给你说一声晚安。”

这个时候全世界都打开了电灯，都失掉了声音。莫林觉得这一句话触碰到了心里最柔软的地方，忽然就想哭了。

她走上前一把抱住青钥，把眼泪抹在了他的衣领上。温热的细小的泪珠。这是莫林第一次为感动流下的眼泪，以及两个人之间的第一次拥抱。

莫林想要这个拥抱可以就这样持续一辈子，就像这样牵起的手一辈子都可以不放开。

我只是想要亲口给你说一句晚安。每每想到这一句话，莫林就会想到青钥是要穿越大半个城市的距离来到自己的面前。会在觉得无比感动的同时，又有点小心疼再加一点小骄傲。莫林觉得此生的记忆不会再有比现在更为美好的时刻了。

六

离别并没有事先就给出预兆，所以在猝不及防到来的时候才会觉得分外难过。如果可以提前预支悲伤的话，我们是不是就可以对别离表现得无所谓一些呢？

快乐的日子总是短暂得像是不曾拥有过一般，日后竟会怀疑它是真正的存在过还是臆想出来的东西。青钥的话语还一字不差地记在耳边，只是许下承诺的少年却是再也回不来了。

耳边响起尖锐的汽车刹车声，吵醒了睡在凳子上的莫林。莫林怔怔地坐直了身子，似乎还沉浸在梦里出不来。心里满满的都是浸了泪水的回忆，是在太阳下无论晾晒多久都不会干的样子。莫林吸了下鼻子，才惊觉自己是哭了。

这些回忆即使是在梦里也会真实得像是刚刚才发生过一样。因为记忆太过于深刻。

学校放学了，从校门口陆续走出学生。穿着统一的校服，脸上有着相似的笑容。莫林忽然就看见了那个时候的自己和青钥，似乎还在拉扯。

你说要我等你三年的，而现在已经过去了五年，你怎么还没有回来？

你说过会按照家里的要求出国留学三年，回来后我们就能永远的在一起。可是你现在在哪里？

我在这个城市守着回忆过了五年，从来不会觉得委屈。可是我现在忽然就没有信心你还会回到这里，还会记得当时说过的话语。

你怎么还不回来。你回不来了。你不回来了。

莫林放声痛哭起来，一直努力说服自己要坚持下去，可今天忽然发觉没有了坚持的理由。这么多年来没有一通电话，没有一封邮件，却不断地说服自己去相信。这样的欺骗并不好过。心中只凭一点点仅存的信念过活，无所谓快不快乐。因为你不在这里。

莫林觉得这样的等待真令人苍老。这么的遥远与无法触及，要知道。

没有一个等待不是漫长的。

如果悲伤可以收缩，如果眼泪可以分场合。

莫林就不会无所顾忌地在人群中大哭起来，哭花了脸上的妆容，哭得睁不开眼睛。

NO.3

花开一世颜白

一

素白在脑后挽起了高高的马尾，露出光洁的额头。眼睛盯着窗外嬉笑的同学，一脸淡漠。她就是这样的性格，极少开口说话。

阳光打进来，落在素白的脸上，头发上。亮光面能够清晰地看到女孩白皙的皮肤上细细的绒毛，睫毛微卷。这是一个安静的女孩子。

展颜侧头的瞬间看见了这样的素白，似在接受阳光的洗礼，嘴角上扬起一个温柔的弧度，就这样怔在了那里。仿佛在一个漫长的下午茶时光里，疲惫的身体陷在柔软的沙发里面，欣赏着上古世纪的油画，忽然就发现了这样一幅画卷，顿时神采奕奕。展颜张了张口，终是没有发出声音，怕是打扰了这一曲和谐。

只是那不经意的一瞥，初鸿，惊艳，只一秒便沦陷。

二

班里调座位的时候，展颜是紧跟着素白进班的。他没有坐在她身边，而是斜后面一点。这样的角度刚刚好，使展颜恰到好处地看到安静的素白而不引起其他同学的怀疑。只是这样细小的心思恐怕是连素白也不会发现的。

她一直安静不说话，他也安分地做着自己的事情。感觉累的时候就抬头看看她，只是一眼便也觉得安心。

就这么平静地相处着，并没有过多的交际，可是彼此在对方的心理是占据了怎样的位置只有自己知道。展颜本想能够这样一直继续下去，可是生活是不尽如意的。

事情的起因是素白收到了一封信，淡蓝色的信纸，封面别着一颗粉红色的心。这在别人看来不足为奇，可是展颜慌了神。整个下午烦闷得不怎么说话，拉长着脸。数学书的其中一页被蹂躏地打了折。整本书摊开了一下午只是那一页。

他想，是该说明白的时候了。或许早该就说明白了。

不吃饭，也会特意地跑下去为展颜买。 风雨无阻的样子。她会每到午饭前的最后一节课，趴在桌子上认真地思考，今天为展颜买哪个菜，换个口味的饮料似乎也不错。她只怕自己做得不够好，展颜不喜欢。

她觉得自己对展颜的好是那么地理所当然，心里告诉她，就应该这么做，结果她就真的这么做了。

展颜对素白也是极好的。晚上走路送素白回家，把外套披在她身上。已是深秋，冷空气一阵一阵地袭来，展颜只穿一件衬衫。有时会冷得发颤。素白皱着眉头把外套还给他。每当素白这样做的时候，他就低下头来吻素白。

这就是你给我的温暖，我只要这个温暖就好。

说罢，摆正披在素白身上的外套，一手提着书包，一手拉着素白回家。

下次不能这样亲我。

那不行，你不听话。我就这样。我看你什么时候乖乖学会听话。

素白有时气得跺脚，展颜只是意犹未尽地笑着。

素白印象最深刻的一次是，她自己待在家里，由于前天晚上吹风发起了烧，头昏昏沉沉的。躺在床上一天，不想动也不想吃饭。好像是给展颜打了电话，只是电话里的内容素白记不清了。当素白又迷迷糊糊地准备睡去时，展颜站在楼底下大声地喊着素白的名字。素白裹着被子站在阳台上看他。白背心，短裤，人字拖外加一脸焦急的神情。素白一下子没忍着，捂着肚子笑了好久。

那些被圈住淡淡光晕的时光，如镶嵌上水晶一般娇柔无限。

五

说不出来为什么，没有第三者，没有误会。可还是觉得有些地方明显不一样了。

展颜不再喜欢打完篮球喝素白装满心意的白开水，宁愿跟着朋友去喝三块钱一瓶的碳酸饮料。

展颜也不会主动送素白回家，总是以各种理由推脱掉。那些被拒绝的理由素白都清楚地记得，她每天都会记在日记里。但是不会每天都翻看，她觉得那是疼痛

展颜躲避的眼神和欲言又止的神情，素白想来就觉得烦闷不已。

这天午休后，素白把展颜拽到了教室外面。

你最近是怎么了？出什么事了？

展颜斜靠在墙上，目光散漫地看向别处。没怎么，我很好。

那你为什么和以前不一样了……嗯……对我不一样了？

这句话素白是鼓起好大勇气才说出口的，她涨红了脸，手里握着被反复揉搓的衣角，眼睛不敢看展颜，是怕再次被拒绝吧。在过去的十几年光阴里，从来没有这么低声下气地问过一个人。

哦，只是感觉累了，想休息一下。和你无关。

你什么意思？什么叫和我无关？换句话来说，是我，我，让你感觉累了，是吗？

感觉有一股气流从心脏直冲向头顶，来回逆转，最终堵塞到胸口血液流动的地方。素白咬着嘴唇，忍着没哭。

你别多想，多给我些时间冷静一下。

展颜皱着眉头转身进班，剩下原地措手不及的素白。

六

晚自习下课后，素白固执地不肯回家。她望着早已空挡的展颜的座位，兀自笑了笑。

她想擦掉几天前刻在桌子上的展颜的名字。因为刻痕很深，素白拿着刀片拼命的划掉。手指因用力过猛而出现殷红。那一瞬间，她多想展颜能够出现，不为心疼自己，只要能看看曾经那么认真刻下的笔画。不小心分神，刀片划过食指，顿时觉得钻心的疼。素白看着血一滴一滴地落在桌子上，流过刚刚划花的名字，反倒笑了起来，是很开怀的那种笑。只是眼泪先流了出来。

然后抓起书包跑了出去。没有看到隐匿在楼梯拐角处阴影里的展颜。他看着她捂着滴着血的手指，泪流满面地从自己面前跑过。想伸手抓，可只触到了一团凉空气。他恍惚觉得，这一次错过便是一辈子。

他走到素白桌前，一遍一遍抚摸她留下的痕迹，贴着她的温暖。

七

素白没有人告诉，每天都和展颜待在一起，绞尽脑汁地想着各种话题来维持彼此的关系。连做的事情，哪怕是一个动作都小心翼翼，为的是不让展颜觉得一丁点不开心。不约束他与其他女生的正常交往，不翻看他的手机，不询问他的去处。哪怕自己在转身的时候指甲深深嵌入手掌里。

曾经展颜故意在素白面前和一个女生讲话很大声，动作有些亲密，他想看素白的反应，想让她走过来把自己拉回去，扬起头骄傲说，展颜，你算什么，居然背着我做这种事情。然后头也不回地走掉。这个时候自己肯定会笑呵呵地追过去。因为这样的素白才是真正的素白，展颜第一次见的素白。可是素白只是站在远处，眼神幽怨地盯着展颜。不说话也不变换姿势。展颜顿时觉得恼火，转身进班，素白也跟着进班。把手里的饭盒递给展颜，扬起脸冲展颜微笑，快吃吧。仿佛刚才的一切不曾发生，连展颜都会觉得一切的一切只是自己的臆想。可是，可是素白的眼神那么难过，满得要溢出的忧伤。

素白以为那是给展颜最好的爱，唯一又不计较得失的爱，只有一个心愿，那就是展颜不要离开。

可是这些展颜都知道，知道她的心有芥蒂，她的惶恐不及。他也知道不限制自己却会委屈地蹲下来哭泣。他要的不是这些，这样的爱来得太过于沉重，有点压得透不过气来。

现在，他常常怀念那个总是凝望窗外的素白，真是纯白得不像话。但是他像她爱他一样爱她，这点不容置疑。

只是，不忍心看着素白一点一点变得不像自己。

八

右手的食指包着厚重的纱布，每次拿笔写字无意的触碰都疼得像撕裂般。可是不知道什么时候又重新在桌子的另一块地方刻下了展颜两个字，等到低下头发现的时候，还是愣了一下。

终是在心里，再也挪去不了他方。罢了，罢了。

素白觉得一定是自己做得不够好，所以才会让展颜想逃。

她把自己写的日记拿给他，想让他看到满纸的想念时，会有一点点感动。

放学的时候，素白拉着展颜的衣角，不让他走。展颜站在逆光的地方看不见表情。

深吸一口气，调整一下心情。这是我写的日记。展颜，我知道自己错了，不要离开我，好不好？

展颜不太想接，只是动了动胳膊没有抬手。

素白抬起头看着展颜，泪水划过脸庞，滴落进脖子里。素白没有管，手还扯着展颜的衣角，似是一松手展颜就会不见。

展颜从来没见过这样的素白。以前无论多委屈，她始终在他面前展示的是最美好最坚强的一面，从来没有当面哭过。今天这是怎么了？居然会泪流满面。

是泪流满面，展颜多想伸出手臂抱抱素白，像以前一样抱抱就好。

展颜接下本子，拂过素白的手就跑掉了。他怕走得不迅速，就赶不及在眼泪落下之前离开素白。

在素白眼里，展颜是无可奈何地接下本子，她看不到他的表情，看不到泪水其实也隐藏在展颜的眼里。即便这样，素白也是高兴的，最起码他接下了。

很多时候，素白也会感慨，什么时候爱得如此低声下气？如此的卑微？但是却又身不由己。

九

展颜是矛盾的，他看到了生长在日记里的爱情，感动很多，不忍心很多，可是无奈更多。

他知道如果自己离开，素白会更不开心，甚至会做出一些不能想象的事情来。可是现在的她一点都不快乐，连原来生活的十分之一都不及。他不要素白一辈子这样活着。宁愿现在痛苦些，也不要素白一辈子都难过。

他封存了这本日记。

十

展颜转学了。

素白甚至连提前知晓的机会都没有。只是在某一天清晨，班长面无表情地把展颜课桌搬到了最后一排。空空的桌椅堆积到了空空的角落里，素白这才意识到展颜转学了。

上课的时候，她像往常一样的看书做题，偶尔和同桌说悄悄话。下课的时候一个人吃饭走路回家。没有一点不正常。

这样的日子持续了几天，到第五天的时候，素白做值日经过展颜桌子旁边时，刹那一恍惚，抬起头。

哦，展颜走了呢。

然后再也忍不住蹲下来，咬着胳膊不让自己哭出声音。

走了，走了。展颜走了，还是走了。

十一

展颜和素白自从分别后没有再联系过。

每到夏天穿短袖的时候，素白纤细的胳膊上都会露出一排清晰的齿痕。没有人在意，她变得比以前更不爱讲话，更冷漠了。好像突然一夜之间就变得不再讲话了。

展颜换了新的学校，有了新的朋友，周围新的面孔，开始了一段新的生活。什么都是新的，崭新的一切。只是回忆是旧的，什么就都是旧的。他把那本日记压在枕头底下，每天都会拿出来细细地翻看一遍。

我们终于到了可以相爱的年纪，但从来不会想到因为太爱反而不得爱。没有第三者，没有误会，没有倔强好胜，但终于还是失去了。现在开始理解，为什么人要在爱情里，要剩余三分用来爱自己。

我觉得这世上最悲哀的事情就是，因为太爱，所以不得不分开。

NO.4

亲爱的，再也不亲爱了

一

那一次分手闹得极为轰动。

顾怡顺手抓起放在腿边的紫色暖壶瓶朝苏鹏程砸去。苏鹏程侧身一躲，瓶子擦着耳际从侧面飞过去砸到黑板上，嘭地一声碎裂开来。幸好里面没有热水，不然即使不被砸到，也会烫得不轻。苏鹏程脸上青筋暴起，低声怒骂了一句。操起放在门后的扫把向顾怡走去。身边开始有劝架的同学出现。

苏鹏程握紧拳头，额上有渐渐突起的青色脉络，鼻子呼哧呼哧地呵着粗气。要不是有人拦着，这一棍子顾怡是早晚都得吃定了。后果是不堪设想。其实苏鹏程没想到要发那么大的火，毕竟是顾怡，毕竟顾怡还是个女生。其实顾怡也没想到要发那么大的脾气，只是被苏鹏程气得全身发抖，身体涨涨的充满的全是躁动因子。他想也没想地抓起顺手的东西扔过去。现在想想就会觉得害怕。如果当时瓶子砸到了苏鹏程该怎么办？当时自己是哪里来的勇气？

顾怡拍了拍手，趾高气扬地踩过地面上的银色碎片，走过一脸怒气的苏鹏程时头也不回一下。

苏鹏程顿时泄了气，顺着扫把滑下来蹲着。同学怎么拉也拉不起来。

周围聚拢的人群逐渐分散开来，空气开始流通顺畅，窗外透着点点阳光。苏鹏程心里一片寂静，是死一般的寂静。室内狼藉得不堪入目。到处散落的都是没有完成的画纸，还有倒得横七歪八的毛笔，和着有点灰褐的涮笔水。怎么看都觉得肮脏。好像刚才碎裂的瓶胆掉落地上弹起的时候有落进脚踝一小片，细微的扎进肉里，慢慢地隐隐泛痛。

阳光在少年背上交织成一片不规则的图案，微风吹过颤动明明灭灭。斑驳了一大片，很是柔和明媚，给人以慵懒的感受。苏鹏程越发觉得无力起来，顺势坐在了地上。只觉得困倦得像是操劳了很久的样子。

顾怡走出去洗了把脸，自来水管里的水不算凉，鞠了一大把泼在脸上，摸起来却是温热的。这才意识到是哭了。

教室外面已经看不到人了，毕竟是午休。大家看完热闹就自动走开了。顾怡脸上还挂着水珠，一滴一滴地落下来。有的掉在了地上，有的顺着脖颈滑到了衣服里。顾怡来到画室，朝屋里看。大概是没有人了，苏鹏程也应该离开了。只是把目光收回的时候，在倾斜的画架后面看到了蹲在地上的人，顾怡的心一下子就被揪了起来。

蹲在地上，双手抱着膝盖，头埋进了臂弯里。以静默的姿态维持了好久的动作，变得麻木也不不肯变换。顾怡觉得这次真的是玩完了。彻底地玩完了。

二

前面投影仪屏幕上播放的是周杰伦的歌曲，单曲循环。讲课老师把歌曲作为课前的小娱乐，活跃一下气氛。教室里的灯全灭了，窗帘也拉上了。有的同学在低头讨论些什么，有的在玩手机。顾怡盯着前方的电脑主页面无表情，好像深深沉浸在了回忆里。忽然注意到了什么似的，扭头看向后边。

因为椅子不够，有的同学坐在了桌子上面。是两三个人的距离，顾怡一下子就看到了坐在桌子上从斜上方射来的苏鹏程的目光，那目光很是深情，细细密密地没有一点空隙。顾怡的眼神顿时也变得温柔起来，回望着苏鹏程。仿佛周围是没有他人的，两个人掉进了编织出来的漩涡里。那种四周都充满巧克力味道的墙壁，暖暖的。只有音乐很符合意境地响着。就这样他们不知道对望了多久。

顾怡不知道当时自己的目光是不是也同样深情。只是这样的画面，无论过了多久，还是如同刚刚经历过的一般鲜活。

那是第一次吵架，其实只是拌了几句嘴而已。忘记了是因为什么，因为那件小事后来想想是不值得一提的。冷战了好久，谁都没有开口道歉，直到上语文课需要用PPT。

“我们以后再也不要吵架了，不能和你说话，不能和你一起吃饭的日子真委屈。”顾怡撅着嘴巴。

“你以后听话点不就行了？一个人的别扭两个人的委屈，你说值得么？”苏鹏程说话的时候一脸轻松。他没有提，在刚开始冷战的第一天晚上就独自在宿舍门口抽掉了整整一盒烟，后来回宿舍的时候一直咳嗽，一整夜都没有睡觉。第二天更是被顾怡误认为是翻墙出去上网，所以才会有那么严重的黑眼圈。两人之间的关系越来越冷淡。

“你说的对，我就会听的，你说的不对就得听我的。”

“那你说，我什么时候才能算说对呢？”

“这个根据我的心情，我觉得大部分时候应该是我说的对吧。”

“好好好，你说的算，过来让我抱一下。”眼神里是无限宠溺。

顾怡屁颠屁颠地跑过去，虽然只有这么短短几天，但何尝不怀念苏鹏程的拥抱，有淡淡的力士肥皂的香味，是牛奶的清香。顾怡无比贪恋，她说这种味道会有一种像是翻开新书一样的感觉。

三

学校要组织艺术生去外地集训，苏鹏程和顾怡早早收拾好等待出发。两人坐在一起，听着一个手机放出的歌曲，咬着一块面包。

“苏，你想要去哪里的学校？”顾怡咬下一口面包

“这个还没想好，你去哪里？我们肯定是要报一起的。”苏鹏程嘴里全是香肠，口齿不清地说着。

“那我们去江南好不好，水乡好美的。”

“好，我跟着你去。”

“不不不，不要去江南，那边女孩子都很漂亮的，我要每天都盯紧你很累的。那去北方吧。”说的时候顾怡一脸向往，好像明天就能去到一样。她把明天想得过于简单，以为触手便可得到幸福。

“只要分数达到，我就会去的。听说分数线挺高的。”苏鹏程头也不抬，刚吃完东西，把手放在脑袋后边，找了一个舒服的姿势准备睡觉。

“你不要睡了，给我点意见好不好？大男人一点主见都没有。”顾怡不满地摇着苏鹏程的胳膊，苏鹏程快要闭上的眼睛无奈地睁开。看着眼前躁动的顾怡，一点也不知道该怎么办。

“你看那里是什么。”苏鹏程突然指向窗外。

顾怡扭头看了一眼，发现根本就是平淡无奇后，正要转正身子发火。突然唇上一阵湿润。满眼全是苏鹏程浓密的黑色头发，在阳光底下闪着亮光。嘴里开始有面包的香味弥漫开来。顾怡慢慢地闭上了眼睛。

“我想睡觉了，先让我睡会觉好不好？”

“额……嗯……睡起来我们继续讨论……你没回答我问题。”

顾怡接过苏鹏程递来的耳机塞到自己的耳朵里。明显是忘记刚刚还要发火的样子。现在就在身边，看得见的未来就不用强迫要一个承诺。她以为幸福就像大海一样广阔，清澈又无垠。摆在那里，自己不会消失也不会减退。

四

到达同理的时候是晚上，有点冷。苏鹏程把衣服脱下来披在顾怡身上。顾怡被凉风激得来了精神。小河边上坐着吃夜宵的人。石阶上面的彩色灯光打在河里，蜿蜒成一道道彩色的绸缎，水面轻轻震动，绸缎左右摇摆。印照在岸边吃饭的人们脸上，一片和谐。这个时候有船经过，上面有承载的客人。顾怡这才明白了，原来这是一条水路。

顾怡兴奋得像一个小孩子，挣脱了苏鹏程拉着自己的手，向远处走去。车上陆续下来了同学，都低头收拾自己的行李，有一两个望向这边的。苏鹏程被挣脱了手，觉得面子上过不去，就冲顾怡喊：“你给我回来收拾东西，我自己忙不过来。”

顾怡没有答话，不情愿地转身走来。低着头看着自己的步子。苏鹏程是有些不忍心的，立马又说：“今天太晚了，早点收拾好睡觉，明天一早我就陪你去玩，好不好？”

顾怡猛地抬起头：“我就等着你这句话呢，早说不就好了嘛。”

回旅馆的时候，顾怡又贪恋地看了一下这条七彩河。

住的地方是一个老木屋，红色的木头到处透露着时光的痕迹，有的地方已经磨损得可以看清圈圈脉络。空气周围弥漫着木头独有的香气，这是水乡。红木整日浸在这样湿润的空气里也不会腐朽，反而是古色古香，相得益彰。

顾怡爱极了这间屋子，虽然不怎么先进与明亮。她放下行李拂过床杆上雕刻的花纹，一瓣一瓣的碎花交缠着，中间呈镂空状，最后一瓣反勾下来与第一瓣承接，摆出一个灯笼花的造型。她连着拍了好多张照片，想，如果能够一辈子住在这里该有多好。

苏鹏程收拾好东西后过来找顾怡，看着她一直拿着手机拍照片。“好了，你还要在这里生活一段时间呢，也不急于这一时，收拾东西吧赶紧。”

顾怡偎上去，举着手机给苏鹏程看照片。“我真的好喜欢这里啊，我们将来一起考到这里好不好？”

“好好好，你先收拾下睡觉吧。我来这边就是告诉你，我住在你对面，有事情叫我。还有，晚安。”

苏鹏程在顾怡额头上落下了一个吻便离开了。

五

第二天顾怡去敲苏鹏程的房门，被告知已经出去了，便悻悻地离开，独自下楼逛着。老师说八点集合要去河边写生。这么短的时间苏鹏程能够去哪里呢？还没有告诉自己。

顾怡在街角转弯的时候看到了苏鹏程，只是背影。前面应该还站着一个穿白裙子的女孩子。因为风吹动女孩的裙子，裙角飞扬起来。苏鹏程伸开手臂抱着女孩，顾怡听不到他们的讲话。只是觉得被欺骗了，明明昨天说好是要一起出来的，现在反而事情发生朝着两个极端发生去。

顾怡想上前去质问苏鹏程，走了几步便折回来。那一刻顾怡是没有信心的，她害怕听到一些不愿意听到的话语。她还没有足够的勇气去接受这样突生出来的变化。

苏鹏程回到屋里的时候，朋友告诉他，顾怡不见了。自从早上来找过他以后再没消息了。苏鹏程放下碗筷向外面跑去。她在这边人生地不熟的，要是迷路了怎么办？要是遇到坏蛋了怎么办？

他也是不认路的，没有目标没有方向地乱找。他只是觉得，顾怡从来不会这样无理取闹的，她不是一个这么不懂事的孩子。不会让人这样担心自己的。一定是发生了什么事情。他穿过一条小道紧接着到下一条，焦急地寻找着。

可是后来也没能找到。天渐渐黑下来，顾怡自己回到了住的地方，给老师同学道了歉，并保证以后再也不会这样因为自己而耽误了大家一天的行程。顾怡说这些的时候，面无表情，脸颊还有清晰的几道泪痕，一点也没有诚恳的样子。老师反倒原谅了她，轻怕她的肩膀嘱咐她别多想，好好休息。

顾怡回到屋子里躺下来，没有开灯。看不见听不到记不得，是不是就可以当没有发生过？

“你怎么这样？！怎么一点都不懂事？你知不知道老师和我们找得很辛苦，你会不会打电话说一声？”苏鹏程推开屋门，劈头盖脸就是一顿骂。他满身疲惫地回来，

他点烟的姿势熟练，眯着眼睛很享受地吐着白色眼圈。有时候只几口，还剩下大半便捻灭。手指开始带着淡淡的烟草味道，应该是浓烈的，只是被身上独特的薄荷味道抵冲掉一些。走路的时候，空气里留下的细微痕迹。

成浩然不爱笑了，最起码不像小时候那样很开怀地大笑，只是咧着嘴角微笑。苏秦知道，他其实并不开心。可是又不懂得怎么安慰他。她记得小时候，总是有理由嘲笑他那口残缺不齐的牙齿，可现在整齐得像是排队行走的大旗。她宁愿他张开一口缺两颗门牙的嘴大笑。

和他在一起的时候，总能感到越来越强烈的沉默笼在周围。从见面那天起，先先后后地又见了四五次，可他却越来越不喜爱开口讲话了。偶尔还会表现出不耐烦。无论苏秦讲什么，成浩然都是点头应和。她经常看他若有所思地抚摸中指上那枚戒指。

她闭上眼睛垂下脑袋，不愿承认。即使重逢却也变得无限遥远。

六

成浩然走的那天下着小雨。卡车上拉着的是家居，他背着沉重的书包转头寻找些什么。直到妈妈催促才依依不舍地坐上车。

那天苏秦刚好被老师留下来写作业。似乎不能集中全力，好多次都把数字看错。老师严厉地训斥着。苏秦如坐针毡，只好忍耐忍耐再忍耐，只盼快些完成回家。

成浩然看着窗外不断倒退的风景，淹没在雨里，氤氲得看不太清楚。潮湿的空气最使人觉得拥堵，他像是被人扼住了嗓音一样发不出声音。再多说一句便也怕是苦涩。他不知道这辈子还有没有机会再见到她。

妈妈说，苏秦，明天以后你就得自己上学了。说得那么波澜不惊，却字字砸进心里。她甩下书包向外面跑去，从暗黑过道里灌进来阵阵凉风。

她没有来得及说再见。只是想到以后再也不能在一起吵闹地上学，再也不会有人愿意听自己那委屈的心情，再也不会有人同时温柔又粗暴地吼自己，再也不能把吃不完的东西随手丢给他……她忽然不想回忆了。

七

“你有没有觉得，我们或许不应该再见面。那种亲密的感觉是再也找不回来的，我们都不是小孩子了。”

“你说得轻巧，可是你不知道我曾经多盼望能够重新见到你。直到真的遇见了你，我还在想上天对我真不薄。即使不快乐，我也想要留你在身边。”

“可是我们错过了那么多不是么？你不是那个整天哭哭啼啼的女生，我也不是那个动不动就挥拳头的男生了。”

“总有一些东西会错过，可是我现在不想再错过你，你就站在我面前。我会努力把那些残缺的东西都补回来的，给我点时间。”

“抱歉啊，你也看到了。陈瑾，这么些年是她一直陪在我身边。在我失落的时候是她给我温暖。是她看着我一步一步从尖锐变得清醒。无论快乐不快乐，我的记忆里也开始变得只有她。”

苏秦扑上去，紧紧拥着成浩然。把脸埋进他被风刮起的衬衫里。有一股遥远的薄荷清香钻进鼻尖。“不管你怎么说，我决定的事情都不会再放手了。”

成浩然觉得胸口一阵湿热，泉泉地向外涌来，贴着肌肤，却感觉不到温暖。他也不挣扎，任她这么抱着。闭上眼睛感受风刮来的粘度。他何尝不知道她的情深，他怎么能不怀念她小时候总是一副要赖着他的模样？

“我该回家了，你走吧。陈瑾在家里该着急了。”

只这一句话，苏秦便放开了她的手。纵使再怎么情深，再怎么舍不得，都已经有家了。还能怎么样？她想起他总是抚摸的那个戒指，闪耀着银白色的亮光。

八

我们错过的并不多，只是成长。

我们错过的何其多，唯是成长。

九

苏秦离开了，她买了凌晨通往厦门的车票。她想要坐着火车去旅行。只是当初的梦想是和自己喜欢的人一起，和成浩然一起。

她写，你想要去的地方是鼓浪屿。你说那里有宁静的海和日光，还有温暖的大房子。东南风可以刮得走往日的愁伤，仿佛终年置身在阳光的洗礼中。那里还有澄净的蔚蓝色灯光，是湖水的味道。我沿着一条弯弯曲曲的小路一直走，不久就能见到你。而后我看见星星般闪耀的绿色，比汪洋还广阔。当海浪擦着时光的脸颊拍打过来的时候，我能够踮起脚尖亲吻你。

而后她把写下的日记撕成碎末，放在掌心里，看着它被风吹走。不留下一点痕迹。

已经不会哭泣了呢。

十

这么多年来我们错过了很多。

我们错过一起看每天太阳升起夕阳渐落，错过看每年夏天潮湿阶梯上的青苔蔓延，错过你描述梦想的时候眼里闪现的光亮，错过一起喝我儿时喜欢、现在却不怎么喜欢喝的可乐，错过看我从一米五几成长到一米六五的模样，还错过彼此生命的雾霭，沉流与光芒。

这些都令我遗憾，可最使我难过的是，我们错过一起成长。仅这一点，我们的未来便改变的方向。

NO.6

陌　城

一

锦然走的那天苏璃刚好陪陈柏回老家准备葬礼。

陈柏一直死死拉着苏璃的手不放开，像是一松手下一秒苏璃就会不见一样。他的眼神黯淡无光没有焦点，一直低着头不讲话。因为用力而突出的指关节轻微地泛着白。苏璃有想要跳车下去的欲望，但看看眼底还有温热的陈柏和一直被牵得有点发痛的左手，最终还是咬咬唇瓣忍耐了下来。

锦然背着大大的书包在站台上，被太阳晒得有点眩晕。他想，如果苏璃这个时候来的话，不需要她说什么，也不需要她做什么，自己就会毫无怨言地跟着她回去。站台上从人山人海开始一点点变得空旷，锦然很早就注意到身边的那一对小情侣了。女孩依偎在男孩的怀抱里哭得直不起腰来，眼泪鼻涕一大把地甩在了男孩身上。男孩低下头轻抚女孩的脊背，不停地在耳边说着话。女孩终于从最初的歇斯底里变得稍微平静了，看样子是接受了分离这个事实。女孩踮起脚尖在男孩嘴唇上吻了一下就挥手说再见。男孩一直不舍得松开拉着女孩的手，那依依不舍的场面差点让锦然看不下去。

列车员第二次提醒火车即将开动，要乘客尽快登车。锦然又朝着人站口望了一眼，尽量让自己看起来无所谓一些，但是眼底那些哀伤是怎么也掩盖不了的，叹了口气朝十三节车厢走去。

陈柏说："苏璃，幸好这个时候你在我身边，不然我要怎么度过。"

"可是你得明白，有些事情是要自己面对的，是要自己承受的。"

"不管怎么样，只要你在我身边就好。"

"别这样依赖我，这样会给我压力的。如果哪一天我不在了……"苏璃心里是有点怒气的，心里被一种感情充斥得难受，说不上来是什么，就是堵得慌，差点就要把眼泪给逼出来。这个时候，火车应该是开了吧。

"你怎么会不在？！你要去哪？！去哪？！"陈柏声音提高了八度，怒瞪着苏璃，眼里的红血丝狰狞得可怕。

“你小声点，我哪也不去。何况我能去哪？”

陈柏松了口气，把脸埋进苏璃的手掌心里。苏璃觉得掌心有点轻微的刺痛，应该是被陈柏下巴上的胡碴刺到了。但很快这种感觉就消失了，取而代之的是一片湿润的液体。聚集在手掌心里，从指缝中渗透下去。

“一夜之间……一夜……我没有了妈妈……我不能再失去你了，苏璃……我不能没有你……求求你。”

二

夜自习下课后，同学们蜂拥而出教室。很快教室里只剩下苏璃一个人，她却慢悠悠地收拾课桌上的书本。锦然不知道什么时候来的，只靠在门边看忙碌的苏璃没有说话，嘴角露出了笑意。

“你来啦，我马上就好，你稍等一下。”

“你是不是早就知道我会来所以才故意这么慢的？”

“是啊，我们比较默契。嗯，或者说吧，我看一眼就知道你在想些什么。根本不是什么技术活。”苏璃很自然地把收拾好的书包递给锦然。

“你什么意思？是想说我没内涵么？”锦然向前倾了倾身子，更靠近苏璃一些，眯着眼睛戏谑地看着她。

苏璃感受到头顶上方来自锦然的气息，有清爽的薄荷味道，瞬间就红了脸：“我没这么说，是你这么想的。”推开锦然快速地低头走过。

身后响起一连串大笑的声音，是很爽朗的那种笑声。夜间的凉风擦过脸颊从耳膜穿过，发出嗡嗡的声音，还夹杂些许知了的叫声。心情豁然明亮起来，身姿在风中摇曳成舒服的状态。

“喂，你走慢点。等一下我。”

晚上吃了好多，苏璃躺在床上摸着圆滚滚的肚子有些抱怨，如果再和锦然这么吃下去的话，下个月体重就又上升到另一个高度了。但不得不承认的是，嘴角一直轻咧着，从进门到躺在床上再到现在，一直都是这个状态。不，或许从见到锦然的那一刻起已经是这样了，只是自己没有发觉而已。

陷在床上柔软的被褥里不想起来，极不情愿地坐起身子换了下睡衣，没有开灯，摸黑走进了浴室。玩得太疯了，热烈褪尽冷静下来之后就只剩下困倦了，此时此刻苏璃已经困得睁不开眼睛，想要冲下身子就立马睡觉，所以就干脆省事不开灯。这么久以来第一次没有失眠，所以苏璃要趁着这个机会好好地睡一觉。

从浴室出来的时候，床上的手机在黑暗里发出淡蓝色的灯光，苏璃还在想，是谁能把时间抓得这么到位，自己刚好洗完澡短信就刚好发来，打开一看才发现原来并不是默契，在此之前已经发了四条短信。

苏璃皱着眉头看短信，发件人一栏里赫然写着“陈柏”二字。

三

喜欢一个人，就是你讨厌男人抽烟却唯独夸他抽烟的姿势帅气；就是他五音不全地站在你面前唱歌时，你也会觉得那是世界上独一无二的天籁并沉浸得无法自拔；就是他大发脾气大暴粗口的时候你也会觉得那是男人味。

于此成对立面的是：你不喜欢一个人，就是即使他变成你喜欢的那种文质彬彬的少年时你也会觉得他是在伪装；就是他唱歌的技巧已经达到了能够开演唱会的程度时你也再没有听下去的欲望；就是无论他多么地谦逊可亲你也会觉得那是软弱的表现。

所以，喜欢有的时候不仅仅是一种感觉，而是一种具体的实物。是你，只是因为那是你。

和陈柏逛书店的时候，苏璃明显地心不在焉。陈柏在专心地翻着考试辅导资料，偶尔和苏璃答话，问她觉得这本书怎么样。苏璃连看都不看就随便地敷衍着。

“你渴么？我给你买瓶水喝吧。”陈柏从书堆中抬起头来，刚好对上苏璃不耐烦的表情，连忙找话题来避免尴尬。

“不用了啊。没事，你继续看吧，不用管我。”

“那你去休息区坐着吧，待会我去找你。”

书店里遍地都是席地而坐的人群，腿横七竖八地摆放在过道的中间，每个人的脸上都是认真拒绝打扰的表情，苏璃小心翼翼地跨过这些障碍走到椅子边上坐下。这种氛围很是祥和而且处处透露着书香的气息。苏璃也是极其愿意待在书店的，有时候可以一整天不出来。而此时却没有一点想读书的感觉。

忽然记得，以前好像是在陈柏面前无意中提起过，自己喜欢身上带有浓重墨香气味的少年，会让人觉得很有内涵。所以陈柏才会频繁地拉着自己来逛书店吧。可是无论想象力如何丰富，苏璃还是觉得自己无法把陈柏和想象中的少年拉扯在一起，根本就靠不上边。想到这里，苏璃本就没有舒展过的眉毛又多拧了几分。

陈柏拿了一本英语速记坐了过来，津津有味地看着，并没有注意到身边苏璃的表情变化。苏璃朝陈柏手中瞟了一眼，心想：到底是真的还是假的，从来没见过一个人在书店看英语速记还能看得这么入迷的。

大概是觉得无趣了，陈柏翻了几页后就对苏璃说离开，把书重新放回到了书架上就走向大门。苏璃又增添了几分不满，更觉得陈柏是刻意所为。要是不买何必浪费时间在这里选半天？

当然，这些苏璃并没有说出口。

四

苏璃不知道陈柏对自己到底是怎样的一种感情，是作为比朋友更加亲切的一种依赖对象还是有更深方面的一层意思。好多次想问出口，但出于女生的矜持又放到了一边。

陈柏也闭口不谈，只是言语动作上的小暧昧让迷局更添了几分看头。苏璃也只好配合地这么耗着，不挑明说就当什么事情都没有。向外人道起的时候就说，是比纯友谊更纯的同学关系。

锦然不知道苏璃的身边还有这么一个陈柏的存在。

像普通的喜欢的人一样，锦然会每天夜自习下课后等着苏璃然后送她回家，会每天中午请她出来吃饭，会耐心地讲解她不会做的习题，会在她受委屈的时候第一个站出来为她撑腰，会在她开心的手舞足蹈的时候拍拍她的脑袋跟着她一起乐。这些事情都普通得不值得一提。

锦然忽然就想把两人的关系更明朗化了。这天放学——

“我们在一起吧。我喜欢你。”试着牵起苏璃垂在衣摆下面的手。

苏璃微微发了下楞，但不算是吃惊。她预料到这天早晚都会来。她感觉到被握起的手，带有温度却并不潮湿。犹豫了一下子最后没有抽出来。

锦然的心情很愉快，虽然苏璃没有开口说话 ，但行动证明了一切。他小心翼翼地牵着苏璃的手，唱了一路她喜欢的歌。即使五音不全也不在意。苏璃在一旁一直笑他跑调，都跑得找不到调了。

快到家的时候，苏璃下意识地说就送到这里吧。和平时一样的地方。锦然并没有在意，就挥手和苏璃道了晚安。苏璃一直看着锦然的背影消失在黑暗里才转过身子朝自家走去。余光无意间触到陈柏家的窗户，发现窗户边上居然站着人，苏璃一下子就认出来是陈柏。想到刚才的那一幕都被陈柏收进眼底，是有点愧疚的吧。没有多看就慌张跑掉。

果然，刚进家门就收到陈柏的短信。

“你和他在一起了么？你不能和他在一起。因为我也喜欢你。”

是冷冰冰的语气，找不到一点应对喜欢人说话的口气，和锦然形成鲜明的对比。所以在心底区分得很彻底，哪个是归为喜欢的一类，哪个是归为不喜欢的一类。到底和谁在一起这个答案是显而易见的吧。

“我困了，先睡觉了。你也早睡。”关了手机。

五

第二天天还没亮，苏璃被屋外的动静吵醒，一大群人聚在一起叽叽喳喳地说着什么。苏璃翻过身子把被子拉至头顶。屋外动静不减反而更热烈。苏璃低声咒骂了一句，起床准备去学校。

出门的时候好像听到邻居的议论声，昨晚路口出了车祸，陈柏妈妈晚上回家的时候路没看仔细。医院，抢救。

只零星地听到这么多，苏璃立马甩下书包朝陈柏家跑去。家里没人，医院，对，对，应该是在医院。苏璃强迫自己冷静下来。

到达医院的时候，看见陈柏坐在台阶上抽烟，一根接着一根，身旁很快有了一堆烟头。连点烟的手都一直在颤抖。陈柏不管泪水早已流了满面，一直固执地重复点烟抽烟，最后泪水没来得及咽下与嘴里的烟草味相抵充而剧烈地咳嗽起来。

苏璃跑过去抱陈柏，把他的头放进怀里，胸前很快就湿了一片。她被陈柏的样子吓到了。和陈柏认识的十九个年头，无论期间他多难过多么地伤心欲绝也从来这个样子。哪怕小的时候陈爸爸拿着皮带在陈柏身上抽了好几道血印子，也没见陈柏哭过，最多哼了几声也就过去。

“你知不知道，我没妈妈了，一夜之间就没了……没了……以后都没了……我都不敢想象……好突然……以后怎么办……妈妈……医生不给抢救了，说准备后事……

我刚给我妈擦了身子……这是第一次也是最后 一次……这是我见她最后一面……你知道什么是最后一面么……”

苏璃哭了，她紧紧拥着陈柏。

“苏璃……你说会不会我现在是在做梦……醒来之后我妈就活蹦乱跳地出现在我面前……你打打我……我是在做梦。”

“我还没有说爱她啊……甚至前几天我们还吵架来着。”

幸福越是来得毫无预兆，就会显得随之而来的悲伤越是难熬。

苏璃不知道过了多长时间，胳膊有点发麻了。陈柏推开苏璃的拥抱。

“你上学去吧，已经很晚了。”

“反正已经迟到了，没事。我陪陪你。”

陈柏的眼神变得毫无生气，是死灰一般的沉寂。空洞得好像随着躺在里面的人一同去了。苏璃明白，陈柏此刻多想躺在里面的人是自己。没有更多的话语要说明。眼泪总是比声音快很多。这个时候也找不到很好的形容词来描述心情，在无限悲伤的时候才会有这样的状态。忽然就记不起了。什么都想不起了，大脑一片空白。

“这个时候我只有你了，别离开我。苏璃。”

六

锦然没想到苏璃会拒绝自己。而且干脆得不留一点退路。

“其实，我这辈子最后悔的就是认识了你。我不喜欢你，所以也不喜欢你进入我的生活。好了就这样吧。该说的都说完了，以后不要见面了，那就不用再见了。”苏璃一口气说完。没有看身后锦然的反应就快速跑开。留下原地愕然的锦然。

其实，我这辈子最后悔的就是认识了你，因为明明喜欢却不能够在一起。不要再闯进我的生活。我没有足够的力气再爱你了。我用此生一半的力气喜欢你，又用仅剩的另一半力气去放弃你。所以即使这辈子你不在身边，我也没有力气再去喜欢上他人，也不会有别人闯进有你的禁地。

锦然是不明白的，想要找苏璃问清楚是怎么回事，还是开的一次玩笑话。但是连话都还没说出口就被咽了下去。

生活就是这样。

隔天，陈柏牵着苏璃的手来收拾东西离开。陈柏说要回家休息一段时间。好好调整一下状态，这些都没有问题。关键是锦然看到了那双牵在一起的手，是那么地刺眼。从那件事发生以后，陈柏走到哪里都会牵着苏璃，是死死地拽着，也不管苏璃是否感觉到疼痛。像是在切除了根系漂浮以后唯一抓住可以依靠的东西一样。

苏璃是没有看到跟在身后的锦然的，也没有看到锦然泛红的眼眶和头上露出的青筋。

这个时候锦然就知道自己要放弃了。是真的要放弃了，但是放弃和放开是两个尽然不同的概念。

锦然来到和苏璃常去的面馆，又想起以前放学后总是带苏璃来这里。知道苏璃并不好好吃饭，要看着她吃下去东西才送她回家。面馆老板还打趣说今天居然是锦然一个人，没有带小女朋友。

这也是锦然第一次一个人涉足这个地方。常常会觉得一段感情难忘是因为回忆吧。被回忆牵绊着前进不了，就只能怀念在一起的生活。怀念。想到这个词语的时候锦然自己都吓了一跳，原来在心里已经开始怀念了啊。

怀念，留在心怀唯有念。

锦然喝了酒，好像醉了。

这下子会把苏璃记得更深刻了吧。

这下子可以忘记苏璃了吧。

七

苏璃知道自己和锦然没可能了。手机上那个快速拨号一字键的人再也没传来消息。倒是陌生号发来了短信。

“锦然三点半火车。去哪里不知道，可能不回来了吧。这是最后一次机会了。”苏璃不知道是谁发来的短信，但这些都不是重点。得知锦然要走的那一刻，苏璃立马穿好衣服准备出去。拉开门。

“今天要回一趟老家，说是准备妈妈的葬礼，你和我一起。”

八

锦然走了，没有人知道是去哪里。

像是在调整好了姿态准备迎来即将到来的幸福时突然被通知搞错了对象，像是在为新生活欢呼雀跃了好久之后突然发现自己原来还在原地停留。像是当我认准未来一定会和你所有交集的时候，你却急匆匆地把彼此关系撇清之后不留余地向前走。

苏璃有多想和锦然在一起就有多想逃离陈柏。可是记忆中最爱的那个人最终还是没能够在一起。

那么苏璃和陈柏应该会在一起吧。因为两个人都只剩彼此的唯一。

可苏璃和陈柏应该不会在一起。因为苏璃从来就不喜欢陈柏，从来。

当温暖的城市一点点开始变得薄凉，是感情不小心扭曲了形象。之所以会对一座城市感到陌生或熟悉，是因为住在城市里的那个人，那个曾经最爱的却丢失了的人。

No.7

你曾许我一场凉薄烟火

一

安年背过身去讲话，耳边是呼啸的风声。若不是顺着风向，我也很难听到她在讲什么。但此时她更像是喃喃自语。

“如果我们当初没有遇见，我就不会这么卑微地喜欢上他，也不会体验到那种被沉入海底、胸腔满满都是积压的难过。”

我侧脸看她，只能看见她被风吹乱的长发在脑后凌乱地起伏着，真像是绵绵的海岸线。我努力思考着慰藉人的词语，不知道要怎么开口安慰她。

“不会连续性失眠，整夜整夜地睡不着揣摩他的想法。只是因为他的一句话就改变了一天的心情。不会在哼着歌的时候，看见他的难过就立马嗨不起来。”

她伸出手把脸颊的碎发别在脑后。

“我应该有一场很美好的恋爱，最起码比现在美好。会有一个我喜欢的少年也刚好喜欢上我。也许会难过，但留在回忆里的总是快乐的多些吧。”

其实我很想反驳她。很早以前，我就以同样的口气劝过她，反倒以我没经历过所以我不懂被否掉了。我清晰地记得那个时候，她扬起下巴，眼神无限向往：“拥有过即是美好的。”在我脑海里闪现的词语是神采飞扬。

“不不不。如果我没有遇见他，我就不会知道一个人的眼泪可以这么多，多到可以装满一个玻璃杯。现在想起来居然能感觉到亲切。”

她转过身来不看我，仰面向天空。我知道她是在努力抑制即将流出的泪水。

她沉浸在回忆里，慢慢地说着话。我扭头看她，可她却早已是泪流满面。

二

我一直站在旁观者的角度观看着一切，看着岁月里的脸变得仓皇，看着行走的人们褪下伪装不再坚强，所以我看到故事里的人们总是那么清晰地疼痛。

安年是在电影院里遇见辰溪的，在电影开始播放的前一刻，辰溪推开门进来。安年转过头去看。刚好看到辰溪的长相以及表情后灯光就灭了。

但真正注意到辰溪是因为那“咚”的响亮的跌倒声。再也忍耐不住的安年捂起嘴巴弯着腰狠狠地笑起来。

也没有很尴尬，辰溪佯装淡定地站起来后拂了下屁股，然后优雅地走过安年，在隔壁空着的位置坐了下来。

安年清了清嗓子，坐好身子斜眼瞟着辰溪，只见他掏出手机登QQ，企鹅图标晃动了几下后便静止。安年想，一个人在公众场合下摔倒怎么能够装得像什么事情都没有发生一样呢？不说脸红吧，最起码应该有些不自然。

她凑近了些身子，看到辰溪的网名：“忆按年”。

辰溪发现女生在偷看自己，微笑着对安年说，为什么偷看我聊天？安年一脸无辜地反驳道：没有啊，嗯，我只是不小心看到。说完扑哧一声笑了。

为什么叫忆按年？

如果时光可以提前安排的话，那么经历的所有事情就有没必要回忆了。

好深奥的哦！我只想说，你有没有觉得我们的网名应该换一下？我的听起来好像是男的，而你好像是女的。

呵呵。你网名叫什么？

涂明。

那一刻，辰溪在安年心目中的形象又上升了一个层次，一个懂文学的小青年。不仅长得白净斯文，说起话来文学味挺浓。

三

辰溪一切符合安年对恋爱的想象，所以在只见过一次面和为数不多的闲聊下，安年便入迷到无法自拔。每天晚上睡觉前都会特意地上网和辰溪说晚安，有时候他不在，她就会失落得睡不着觉，心里不踏实。不断刷新他的心情。不评论只是揣摩。

有一次辰溪不小心把空间锁了，安年发现进不去的时候整个人都变了形态。每隔五分钟进一次，看着屏幕上那标准的黑体字：抱歉，该空间只对指定的人开放。心里就越发堵塞。是不是该找个机会说明一下了？虽然不奢望他可以接受自己，但最起码不要这么隔离啊。会不会把话挑明了说就不那么生疏了？

涂明：你空间我忽然进不去了，好失落。

忆按年：啊？是吗？没有吧？那我去看看。

忆按年：好了。

之后是较为悠长的沉默，中间的心情很跌宕。安年在犹豫到底该不该说。不说就永远这么不咸不淡地聊着天。在说同一件事情的时候却怀着各自的心事。说的话只有两个结局，要么拉黑，要么单独分组。

安年在起身倒水的时候转身的一瞬间按了发送键，早就编好的表白信息留在对话框上。这次水倒得极慢，直到身后响起“滴滴”的声音。安年立马转头回来。

忆按年：喔，可是我有对象了。我们做朋友不是挺好的？

安年这一刻心里满是苦涩，这么婉转的拒绝方式，却又无懈可击。朋友？只见过一次面的也算得上朋友？朋友？在只有打招呼的情况下才能勉强回复几句的也叫朋友？

安年是想哭的，但是却抑制不住地笑出声音来。这样的笑声真讽刺，刺耳得像是汽车停下后轮胎与地面的摩擦声。有种想吐的欲望。

涂明：朋友只要一两个交心的就好，我不需要像你这样的朋友。

忆按年：……

安年最终还是没舍得拉黑，中途聊天的时候好像想明白了，可以先试着做朋友，等彼此了解得深刻以后再谈也不迟。因为安年突然注意到：按年，安年，是怎样的一种缘分。

安年好像已经看到和辰溪的未来交缠在一起的样子，那个时候，表白被拒接以后似乎也没那么失落了。

四

故事没有像安年预想的那样发展，关系也并没有多大改善。如若安年不主动找辰溪说话，他就永远沉默。但安年后来有一次疯狂的举动，疯狂到连我都觉得诧异。

这天，安年跑着来找我说，"我要去找辰溪,你明天帮我喊‘到’吧？"

我满脸质疑：“安年，你发什么疯？这都大半夜的了，你怎么想起什么就是什么？”

“你不知道，我刚上网看见辰溪的心情。好像是和那个女孩分了手，很失落的样子。我要去找他。”

“嗯……出发点是好的，但是他这几天不正在出差么？你就不能等他回来？等他……”

还没等我的话说完，她抢着开了口：“肯定不能等啊，你傻呀。我就得趁着这次机会，你明白不？我知道你没经历过所以不明白。”

她的眼神在黑夜里发着光，是少有的目光炯炯。还带些兴奋在里边。我只觉得她的行为是为我所不能理解的，尽管她一直开口说我傻。我不忍破坏她的心情。

“安年，你要不要这么疯狂啊？你确定将来不后悔？”

“拥有过即是美好的。”

她还在一直絮叨点什么，我困意席卷而来，顺着枕头躺下来。我知道，一生该为之一次疯狂，所以我并没有做过多的阻拦。只是，我临睡的前一刻抬头看她，她仍在手舞足蹈地絮叨些什么。

五

辰溪来火车站接安年。人潮涌动的站台上，辰溪穿着藏青针织衫，发白牛仔裤，背白色单肩包，努力寻找着穿白色长裙的女孩子。

人来人往，放眼望去全是陌生的面孔。安年一下子就找到了辰溪，辰溪手里拿着瓶果粒橙，好像是要给自己的。头不停地在四周转动寻找，安年觉得这种感觉真好，好像是分别多年后的恋人又重逢。她跑过去给了辰溪一个拥抱。

而辰溪呢？在感叹安年怎么还没到的时候，胸膛就被撞击了一下。低下头看见身著白色长裙黄色短袖的一个女孩正以无限暧昧的姿态抱着自己。忽然就知道是谁了。嘴角扬起不易察觉的微笑，伸开手臂给了女孩拥抱。

辰溪接过安年手上的行李，牵着她的手慢慢地走过一堆又一堆的人群。安年的手弱小无骨，有很柔软的触感，辰溪的手宽大温暖，很踏实。大手牵小手，一路细细地走。安年多想在火车站的时候就过完了这一辈子。

她忽略了在火车上差点被一个面容强势的大妈抢占了座位；忽略了在上厕所的空当被人翻了皮包，幸亏包里只装了几张纸，没有什么重要的东西；忽略了被车道上售卖食品的餐车撞击了脚踝；忽略了站在自己身旁的那个猥琐大叔一直变着法子地靠向自己；忽略了车上不讲素质的打骂声，吐痰声。

那些,与此刻的相见比算得了什么呢？辰溪没有问安年这一路走得辛不辛苦,把手里的果粒橙递出后便再也没有话语。安年却把饮料小心地装在袋子里，还偷偷窃笑，这是辰溪送给自己的第一份礼物。

六

安年在辰溪租的屋子对面住了下来。

白天辰溪出门谈业务,安年就接过钥匙进来替辰溪整理房间,一并把堆积的脏衣服袜子洗干净。有时候忙完还会坐几路车特意跑过去找辰溪和他一起吃午饭。辰溪也并没有表示出反感。只是在晚上回家的时候，看见纤尘不染的屋子并没有喜悦的心情，反而冲安年发火。

“你别动我的东西！洗衣服就洗，不需要你整理房间。”

“我看有些乱嘛，就顺手整理了一下。”安年低下头来。小声辩驳着。

辰溪在抽屉里扒了一阵后:“天啊,你把我的顾客的名单放在哪里去了？！那很重要的，算了算了，以后你什么都不要干了。反而尽添乱。”

安年一直都在摸左手小拇指上因为洗辰溪的裤子,不小心划到上面的拉链而留下的红肿口子，被凉水一浸泡，越来越肿。

辰溪在公文包里翻了好久,掏出一张皱巴巴的名单表后,长呼一口气,想起还站在一旁的安年，觉得有点愧疚。

走过去，拥抱着她：“安年，你有没有觉得我们好像一家人？这种感觉？丈夫在外面工作了一天,因为不顺利而冲妻子发了点小脾气,而妻子也不反驳。这种氛围好亲切。”

“嗯……一家人……那这样是不是就说明一辈子都会在一起的？”安年噙着泪花，靠在辰溪的怀里弱弱地问道。

“一家人当然是一辈子在一起。”

七

安年买了一个透明的玻璃杯回宿舍，说是承装眼泪用。当眼泪落满一杯子的时候，就在过去打上句点，永远不要再为辰溪掉一滴泪。

每次都是到难过得说不出话来的时候，安年就会以一个奇怪的姿势端着杯子接眼泪，可上面也只是蒙上薄薄的一层雾气的时候，便再也哭不出来。

安年觉得，辰溪送她坐上返程车似乎还是昨天。辰溪买了大包小包的零食，怕安年在路上一个人寂寞。安年坐好位置拉开窗户看辰溪，辰溪不停地摆手。火车启动的轰轰声淹没了辰溪要说的话语，可是安年明明看见辰溪的眼里那么浓烈的不舍。

只是现在看来，那种不舍更像是对两个人在一起的生活不舍，而不是对安年不舍。

这是距离安年回来的第二个月，起初每天都会满心期待着辰溪发来的短信，等着他来实现带她看电影的诺言，可是一点点地从希望变为无奈，无奈变为失望，失望变为无望。

辰溪的手机一直都是呼叫等待的状态。

辰溪的 QQ 一直都是灰的再也看不见。安年想，他是在线对其隐身了吧。就像是设置的隐身对其可见是一样的道理。

八

安年没想到这辈子还会再看见辰溪，其实，那也只是看见而不是遇见。安年躲在柱子后面没有勇气站出来。

辰溪身边站着一位美好得有些耀眼的女孩子，不知道是他以前的女朋友和好了，还是，还是新的恋情。

看着辰溪慢慢地走过来，一直在喂女孩子吃着爆米花。十分亲昵的样子。那一刻安年怎样也迈不开步子。无处可逃就是这样一种感觉吧。

世界在还没有筑立好之前轰然一下子就倒塌了。之前觉得幸福的一星期原来也只是作为空缺位置的暂时替代而已。在别无选择的情况下，在迫不得已的情况下。所以辰溪才会在车站毫无犹豫地牵起安年的手，也不觉得不妥。也会在没有道理的时候乱发脾气，因为根本不在心里，所以不会觉得爱得有多心疼。

安年回到宿舍的时候，什么话也不说，爬上床蒙着被子倒头就睡。这一觉足足睡到第二天晚上。只是觉得疲惫，疲惫之外还有漫长的困倦。

后来安年上网的时候再也找不到一个叫“忆按年”的人，应该是被拉黑了。

安年想，到底还是没来得及得问他为什么在出丑后还能一脸淡然。

安年想，怕是一辈子再也遇不到这样出丑后还能一脸淡然的人了。

No.8

你是我的世界

一

柒小普怎么会又想到白理走的那天呢？

那是早自习还没上课，班里只坐着寥寥无几的学生。小普用手支着脑袋，刘海倾斜下来盖着眼睛。她是故意的，她不想让大家看到那双肿得只剩下一条缝隙的眼睛。虽然前些日子已被通知今天早上白理要走，也用了几天时间去刻意习惯没有白理的日子，但昨天晚上还是等同学们都洗漱完上床睡觉，才敢扯过被角，小心翼翼地哭了起来。眼泪像是开了阀门一样哗啦啦宣泄出来。起初她是想抬起手臂擦的，可是反而越擦越多。最后干脆就任它流。想必无论过了多久也是不会习惯没有白理在身边的日子。

已是夏天，天气明亮得很早。小普看着窗外，逐渐呈现出松树挺拔的姿态。教室里的动静逐渐变大，是拖动书籍的声音。印象中听见白理说，以后大家要常联系。自始至终小普都没敢回过头去看一眼。她想，离别的时候应该下点雨会比较有感觉。可是今天恰恰是艳阳日。她告诉自己，那就好好记住今天吧。最起码要记得这颗松树，因为白理关上门的那一刻，风正好吹得松树微微颤动了一下。

二

白理说今天放学会来接小普回家。

他骑摩托车来，风吹得头发有些微微变了形，可这并不影响他在小普心目中的形象。小普看着他很开心地笑啊笑的，白理一把把小普搂怀里，闻着独有的发香。

我好想你。

周围陆续响起口哨声，小普从白理怀里挣脱出来。脸颊绯红。白理把小普拉在自己身后和从校门口出来的好友打招呼。

以前白理在学校的知名度就不低，因此大部分人从校门口出来的时候都有意无意看向这边一眼，连他那帮兄弟也笑眯眯地看着小普。期间，小普还看见有些等待学生的家长似乎也在望着这边指指点点。可是这些她都不在乎，只要有白理在，什么都可以不在乎!

白理带着她兜风，问她没有自己在身边的日子怎么样。她靠在他背上，隔着单薄的外套，能感觉到来自他身体的温暖。小普突然就哭了，责怪他为什么要走，为什么不能每天都联系 。

白理停了下来，表情严肃地说，因为妈妈知道了我们在一起，而且知道我是认真的。她不要我耽误了学习，你懂的对不对？我虽然走了，可是心在你这里啊，我们依然在一起。

白理低下头来亲吻小普。角度刚刚好，温度也刚刚好。小普心情顿时好了，挂着泪珠开始微笑。好像走在一朵一朵木棉花上面一样，走到哪里，哪里便开花。

从那天以后，小普开朗了许多。开始认真吃饭，认真学习，认真生活。心里再无怨言，纵使相思无限苦。小普说，我所有的回忆，我所有的美好，也仅停留在了那里。

三

不知道从什么时候开始，当小普意料到这件事的时候，也是几日之后。白理的问候越来越少。起初以为是功课繁忙，小普还会很贴心地发短信要对方好好吃饭，照顾自己。可是大量短信都没人尘埃，得不到回复。她开始觉得不踏实，想要抓住些什么。

于是小普开始大段大段回忆从前。她也只能这样。

那天雨很大，白理坚持来接她。两人撑了一把伞走回家。谁都不舍得打车，并不是因为没钱，而是在一起的时间弥足珍贵。就这样一路手拉手走了回来。两个小时四十五分钟。和白理在一起的每一分钟小普都算得很仔细。白理把大半个伞挪在了小普这边，自己的整个袖子完全湿透。可是他却不在意，给小普讲了一路在学校发生的笑话。

白理逃课坐了两个小时的车，从城市的北边到东边，提着巧克力慕斯来看小普。只因为小普说她忽然想吃蛋糕了。当她看到白理的时候，感动得忘记说话，眼泪稀里哗啦地涌出来。白理什么都没说，只是看着她微笑。她知道的，她都知道的。白理会完成她所有想做的事情。

情人节那天，白理小心翼翼地来小普家楼底下，给她打电话。她曾经告诉他，不要来她家，连附近都不要，白理很听话，从来都没有来过。连送她回家也只是到十字路口处。可是这次他迫不及待地想要见到小普。小普穿着睡衣站在晾台上看他。眼里满是笑意，一点也没有责怪。

那天小普收到的礼物是一盒德芙巧克力。白理没有送花，小普说玫瑰花拿到家里妈妈会怀疑的。那天是柒小普和白理共度过的第一个情人节。连看电影的情节内容都很清楚地记得，兴许是这辈子都不会忘记的情人节。

这些都是白理刚离开的时候，那时白理做的事情是令小普做梦都会微笑的。那些为感动留下来的泪水，都飘落进了那个季节的风里。四季，一起见证了这些过往的美好。

现在小普依然留着那个巧克力盒子，定时地拿出来拂去上面的灰尘。不舍得扔掉，还清楚地记得那天看白理走后再悄悄地拐进了那家超市看那盒巧克力的价钱时的心情。

四

柒小普缱绻着身子，眼睛看着那棵松树发呆。最近她总是这样，不学习也不说话。只是安静地看着窗外。偶尔手里端着杯热水。一坐就是半天。空闲的时候就会很不自觉地、无可奈何地想到以前。就像现在，居然又想到了白理走的那天。她曾经问过自己，是不是每天都把回忆拿出来梳理一遍，所以才会忘不掉的？是不是真的只要忙碌起来就无暇顾及心情？

她没办法知道白理为何这么长时间没联系自己。刚开始发的短信还会回几条，但都是简单的“嗯”、“好啊”之类的。打电话也开始没人接听。

柒小普心里的恐惧没人知道，她从来没讲给任何人听。她只知道越是恐惧就越是想念。她开始疯狂地想念白理穿的那条牛仔裤和白短袖。笑起来只会露出来两排白净的牙齿。酒窝不太明显可是却恰到好处……大大小小，由小及大，由深及浅。什么都会回忆，什么都会想念。她想自己是疯了，彻底的无可救药。

她突然做了一个很大胆的决定。

五

班里开始传言，说白理在他现在的学校里找了一个新对象。他们在议论这些的时候，都用余光瞟着柒小普。柒小普面无表情地走过。到厕所独立隔间的时候才蹲下来哭了。

坐在车上就开始规划见到白理时候的样子，是该微笑呢？还是责问他这么多天都干嘛了？只是站在校门口聊几句还是像以前一样去走那个长长的河堤？她把所有的一切，甚至对话的内容都想得很周到。为的是见到白理的时候能够不慌乱，看着他的眼睛一字一句地告诉他想念。

可事情最后的结局是没有等到白理。柒小普提着一大堆沉甸甸的零食站在烈阳下两个多小时，直到听课堂拉最后一遍铃声才舍得离开。

看吧，我想好了那么多的事情，唯独没有想到这样的结局。坐上返程车的时候她用语调轻松的话语这样安慰自己。然后吃掉带给白理的零食。不停地吃，不停地吃，她怕塞食物的动作慢了会堵不住想要流出来的泪水。

柒小普逃了一节最喜爱的化学课。在厕所里蹲的时间有点长，站起来的时候腿有点发颤。她想不出来一个好地方可去。不想走，不想见人，更不想说话。只想找到一个能靠的地方坐下来休息会。

她来到小餐厅二楼。卖饭的窗口是紧闭的。整个楼层空荡荡的只有柒小普一个人。她选了一个靠窗的位置坐下，把头埋在膝盖里，像是睡着的样子。

恍惚间她看见白理走了过来，她跑过去迎他。他让她待着不要动，自己买了饭端过来，然后又下楼买水，动作是那么的熟练与井然有序。像是几个月前，他买饭给她吃一样。他说自己再也不会离开了，他回来了。

再然后小普就醒了。她看着周围空荡荡的四周，连空气都觉得寂寞，微微叹了口气。

她始终是不相信他会变的，她坚定不移地信着他走的那天留下的承诺。

六

柒小普说，我要你喜欢我喜欢的仓央嘉措。

柒小普说，我想要你出现我的面前，即使没有蛋糕。

柒小普说，我买给你的礼物你都要戴在身上。

柒小普说，在我生病的时候你能够煮瘦肉粥给我。

柒小普说，把我放在你心间，时时刻刻。

柒小普最后说，我什么都不要了，我其他什么都不想要了，只想你回到我身边说想念我。

七

白理打来电话说，他要见见柒小普。这是临考试前的两周。

柒小普放下电话就坐了车来到约定的地点。其实她是有刻意地打扮了一下。

见到白理的时候，他什么也没有说。小普还没来得及看清楚他的变化，就被扯着向前走去。她也就不多嘴，一心一意地跟着白理。

他们来到一片稻田停下，阳光下稻田闪着亮光，空气中有稻子的清香，微风吹得稻子随风摇摆。像是女子踮起脚尖轻舞。这场景美得像是从遥远的天边传过来一样。

白理开始吻她，从眼睛到耳垂再到脖子。温热的吻带着以往的温柔，一路细细地寻来。柒小普闭上眼睛，感受这漫天金黄的幸福，仿佛前几个月里所受的委屈都只为得到这顷刻的祥和。那么即使受再大的委屈也是心甘情愿的。

白理停了下来，下巴靠在小普肩膀上，似无力地看向远方，目光停留的地方是金黄。只是小普看不到的，看不到白理眼里的隐忍与妥协。

我们分开吧，我们不合适。

小普有些发怔，脊背僵硬了一下。你说什么?

你别这样，我说我们分开。

为什么?我们不是说好要一起考大学的么?我们不是说好将来你要给我买房子的，要……

那都是不可能的，你不要这么天真好不好?!现实面前，我们渺小得不堪一击。

小普低下头，嘴里呢喃着，现实怎么了?现实又没逼迫我们非要分开……硬生生地把眼泪逼了回去，最后一个音节哽咽得不像话。

小普一直低着头，看一路走来两个人踩在土地上的脚印，那么和谐。

脑袋是空白的，只是随意地看着，想着，说着。几个月来学会的淡定也都在见到白理的那一刻落荒而逃。

能不能不要这样，我不喜欢这样。

身体里的空气瞬间都被抽空，无力地瘫坐下来，声音微弱得似是喃喃自语。

白理一时间没拉着，任小普从手边滑落跌坐在地上，眉毛拧成一团，眼里氤氲了一片。立马伸出了手去。可是又忽然想到了什么，就缩了回去。

终是蹲了下来，和小普不远不近的距离，看着泪水一簇簇地从女孩眼里跑出来。像是整个世界都殒落了，末日的最后一刻。印象里自己也一起哭了，觉得鼻子痒得难受。

就这么静坐了不知多久，太阳从正上方移到了身后。空气也渐渐变凉。期间白理没有变换过姿势，一直专注而努力地看着小普。小普却像失了神一样一直低着头。

白理看着小月从刚开始的崩溃一点点变为现在的宁静，甚至有点麻木。

突然白理伸出手臂，把小普搂怀里。

以后都不要再联系了。你会找到一个更好的人，最起码比我好的……好好生活。

说完迅速站起来决绝地离开，只是刚迈出一只脚，手却还被小普拉着。

闭上眼睛深吸一口气，停顿了几秒。然后一根指头一根指头地掰开。没有转过头看小普一眼。整个过程艰辛得怕是一辈子都忘不掉，虽然已知一别便是一辈子。

小普最后拉着白理手的时候，那种祈求的眼神。让白理最后掰开小月的手的时候，心酸得不忍回头。

这些都无人知晓，无人道起。

八

白理走到拐口处的时候，冲着坐在稻田里的小普说，天冷了，你早些回家。

这是白理对柒小普说的最后一句话。

小普抬头对上白理的目光，我再等一会，等到别人看不出我哭过的时候就走，你先回去吧。

这是柒小普对白理说的最后一句话。

九

现在回忆起来就想笑。最后一次的分别居然是在清香的稻田里，那个地方更应该适合约会吧，真是可惜了那环境。

到最后一刻小普也没能想明白当初那么难得倔强说出那样的话语，那样究竟坚持的是什么。

五月二十八号，从四面八方赶来拍毕业照的同学们，都挂着难得一见的笑脸。没有泪水。只有微笑与拥抱。

柒小普站在第一排正中间，嘴角裂开好大的笑。照片放大看的时候，会发现那笑容里掺杂了一种东西，那是笑容所掩盖不了的东西。

NO.9

你在我的记忆里

一

我第一次去吃桥头串串香，没有费力气就找到了地方。

摊面只有简单的三张桌子和一个拉面的地方。人很多并且络绎不绝地从四面八方到来。人群巨多的地方就是醒目的地方，难怪我会一下子找到这里。我站在旁边看着人们来来往往，忽然就觉得自己没有什么是不一样的。也是会为了生活而四处奔波，会在没钱的时候吃地摊，也是会在超市打折换季的时候买便宜服装。

然后我就难过了。因为我从心里是希望自己与众不同的，不是标新立异到个性鲜明，不是才华横溢到全市闻名，我只是希望在人多的时候能够有人一眼就能够看到我，并拉我走出令人眩目的高密度人群，沉稳地拉着我慢慢地向前走。

有没有这样一种感觉，在人群里被淹没的时候，通常会怀疑是不是自己太过于沉默了所以才会被忽略。这个时候我们或许会发出一些响声来吸引周围的注意。并不是爱显摆的人，却时时刻刻想着怎么样才能和别人不一样。

所以在你的印象里，我宁愿变得爱胡闹不明事理乱尖叫的模样，只要你能够记得我。后来才明白了，原来舍身吸引所有的目光，只因那些目光里有你的眼睛。

所以我总会开始尝试一些新的东西，使自己不至于很快就被一成不变的生活状态所掩盖。

曾经有一段时间我渴望有一台照相机，是那种黑色复古的样式。因为一度我的理想就是成为摄影师。可当我真正接触到的时候发现根本没有那么简单，因为我根本分不清机身上面那么多开关各个都是什么功能。

我宽慰自己，没关系的，谁开始不都是这样的，接触新鲜事物的时候要慢慢地学，才能慢慢地精通。于是我耐着性子学了几个月。可当我看见自己拍出的那些照片还不如邻座那位上了年纪的太太拍出的清晰时，我终于放弃了，明白自己就不是那个料。

这只是我开始尝试新生活的一小个片段，但结果并不如人意。于是我总是开始尝试新的东西。

所以在他们眼中我是极具神秘感的，每次的出现都会给大家带来不同的惊喜。可令我费解的是，他们给我起了“西瓜”这个绰号。说实话，我不大喜欢这个名字。说起西瓜这个水果，我最先想起的就是笨重，而且我最讨厌吃西瓜。宁愿在头上冒汗的时候喝着冰可乐。

只有一个人是不一样的，他总是喊我小普，我喜欢他轻轻皱起眉头喊我小普。近来好像都没有他的消息的了。

二

我叫S，是一个自由职业人。我换过好多份工作。最近几天来做的是搬运啤酒，这是我做的工作中最赚钱的一个了。一个月下来大概两三千块钱。只是每天都要把自己搞得连洗澡的力气都没有。

我从来没有忘记一个女孩，是我在初中时交的女朋友。她的名字很好听，可我只愿意喊她小普。听她说好多同学叫她西瓜，而她最喜欢我叫她的名字。这让我一连高兴了好多天。

我认识她的时候，她还纯白得不像话。生气的时候脸颊红红的，瞪着眼呵斥我。我靠在墙上悠闲地抽着烟，看她自己生完气然后乖乖地跑回来。我把她搂在怀里。这是一段年代久远的时光了，久远到我曾一度怀念它是否真实地存在过。

可现在她的眼里多了一种东西，是我看不清的灰蒙。她越来越不开心了，而我无能无力。因为她的悲喜再也无关于我。想到这，我掏出兜里的烟点燃一根。最近我似乎很喜欢这样。如果三年前我还坐在教室里安安静静地学习，如果我还是像那些戴着博士镜的高材生一样仔细地考虑了自己的人生，如果我还可以再成熟一点的话，也许现在就不是这般模样。也许会考上一个理想的大学，会有一个无限明亮的前程。再也不会为了几块钱而磨破了嘴皮子。至少能够让自己看起来和小普之间的差距不是那么的遥不可及。

我需要经常提醒自己，小普身边有一个般配的男生，而且不得不承认的是，他们两个两情相悦。只有这样才能在偶尔后悔当初选择的时候稳下情绪，才可以抑制住努力想要和小普对等的悸动心情。

我不知道是快乐还是不快乐。我想要自己过一种光鲜亮丽的生活，想要过那种人们都对我毕恭毕敬的生活。可我也很想要在自己抬头擦汗的时候看见妹妹拿着一张毕业证书跑到我面前，说：“哥，我终于完成了你的梦想。”

三

我是一个懒散惯了的人，突然而来的拘束会让我无所适从。在一成不变的日子里我在可笑地寻找着不同。我是Z，他们都喊我坏蛋Z。

早先在学校的时候就觉得痛苦。想是大部分人都有厌学的情绪。我每天都望着窗外发呆，盼着早些放学，第二天早些来临再早些放学。我看不惯那些凌晨就起床背书的好孩子们。那枯燥的读书声能够把一整个寝室的人都惊醒。我不是那种自己不学习还打扰别人学习的人，所以我有了正大光明的理由跳出去上网。我总是通宵玩魔兽，偶尔换CS。我喜欢胜利带来的快感。

持续了半个月这样的生活之后。突然有一天班里来了一个女生。我很喜欢她的长发。她坐在我前面。我总看着她发呆，会在她甩头的时候闻到发香。我有一种直觉，她将有一段生活融进我的生命里。

于是像猜想的那样，我们在一起了。她有一个很清新的名字，叫西瓜。我很喜欢。

刚开始的时候，她总喜欢望着窗外，我顺着她的目光看去，什么都没有发现。我就明白了她也是个有故事的人。真的很好奇，她白天可以伪装得很快乐。其实早先我也看不出来那是伪装的。经过一段仔细观察后我发现她晚上就变回了最原始的样子。趴在桌子上不说话，眼神也暗淡无光。我忽然很想知道，到底发生了什么会让一个人白天和晚上有如此大的差别。

在起初追她的时候，没有费多大力气，只是写了一封情书给她。很快第二天就有了回音。没有想到这会是一件如此没有挑战力的事情，说实话，是有点失望的。所以现在有了充分的理由怀疑自己是否真的喜欢她，还是出于好奇。在她把我拉黑的那一刻也没有想出答案。

还有一点要说明的是，在这个夏天到来之前，我选择和她分手而和她最好的朋友在一起。不要问我为什么，因为好多事情是没有为什么的。可是我向她道了歉，尽管不奢望她会原谅我。我还是待在家里玩游戏，和朋友聊天。时间倒也过得很快，可我总觉得心里少了点什么。

我很快乐，这一点我从来没有怀疑过。

四

把留了两年的长发剪了，没有不舍得，更没有难过。我想是因为自己极力想要与过去说再见。时间遗留下来的是残缺不整的信念，爱与被爱甚是艰难，如履薄冰地走着。多少个下雪深夜里，埋头低吟着唯有冷暖自知。

是的，极力想要摆脱过去的生活。

忘记并不难，只是一瞬间，一次勇气的条件。

不值得一提的是，我有过一场并不短暂却又像过眼云烟的爱情。可最后并没有像所说的那样，真的过眼云烟。我记得他说我长发的样子好看，而如今我固执地剪掉它。很多人都说好看，要比长发的时候好看。

我蜷膝窝在电脑椅里。看着屏幕上闪亮跳动的头像没有表情。我过了很多个不知昼夜的日子。大抵都一样，上网，睡觉，再上网。也会觉得没有言语的生活也是好的，不用费神地解释那些在别人看起来是笑话一样的问题。是的，我最近很少说话。总是在抵制些什么。

我上网隐身，不回复留言。手机静音，有时候干脆关机。起初很多人都跑来问我是怎么了，在得到悠长的沉默之后终于走开。如今到了似乎没有人在意的地步。

我想每天把自己弄得疲惫不堪，然后躺床上就可以睡得着。这样就没有精力去想为什么分开怎么会分开这样乱七八糟的事情。

我在把Z拉黑的时候，看到他的签名档改成了“对不起”。我知道那是说给我听的。我不是个小气的人，可我现在一点也不想要原谅他，还很恶毒地想要让他自己觉得一辈子都亏欠我。

哦，不不，一辈子？我都不敢保证过完这个夏天他是不是还会记得我。

五

我不知道那样一种感情算什么。

即使不在一起了还是会有想要关心她的冲动。我记得有一次喝醉了，非要嚷着给小普打电话。给她说我可以等她和他结束了然后怎么怎么的。她说你喝醉了，好好睡一觉起来我们会是永远的好朋友。然后我倒头就睡了。事情是隔天别人转述的，之后我才不清晰地记起来。我知道有些事情不可能，如果是在清醒的情况下我也不会打那一通电话。我觉得自己是真的长大了，从三年前辍学的时候就觉得自己长大了，可还不如三年后这样的成熟。要知道辍学可不是每个人都能承受得起的。那是一段我不愿提及的过往。

我每天都在努力地工作着，是在干一些很容易被人忽略的活。很多人夸我勤奋有干劲。我不知道自己展现出来的究竟是怎样的一个形象。然而我心里只有一个目标，就是不能停下来。

无论做什么都不要停下来。现在我好比陷在一个阵法里面，眼前充满了一团一团的黑气，挡着我前进的路，也使我看不到来时的路。我明白只要自己不乱阵脚就陷不进去。可是我不知道要怎么出去，要过多久才能出去。于是我就只好沿边边走，朝着一个方向走。我停不下来，也不能停下来。

我很清楚。只有让别人看到你强大的一面，这样才能不被欺负，这样才能更好地生活。这是三年来，生活所教会我的。

提到“欺负”这个词语，我就又很不小心地想到了小普。我不得不承认，她总是有这样的能力。

在我很现实地想到某些事情的时候，她的身影就会很梦幻地出现在我的脑海里面。我拿着锄头播种粮食的时候，她就会像救世主一样向我传送爱情伟大的圣经。我就很配合地挥挥汗停下来静静地听她说。

我的小普，她就是这样一个人。我也宁愿她只是这样。

六

今天丢了一条手链。不名贵但却珍贵。没有人知道的，我曾经很珍视的这条链子是S送给我的，我把它收藏在锦盒里。隔段时间我会戴起来看看，仔细观赏一段时间再收起来。我不喜欢上面落满灰尘，因为我会不自觉地会把它和某种感情联系在一起。

我打开那个锦盒的时候很意外地发现手链没有了。心就一下子沉了下去。我想我会失落一阵子了，但我不会去找它。

听说Z有了新女朋友，而且是我最好的朋友。说没有难过是假的，我不知道他的新感情会持续多长时间，但只要他快乐就好。不过也或许只是听说。算了算了。这乱七八糟地多想一会就觉得窒息。

这个时候我想起了S。S离开了，换了手机号码，他过了一段没有我参与的新生活。可我还是在难过的时候就第一个打电话给他，在脑子短路的时候也只会想到他，就像现在。可翻看了手机之后才意识到，他早已经换了号码。可能由于他比我更早明白生活。所以总依赖他身上散发出来的成熟感，让我觉得好安全。

有时候真觉得自己自私，明明什么结果都不会有的。因为我明白错过了就是错过了的道理。

我想很认真地去记发生过的点点滴滴，我有很仔细地去刻画出现在我生命里的每个人的脸庞。我会告诉自己每天清晨起来默数一遍那些还能记得起的人名。可我终于有了这样的坏习惯，在某天黄昏的时候我就真的记不起早上念叨过的名字。我也顺带忘记了那些所谓的深入骨髓的记忆。

我觉得悲哀的是，那些快乐的事情总是记不牢，痛苦的反而如影随形。是大概觉得我快乐吧，所以要剥夺我拥有快乐的回忆吧。

我开始有意无意地逃避 S。

七

我没有想过要去打工或者其他什么能赚钱的方法。他们都说这是提早锻炼。真他妈虚伪，那不就是因为没钱花么？说得那么高尚做什么？

不过说真的，不知道是今年夏天太过于炎热，还是我真的变乖了许多。我没有疯狂地泡各种吧，最多就是喝杯冷饮。这让我看起来有些忧郁，这不像我。说实话，我很怀念以前那个总是呼朋唤友去网吧单挑的我。

我自己玩游戏，我自己走路买东西，偶尔和现在的女朋友通电话，很温馨的感觉。可是总觉得少了点什么，我说不上来。

照镜子的时候，会看着镜子里的人发呆。某一瞬间觉得那根本就不是我。我微笑地接受生活带来的惊喜和疑惑。我很快乐，这是我一直挂在嘴边的话语。可是怎么会在微笑的时候有想跳起来打人的冲动？

这生活真扯淡，遇见错过忘记快乐难过又后悔再重新来过。

很难想象得到我居然有这样细致的一面，我养了一盆君子兰。把它摆在床头的位置。我很欣赏风吹过，它的叶片微微颤动的样子。我会轻轻地抚摸它，我突然想到西瓜写过的一句话：“我养的君子兰却等不到我的翩翩少年。”

我只有这样一个优点，我曾经这样反思过自己。我很努力地做着她想要的一切，只是我不明白为什么一切就能那样的适得其反。我不明白为什么要送的生日礼物却在转手的一瞬间破碎掉。我不明白为什么掂了一碗很烫的馄饨走了很远却在看见她的时候洒掉。于是我给了她这样的假象——我从来没有做过她想要我做的事情。我知道这是过去，我也知道现在我不应该去想她。只是有时候在回忆起这样一段时光的时候会郁结。

就干脆说迷了路。都是我的错，我也不想再解释什么。

有骂人的冲动，我很努力地克制自己。

八

Z没有打工，依照他懒惰的个性肯定不会去打工。或许这个时间正窝在网吧里玩群组游戏。

Z真是一个快乐的人，在过去的三年时间里，从来没有见过他为什么事情皱眉头。只是有一两次在见到我的时候，扭过头低声咒骂“操，怎么会这么巧”，他以为我没有听到，我问他怎么了，他不说话。

只是默默掏出口袋里的纸巾擦裤脚上的褐色污迹。隐约闻到一股饭香。

仍然会觉得遗憾，Z从来没有送过东西给我，连生日都没有。不是说当两个人分开的时候，彼此送给对方的礼物会是触动回忆的最好借口吗？可我觉得最悲哀的是，回忆没有承接物。像是现在，我再也不能拿睹物思人这个借口来理所当然地想念Z，想念一个和自己的好朋友在一起的人。

天呐，我居然用上了“想念”。

如果一个人离开的话，是不是当他没有出现过会比较好受一些？这个时候我又开始庆幸Z没有送礼物给我。这样就可以轻轻松松地删掉有关Z的一切，也不会在扔不扔掉和他有关的一切东西时犹豫不定。觉得这段时间快要变成了精神分裂。

如果这个时间S能够在身边……

起床吃了隔夜的干面包。上星期买回来一直没吃，有的已经长出了白色的毛毛。我挑了一块相对干净的咬了一口，然后在冰箱里翻其他能吃的东西。发现许多东西已经放坏发出难闻的气味，已经好长时间没有认真吃过东西了。

含在嘴里的面包没有咽下去就吐了出来。突然就蹲下来抱着膝盖开始小心翼翼地哭出来。

S给我打了电话，说他要来找我。我撒谎说自己没有在家。

我的左边空了下来，连一堵墙也没有。

往常这个样子的时候，我会写很多很多文字，把积压在心里的愤怒发泄出来。可是我现在写不出来了，也没有力气去思考怎样写出来看起来华丽。我有许多话要说，我想找一个陌生人来开口。你不会想象得到，我Q上的好友来自网上的居多，和她们交谈，彼此分享生活的琐碎。哭过的话就洗把脸重新来过，明天还是微笑地面对这乱七八糟的生活。可终有一天这日子蔓延到我所掌控不了的地方去了，我看着它把我生吞活剥，也只能是睁只眼闭只眼。

我不快乐我不快乐我不快乐，没有人知道也体会不到。

我现在宁愿他是变得陌生了，最好陌生到看着Z的脸已经察觉不出来曾经这是一张怎样的脸庞。我不知道自己是更介意Z的离开还是朋友的背叛。

这样的生活真是糟糕透了，前进不了也后退不了。我一点也不怀念过去。有可能的话我想直接跳过这一段。

平静下来的时候，我想到了刚刚被拒绝掉的S。会羡慕他的成熟与现实。我知道他其实不喜欢这样的自己。小的时候规划得那么详细的前程道路，却是被生活一句话就推翻了。都知道的，生活的反差与梦想究竟是有多大。

想到这，我就为S难过了。他原本可以像我一样享受某些快乐。可是他决然选择了另一条路，我始终都是支持他的。我也从来没有听他说后悔过。

不要问我S和Z到底是怎样一回事。我说不清楚的。因为有的时候连我都分不清，他们究竟是以怎样的姿态穿插在我的生活里。大概就是这样，我在想S的时候会突然把Z穿插进来，却在想Z的时候永远不会想到S。

九

我给小普发了两次短信找她出来。可她以各种理由拒绝掉了。我总觉得她是在逃避些什么。

我曾经骑着车子去了她家。那是座复合小区，我没有进去，就是远远看着她家的窗户。我不知道自己这是怎么了，就是想离她近一些。我靠在车子上抽烟，想象她在家里的样子，然后兀自开心。觉得这样就够了。

她的身边开始有了一堆每天都会对她说要幸福要快乐的人，却没有一个人能真正带给她幸福与快乐。

我是一个没有立场的人，我清楚地知道她要的快乐不是我能给的。

点了一支烟。如果不快乐也不要对自己不好。我知道小普有胃病，总是不好好吃饭。

可是这样的她看起来会更加柔弱，会让我，更加地心疼。

我想起看过的一个电视剧里的一个片段。那是一段基调悲伤的旁白，舒缓的音乐。眼睛似是空洞地向前望着，微颤的身子努力压抑心中跌宕的情绪。她知道，如果克制不好的话就会泪流满面。

忽然就想明白了困扰许久的问题，掐掉烟头掉头往回走。我想起老板说要早些回去搬货。

作者的话

在写这篇文章之前我想了很久。其实开始是不打算写Z的，但想想还是算了。无论他曾经是以怎样的姿态出现在了我的生命里，还是以怎样的方式结束了彼此生活的交集。但终归我们曾是那样地要好。

不得不承认，在某一时刻，他占据了我心里的大部分位置。原谅我花了小部分的笔墨在Z身上。记得我第一次听到他和我最好的朋友在一起的时候，我没有哭没有闹，做着和往常一样的事情。只是隔天才敢慢慢地消化那句话。我把自己闷在家里一个月，期间不知道因为想起什么而落了几次泪，其余还算正常。我把这个消息告诉S的时候，他居然笑着给我说你们早该结束了。不过我还是要谢谢他，也断断续续地讲了他的好。

那些在一起的时光是应该铭记的。可是生命涌动那么久以至于回想起后来停留过的某些人是怎样取代他们的位置时也会犹豫。曾经住在这里的人，用了这样的方式，留下了这样的温存。很不愿意地去提起，口中念念不忘的“独一”却被重新展开的一段“无二”生活所代替。像我和S和Z一样。

你要相信，这样的感情并不是不够深刻。

坤燕——真名胡坤燕。高三学生一名，学业繁忙之余在网站上写一些小字。

对文字是真诚地喜欢。喜欢看书。不认为自己会有多大建树，也没有什么宏图伟志，只想平凡地度过人生。

等你和我一起去看海

文／坤燕

我终究等到顾默远和我一起去看海。海浪在海平面上起伏，在黄昏里，风吹起回忆的声音。我和顾默远一起听大海悲伤的哽咽的声音，从浅蓝色的眼泪哭泣到深蓝色。我在大海里，流下一滴蓝得澄澈的泪。

一

已经进入冬天，早晨的小巷弥漫起一层晨雾，包裹着每一个角落，包括小巷那个固定丢各家垃圾的地方。

我抬头看着头顶夹杂铅灰色云朵的灰蓝色，暗暗的，低低的，酝酿一场雨。

青灰色的墙壁泛着潮气，老旧的玻璃在寒风中吱啦吱啦地响。

人们拉开窗帘让更多的光照进来。

在迷蒙的雾气里，我生发无端悲伤的情绪。

“死小子，只知道打架，什么时候给我长点脸。”

“哎呦，你别打了呀。毕竟也是你的儿子呀。”

隔壁传来喘着粗气的男人和尖叫的女人的声音。

我站在顾默远的门前，寒冷从脚底向上涌，一直冷到头顶，裹紧了衣服，像是有根鱼刺哽在喉咙里般地难受，嘴唇被咬得痛起来，太阳穴突突地跳。

一瞬间门开启又关上，只是短短一瞬间的事情，里面的声音放大又缩小。雾气涌到里面去。顾默远逃了出来。

晨雾在路灯的晕染里包裹住顾默远和我。我靠近顾默远一点，忽然看清了他淤青的脸颊。

“又打架了？”我抓着书包的肩带说。

“嗯。”顾默远耸了耸肩膀，不抬头。

“身上伤到了吗？”

“手臂青了。”

“来，把包给我吧。”我再次靠近顾默远，把他书包的肩带顺下来想抱在手里，弄到一半却被他阻止。

“这点东西我还背得动。”他推开我的手轻轻地说。

巷子不再寂静，有小孩子的哭声，大人洗漱、吵架的声音，或者是人们骑着自行车、电瓶车上班的声音。

我一直记得那个梦。海浪在海平面上起伏，在黄昏里，风吹起回忆的声音，我和顾默远一起听大海悲伤哽咽的声音，从浅蓝色的眼泪哭泣到深蓝色。

我相信顾默远的眼睛，可以流出我梦里大海的颜色。浅蓝、深蓝。然而我也知道

他的眼泪，只会流在故事的结尾，流在一切结束到达尽头的时候。

一只野兽受了伤，它可以自己跑到一个山洞躲起来，然后自己舔舔伤口，自己坚持，可是一旦被嘘寒问暖，它就受不了。

顾默远就是这样的野兽。

二

我就这样走出了迷濛的巷子，走进了那个似乎可以改变我生命痕迹的地方。

期中考试的成绩下来了，我仍然是班级第一，第二的是林旭。

在成绩上这样的差距，其实没有什么，只是在很多人眼里，穷人家的孩子成绩优异是正常，富人家的孩子成绩优异是难得。

我和林旭就是这样的例子。

课上的眼保健操，课间操，午饭，一节又一节的课，考试。在老师若有似无的教导里，在麻木和恍惚中，在一种何等冷漠的氛围里，一天，就这么过去了。

多像，多像围困在牢笼里被训练的兽一样一板一眼。是一种紧紧的，无可奈何的束缚。

“苏蓝，这道题怎么解。”放学的时候，林旭斜背着他耐克的书包，从自己的位置凑到我的位置上。

我从头到尾把题讲了一遍。

“我请你喝些东西吧。”林旭微笑，“就当是你让我成绩提高的报答。”

从学校走到茶馆，是下班的高峰。车子和人群不断地发出嘈杂的声响，长鸣拉开空气的口子。我抬起头，看见头顶破碎断裂的云层，云层在流血。

除了常绿树，其它树的叶子几乎都脱光了。有的泡烂在昨天未干的水塘里，有的落叶归根，有的跟着风走了。

“看什么呢？”林旭感觉到后面没有了声音，回过头来问我。

“哦，没。”我低下抬头看天的眼睛，朝着别的地方，淡淡地说。

林旭选在自己平时坐的位置上，点的是西湖龙井。紫砂的茶壶，沏茶，赏茶，闻茶，饮茶。细细品味。

林旭说：“茶喝三道，第一道，苦若生命；第二道，甜似爱情；第三道，淡若轻风。”

我安静地听他说。心想自己是没有什么资本来这种地方的，更谈不上什么以茶道修身养性。

我望向窗外的世界，这样的，世俗的生活，才是属于自己的。我突然看见窗外的一个女人，一脚踩进了昨天下雨形成的未干的泥塘里。

我突然有些想顾默远。

三

回去的时候有些刮风。

我一点一点融进夜色的轮廓里，终于和夜色分辨不清。

今天和昨天擦肩了，走过了，不同了，在生命的年轮里留下痕迹。

注定是要这样的，一段时间走到光明里，一段时间走进黑暗里。

黑暗里更容易寂寞。

路灯已经亮起来了。

十点半。沉沉的夜色压下来。

我裹着厚厚的旧的棉袄，呵气成霜。自己有多久没有买新衣服了？自己也记不清了。

把台灯的亮度调亮又调暗，躺在床上用被子盖住自己，让黑暗覆灭自己。

我起床拉开书桌旁的窗帘就可以看到顾默远的房间。

顾默远也还没睡，罩着耳麦在听CD，我放下笔，看着苏默远。每一次感觉到累的时候，总是在重复现在做的事。

目光相接，顾默远看见了我。他低下头，写些什么，大概是十秒钟后，我看到他伸手举起贴在玻璃上的几个大字。

我喜欢你。你知道吗？

每家都亮起了暖黄色的光。

由顾默远三个字组成的暖色在黑暗里凸现出来。

窗外刮起了一阵凌厉的风，好像把全世界都吹走。

人生这条路是没有终点的，因为地球圆得那么可恶。

四

第二天气温骤降，寒气在各家的玻璃上都抹上了一层霜。

走之前母亲走过来说："别跟隔壁家的男孩子一起走了，会把你带坏的。"

"妈！你说什么呢?！"我说着就打开门，却看见顾默远倚在我的门口正在等。

母亲已经进去了。

我看着顾默远的眼睛，小心翼翼地扣上门。

"你别理她。"我说。

"嗯。"顾默远从倚着的门上下来向前走。我跟着他的脚步。

早上我多穿了一件毛衣。"多穿衣服了吗？"我问顾默远。

"没。"

"怎么不多穿衣服呢？天又冷了。"

"哎呀，你真烦，跟我妈一个样。"

新的一天又开始了。

五

是周三的体育课。

那个女体育老师扯着粗粗的嗓子说，天冷了就该跑步，女生800米，男生1000米，出汗了才好。

列队和准备活动做好后，就开始跑了。

寒风刺得脸生疼，有几片树叶落下来，又被风不知道吹到哪里去了。身旁有女生讲话和喘气的声音，我的身上热起来了。

大概跑到一圈半的时候，突然地，身体以倾斜的姿势摔了下去。

体育老师跑过来扶我，有几个女生也停下来。

"那边那个女生，扶她到医务室去。"女体育老师命令到。

有男生跑过来。

"老师，我扶她去吧。我是班长。"说话的人是林旭。

"哦，那就你吧。"女体育老师顿了顿，然后说。

我就这样一瘸一拐地被林旭扶着走到医务室。

扭到的脚越来越疼了。

“怎么不当心点。”

“大概是准备运动没做好。唉。你走慢点。”

“恩。”林旭应声慢了下来。大概十分钟才走到了医务室。

医务室的女医生找了个盆倒了点热水，浸热的毛巾扭干敷在我的脚上。

忽然她接了个电话。“唉，这个同学，帮个忙，看毛巾冷了，就再浸热水换上，我有个事。”女医生挂了电话后说。

毛巾大概是三分钟冷一次，到了后面冷得越快，林旭就重换热水，然后一直持续了一节课。

六

中午的时候去食堂吃饭，我走得很慢，到点菜的时候只有一些不怎么好吃的菜了。

我照旧坐在顾默远给自己留的座位上。他都快吃完了。

“你怎么走路这样？”顾默远看着我。

“还用问。一看就知道是扭到脚了。”我的声音闷闷的。

“你们怎么都说这种话？”我无意地说着，却又后悔说了这话。

“哦？也说这话的是谁啊？”

“是那个一直看着你的人吗？”顾默远用嘴指着林旭的方向说。

我看着林旭，林旭很快地把头低下去。

“哦，不是。”

出食堂门口的时候我回头看了林旭一眼，而林旭也正在看我。

顾默远把自己的饭盒放在水槽里，然后又接过我的饭盒放在水槽里一起洗。

冰冷的水从水龙头里哗哗地流出来，溅到水的手臂蒸发吸热，更冷了。

“唉，你干嘛？”

“帮你洗呗。”

“我是腿坏了，手又没坏。”

“可是水很冷。”顾默远说。

像是有一滴温暖的水滴，突然滴到我的心里，甜的感觉。

“喂，如果有什么发信息给你，说什么关于我的事之类的，千万别信，也别过去。

知道了？”顾默远回过头盯着我说。

“哦。”

这是顾默远今天对我说的最后一句话。

七

放学回家的时候我仍然是最后一个。

“她还真是不要脸。”

“就是就是。脚踩两只船。”

这样的声音，腐烂的气息好像别人的心脏里蒸发出来。让我喘不过起来。

“喂，你们住嘴。”是林旭。

女生应声匆匆走出教室，我只是低头理着书包。

“喂。问你个事。”林旭从他的座位靠到我的座位上。

“什么。你说吧。”

“你和，那个人，是什么关系啊？”

我沉默，好像知道他会问我。但是这和他没什么关系。

“你是不是觉得这和我没什么关系。”

“……可是，我喜欢你。苏蓝。”林旭吞吞吐吐地说。

……

外头又刮起了风，然后突然下起了雨。

八

雨淋湿了城市裂开的伤口，伤口疼痛，纱布一般的雨伞。路边的树木站立一如既往，呼吸着淡漠的沧桑，从容不诉求。

不同的人像城市水槽里不同的杯具洗具。

“下雨了。你带伞了吗？”我问。

“没。”

“只好一起等雨停了。”我的声音有气无力。

我把书包里的作业拿出来，摆在自己的书桌上做起来。然后林旭也把书包里的作业拿出来做起来。

“唉，苏蓝，这个题怎么做啊。”

“这个啊。就是这样这样。”

“没听明白。”

“就是这样这样。”

“还是没听明白。”

“哎呀你可真是个榆木脑袋，我都讲两遍了。”

“你就再讲一遍吧。”

“唉，你干什么，鼻涕都流到我本子上啦。”

“对不起啊。我帮你擦擦。哈哈。”

林旭和我都笑起来，窗外的雨渐渐小了，忽然那么一瞬间，我看见窗外手上拎着伞的母亲。

九

“你怎么来了。”我走到窗子边说。

“给你送伞呀。”母亲说着便把手里的伞递过来。

“你真命好。我妈只知道忙，是不会给我送伞的。”林旭靠过来说。

我想了想，然后把伞接过来给林旭：“我和妈撑一把。你撑一把好了。”

把伞留给了林旭，然后我和母亲合撑一把伞走到雨中。

伞的一侧是靠向我的，我看见伞檐的雨水流到母亲的肩膀上。

“妈你把伞拿过去一点。”我说。

“那个刚刚跟你一起笑的男孩谁呀？”

“我们班班长。”

“你不是喜欢了人家吧，看你笑得那么开心。”

“妈你又说什么呢。人家怎么会看上我。”

“不过跟这样的男孩子做朋友，总比跟顾默远这样的男孩子做朋友要好。”

十

这一次我是真的讲不出话来了。只是低着头跟着母亲的脚步走，看着雨滴溅在身上的痕迹。

一条短信发到我的手机上："你到家了没？"是顾默远的。

天空飘着黑色的云朵，身上都淋湿了。

洗了澡，吃了晚饭，关门，回到自己的房间。

躺到床上发一条短信：

我曾遇到过三种人，下雨了，一种陪你等雨，一种人给你送伞，一种关心你有没有回家。

回过来一条短信：

我曾遇到过一个人，下雨了，没有伞的时陪她一起淋雨，有伞的时候陪她一起撑伞，不在的时候问她有没有安全回家。

想起去年没有带伞的日子，顾默远就这样陪在自己身边淋着雨跑回家。

像是触碰到了眼泪的开关，眼泪就止不住地流。

我用手背擦干了眼泪，眼睛还是红红的，拉开窗帘，却看到顾默远映在他房间窗户上的脸，在看这边。

苏蓝。我喜欢你。你知道吗？

也许，我会去更繁华的城市，也许，我会去拉萨西藏云南，也许，我会像三毛嫁给一个荷西般的男子，去遥远的撒哈拉沙漠居住……

未来，谁知道呢？

顾默远，我喜欢你，你知道吗？

十一

起风了。树枝在和风的厮打里尖叫。

风吹起的回忆那么冷。好像把所有的悲伤都吹过来。

上午一条短信传过来。

我把手机调到静音模式，直到下课才知道。

我们在电影院后边的仓库等你。

如果你想救顾默远，就快过来。

我们曾一起呼吸那片空气，从不曾远离。如果你出事了，我不会原谅自己。

我再也想不起来那天顾默远忍受冰水寒冷时说的那句话：无论什么人发短信过来，都不要过去。

我匆忙跑出教室，报了警，然后跑到电影院后边的仓库。

气喘吁吁。

仓库里升腾一股霉味。恐慌和悲伤交织起来。

“哟，原来顾默远手机存的最重要的人是个女人。”

“还挺漂亮的嘛。”

邪恶的笑声向我靠近，被绑住的顾默远的身体剧烈地动起来。

他们靠近我，按压我。

……

疼痛，除了疼痛什么都没有了。

我眼泪模糊地看过去，顾默远哭了。这个十岁那年被滚烫的热水烫伤一大片面积的男孩子没有哭，但在这一刻，他竟然哭了。

那个梦，海浪在海平面上起伏，在黄昏里，风吹起回忆的声音，我和顾默远一起听大海悲伤的哽咽的声音，从浅蓝色的眼泪哭泣到深蓝色。

他的眼睛，流出像大海一样的颜色。

眼泪，流在了故事的结尾，流在了一切结束到达尽头的时候。

心里像是撒了一把玻璃和冰，又冷又痛。心脏那么疼，那么冷，却再也流不出眼泪。

血液仿佛静止流动。

我平躺着的黑色的剪影，是疼痛悲伤的影子。

警察来的时候我已经晕了过去，顾默远解救，混混追回缉拿。

为了这个未成年少女的名声，这件事没有声张出去。

但是已经在我和顾默远之间横渡了一条河，再也跨不过去。

十二

父亲无奈地抽着烟，母亲哭，哭着找顾默远的母亲。

顾默远的母亲拿了仅有的钱赔。

“你赔得起吗？一个女孩最宝贵的东西。”

我追出去，我说算了吧。是我甘愿救他的。

母亲一个巴掌打过来：“你就这么贱？”

我哭着："那还能怎么办呢？事情已经发生了。"

母亲哭，不再说话。

顾默远一直没有出来。也许是逃避，也许是悲痛至极。

但是，一切都结束了。

早晨的时候我不再和顾默远一起走，刻意避开他，看到自己身体的羞耻。

"听说她和坏孩子谈恋爱。"

"还被那个了呢。"

流言蜚短流长。

林旭在放学的时候跟上我的步子。

我停下来。

"我不相信她们说的。"

"如果你否认，那么不论，不论她们说什么我都不信。"

……

"是真的。你明白吗？是真的。"

……

寒冷的风吹进林旭的心里，寒冷的风吹进我的心里。

我继续向前走。眼泪却就像打开了开关，止不住地流下来。

回到家，吃了晚饭，麻木地进房间做作业。

累了，趴在桌子上摆弄本子、笔，直到拉开窗帘的一角。

看见一个角的白色，拉开整个窗帘。

玻璃上贴着白纸黑字。

我会等你。

明天就是春天了。可是，心里怎么就是暖不起来。

眼泪不停地掉下来。

眼泪蒸发吸热，留下几条错综夹杂的泪痕，很冷。

我很快要走了。

心中顾默远三个字变成了一根根鲠在胸口的刺。

每一次都要走的马路，以后也不会再走那么多了。

我们像是两条支流，最后流向不同的地方去。

十三.

最终，父母终于让我转学，在新的地方，离开这里，离开顾默远，重新开始。

走的那时候除了父母没有人来送我。

其实我知道，我在等顾默远。

我终究没有忍住我的眼泪，黑暗的眼睛，蒙上了一层层白色的雾气，一条短信发过来：

看看你后面。冬日的阳光，把车窗拉成矩形的光斑。

那个身影，冬日的阳光，是那么和煦。但是那么的，充满离别的悲伤。梦里魂牵梦绕的身影，终于出现在这里。

那个蓝色的梦有了结局，男主角和女主角一起奔向海里，约定了誓言，一起消失在浅蓝深蓝的彼岸。

我在等你。

他终于来了。

冬日离别的阳光，照在顾默远干净的眉眼上，眼泪就这样，不自禁地流出来。

他说，我会和你一起到你去的城市去看海。

十四

我终于离开了顾默远，去了另一个城市。

心脏因为一个人的离去而空下来，像胃一样因为饥饿而疼痛。

而一个星期后，林旭来了。当然，对于有权有势的他的家庭，转学不是一个问题。

尘埃在阳光里慢慢聚集。

记忆像水漫过头顶，一阵窒息和无助。心痛的感觉像巨浪一样让人淹没。我们心里汩汩冒出悲伤的气体，都在悲伤里越走越远。

惨白的天光和云朵，淡漠的悬挂在天空上。风吹动不再是铅灰色的白云。

好像春天要来了。花朵争先恐后地绽放飘香。

还是寂寞吧，阳光照在洁白的瓷砖上，照出或者空旷或者拥挤的寂寞。

中午的时候林旭会帮我找好位置，让动作缓慢的我有位子可以吃饭，就像原来的顾默远一样。

有时候带我去看烟花，天空记住了烟火最美丽的样子，开在十八岁的天空。

有时候带我去吃这个城市的小吃，黄桥烧饼，臭豆腐干，田螺……

十五

周末的时候林旭带我去看电影。检票之后他们走进去。灯已经全暗下来，电影刚刚开始。

电影的名字是《雏菊》。

开头优美的钢琴曲是《被掩盖的爱》。四月十五号那天，杀手朴义在大片大片纯洁温煦的雏菊地里初遇画家惠英。隐藏的爱以每天四点十五分送给女孩的雏菊开始。而他选择留在暗处。如果宿命的掌心捏住了一个人，那么任何人都不能救赎。他是一个杀手，选择不让所爱的人一起卷人黑暗。

或许这样的爱情才拿捏得当，才不会伤害。

晚上林旭带我去山顶放烟花。半山腰上，我累得走不动停下来。林旭走几步，然后也停下来，向后伸出手对我示意。我没有握他的手。林旭回过头看我，看到美丽的脸沾满汗水，然后回过头继续走。

到了山顶，我站在高处，看见山下幽深的湖水波动着时岁流年。

苏晨在一旁点燃了烟火，烟花绽放，天空是那样亮。

林旭说："我不介意你的过去，我们相爱吧。"

我说："我还在等一个人。"

林旭呵呵冷笑："我做了那么多，还不如他什么都不做。"

林旭看着我，然后将目光穿过我。他看见枯叶在寒风里打卷，发出憔悴的声响。他不再说话。

黄昏里，洗过澡后，我穿着深蓝色的针织衫和牛仔裤，坐在床上。头发上的水滴滴下来，被风吹得寒冷。夕阳像一张被云絮半掩住的绯红的脸，风在血色里哽咽。

那天晚上，我在宿舍的桌子上看海子的诗：远方除了遥远一无所有，更远的地方，更加孤独，那时我在远方，那时我自由而贫穷，这些不能触摸的远方的幸福，远方的幸福是多少痛苦。

我坐起来喝水，一个人坐在黑暗里喝水。我听到自己的胃发出咕咚咕咚的声音，我想此时此刻，稀稀落落的车子和人流浪在夜里，时光的长街回荡着啪啪足音。走在因富裕而明亮的夜里，身后的阴影无可躲藏。

故人西辞黄鹤楼，烟花三月下扬州。

孤帆远影碧空尽，惟见长江天际流。

顾默远。你在哪里。我们说过要一起去看海。来这个城市看海吧。我在等你。

如果你没有来这个城市和我一起看海。那么我们就此结束。这是我们的约定。

被一阵风吹过来悲伤的种子，植株在心里，触碰心里暗沉的天空。

我想抓紧一点仅有的情感。

翻滚的海浪澎湃，是被时光浸泡烂的情节。

大海一半沉浸在暮色里，一半在日光了。

再没有了澎湃的心情，留下的，只有淡然。

顾默远。青春时年，会不会再回来？

我怀念过去的你，因为笑容而飘起来的风，穿过我的青春。我在这里，看着你牵挂你曾经在我的时光里的指纹。为什么时光还是要在悲伤里向前跑？

我远远地望过去，一滴澄澈的眼泪流进大海里。顾默远跑过来拉紧我的手。

不要松开我的手。

亦之枫——真名黄奇锋，17岁男生。1994年5月出生，现就读于福建省莆田一中高一，曾因成绩优秀获三好学生、优秀团员，希望在新的高中再接再厉。课余时间喜欢阅读各种书籍，写一些文章。热爱音乐，喜欢看各种风格的电影。性格有时候随和有时候固执，对学习生活没有太高的要求，相信平淡就是快乐。

纸条背后的夏天

文 / 黄奇锋

那天又下起了雨，我奔走在雨水瓢泼的街道边。钱包在匆忙中从口袋中掉落，散了一地的崭新硬币，我把它们重新放回钱包的时候，飘落出一张纸条，我匆忙翻看。熟悉的字迹上，那年夏天雨季你写下的：

雨下大了不要满世界疯玩。

奔走在雨水瓢泼的街道边，任由水滴肆虐在眉眼间，一滴一滴从怅然的目光中滑落。我揣着手中一张被雨淋湿的纸条，站了很久。

一

从来没有想过波折的生活会萦绕在我人生道路上，如丝绳一样缠绕着思绪。仅有的平淡，打翻在措手不及的叹息里，难过在胸口哽咽着碎碎念。

在离开初中的一年时间里，在又一个夏天搅拌进碎裂的阳光的温度中时，一些旋转在天空下的影子，被黄昏渐渐切割。路过一整个秋天的落叶，透过深冬凛冽的寒风，看见春日背后模糊的夏日，多少的春风秋雨，霎时失却了本该有的灿烂颜色。

我在很多个雨夜，坐进扶手椅，俯身将一堆如乱麻般的文字，轻轻地敲进屏幕。向不确定的谁诉说着这么久以来的辛酸生活。

突然怀念起夏季里的艳阳。在雨滴的间隙，瞬间照耀了曾经丢失的年华。于是时光像是被记忆的大手往回扯，思绪退回多年前的那个夏天。

二

笑容灿烂的少年从教室门口走过，扬起若隐若现的笑容。曾经的我，就是这样穿过了洒满阳光的走廊，抱着大堆的书籍，双肩包故意背成单肩，晃过一个个陌生的门口。

那时的你总会对我微笑，脸上是独有的熟悉温和，在夏天的烈日映照下，闪耀着异样的光芒。我有时候一转脸，就看到你认真思考的样子，整齐的刘海遮住了明亮的双眼，阳光在背后恍惚显影。

你总是提醒我该如何完成各科的作业，该怎样背长条的单词，该怎样舍弃在考场上得不偿失的压轴题。每天几张刻满你熟悉字迹的纸条，定时地传到我手中。而这些，便成了多年后，我不断回忆起的细枝末节。熟悉的字体仿佛散发的清新的花朵馨香，将一整个夏天的阳光，弥散得如同最美丽的风景画作。

而我们的对话却出奇地少，见面的时候你总是一副欲言又止的神色。所有的言语和交流，在一张张纸条上，铺展着前行的时光。我将所有的纸条精心码放进盒子里，它们像是替我记录着你每一次的笑颜和每一回的难过或心酸。

我偶尔的难过和莫名其妙的气愤过后，你的纸条总能以最快的速度递过来。我因成绩退步闷闷不乐的时候；因和朋友吵架摔门去操场淋雨的时候；因忘记上交作业被班主任当堂训斥的时候，那些承载着相同安慰意味的语句，总能轻易地将我年少的烦躁，驱散进夏日中，然后消失。

对着摇摆的时钟记录你笑容每一次上扬的弧度，用拙劣的笔法描绘你的背影，在深秋下如同盛放在山崖边上繁花，我记忆里的你。

那些年的夏天在阳光下不断渗透进心底，它们像是在告诉我，曾经有个善良的女孩，跋涉过我最美好的少年时代，留下无法被遗忘的纪念。

三

时光伸出手掌，轻易地碾碎了过往，流下了眼泪。

那是初二的时候，我意外地坐到了你的后桌，你意外地当了我的组长。

你总能很轻易地拿到班级的前列排名，这是在我们还不能顺口地叫出对方名字的时候，我对你唯一的印象。刘海时常地遮住明亮的双眼，一身整洁的校服，课本比任何人都要崭新，成绩拔尖，是老师同学眼里优秀的学习委员。

在很久之后的那天，我们意外地成为同桌之后，在一堂自习课上聊天，说起了我对你的第一印象。我看到你眼里闪动的光芒，那是年少的我无法辨认的错觉和心疼。

在相处的那些年里，最深刻的记忆是你极富文采的文字和漂亮的字体。那天是全班同学的准初三宣誓，老师要求全班同学一个一个上台表明自己在接下来的日子里所要做的努力和目标。按照座号，第二个是你。我坐在台下听你流利而熟悉的声音，在言语的间隙隐隐约约感受文字间淡淡的感伤，那年的我，尚未能够轻易明白你所说的所有。

也是从那以后我开始写些文字，认真地将阳光、树木、天空的飞鸟记录到笔下。想象着有一天，你看到的时候可以流露出喜悦的满意。

单纯的心智。

后来的我写了好多的文字，发表的，受赞扬的，可是直到后来你都没有看到过。

那些年里被教会的不只是一颗年少无知的心，还有那些眼泪的模糊意义。

我在班级的朋友堆里扎根，成天放肆地说笑，手里握着疯狂的岁月和大把的快乐时光。我成了班上众人欢迎的大哥，扛起椅子追打同学，偷偷喝掉朋友的饮料，一群人围在一起玩幼稚的石头剪子布。每次在大汗淋漓的时候铃声总会准时响起，我狼狈地坐回位子，余兴未尽。

正值夏日，教室里闷热得很放肆，汗水一直往下淌，我把手撑在桌面上对高温表示不满。于是纸条上的“今天的作业是xxx，记得完成”，变成了“让你玩得那么疯”。我一转脸，看到你若无其事地递过来一捆餐巾纸，众人“哦”声一片。

岁月里的花朵如果可以一直耀眼在黄昏背后……

四

初二下学期是我整个初中最为黑暗的时段。在我成绩在班里迅速拔到前列的高峰状态后，一场突如其来的疾病将所有的快乐和骄傲一起推进病房。

我离开的那天，学校因为台风正好放假，上完课后天穹上像是被墨色渲染过一样。一向不习惯在班级闲玩的你那天迟迟不离开教室。我因为生病的缘故极不情愿与任何人说话，于是一群朋友站在教室门外看着我，从未有过的落魄，他们的表情我印象深刻。你留下一张纸条后离开，雨水突然从枝桠间哗啦啦地倾泻下，我蹲下来红了眼眶。

前一天我告诉所有人或许我不回来了。

异地的治疗和休养未能使病情好转。眼看初三逼近，那天我果断地要求回家继续上课，因为舍不得那些一直陪伴自己的朋友，那些给我所有快乐的朋友。而为了不使他们担心，我以病好了为理由，瞒着所有人，继续欢天喜地地去上课，把双肩包背成单肩。

初三的日子不同于初一初二，繁忙的学业、垒得老高的作业练习，一堆一堆地码放在桌面上。我的成绩开始疯狂地掉队，情绪无常。而你每天的纸条也多了起来。

那天在朋友面前说漏了嘴，他得知我病未痊愈就独断地回来上课，消息很快传到你那边。那天，你第一次把我拉出教室，我们站在栏杆前吹夏夜最清凉的风。我望着你明亮的双眼，刘海在风的浮动下飘摇着贴在侧脸上。

那是记忆里仅有的一次我们单独的谈话。不知道凌乱在月光下的树木枝桠，会不会记录了那些话语，成为我日后汹涌的回忆和疼痛。

有没有那么一些时候，年少无知的我，读懂了那年你在讲台上脱口而出的那些语

六

毕业后，我们最后一次的谈话中，是 QQ 对话框上的冷冷语调。仿佛那些关怀和温暖，从来不曾耀眼过。你离开的那个晚上，我一夜无眠。

后来我重新翻出了那些纸条，在一个无限晴朗的夜晚，看着在火苗中跳动的文字，升腾起过往一段段刻骨铭心的时光。它们被葬在月光下，随着火光，永远镶嵌在了少年人的记忆中。

直到多年后都无从知晓你的消息，我知道，你不会再回来了，正如我在你的记忆里慢慢死去一样。

在小说里看到一段话，这样写道：每一个人的生命里都有一个守护天使，每个天使都会化作一个人，来到人间给你一段快乐的时光。然后就从我们的生命中消失，于是人生就有了幸福的回忆。即使以后的道路布满风雪，拥有曾经的温暖，就依然坚强。而他们，在这个世界的某一个角落，安静而满足地生活着，于是那些伤心与失落都不复存在。

我把这段话深深记在心里，如同记录那些温暖一样。于是在你离开之后，我依然微笑着走过了四季，走过了春秋里最绚烂的季节。夏季夜晚的风依然像多年前那个晚上那样清凉。偶尔会下起雨，洗刷掉一整天的闷热。

那天又下起了雨，我奔走在雨水瓢泼的街道边。钱包在匆忙中从口袋中掉落，散了一地的崭新硬币，我把它们重新放回钱包的时候，飘落出一张纸条，我匆忙翻看。熟悉的字迹上，那年夏天雨季你写下的：

雨下大了不要满世界疯玩。

泪水掺杂在雨滴中，模糊了双眼。

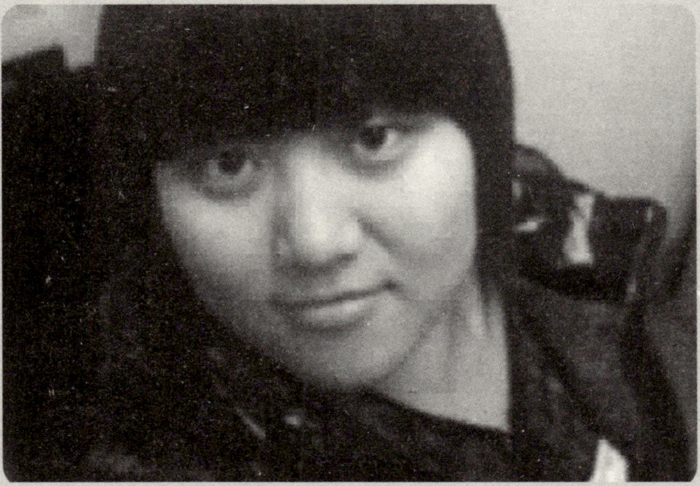

念北——真名庄园。91年生人，被愤怒的“90后”，文学小青年，寂寞医学生，美剧控，盲目的新鲜事物发烧友，伪摄影爱好者。偶尔多愁善感，用45°角仰望天空，多数时间左手推眼镜，右手拿着手术刀对着蟾蜍、兔子耀武扬威。每天混迹于各个食堂，一边觊觎学弟学妹们青春活力、激情昂扬的面孔，一边讽刺实习的怪阿姨。每天和室友嬉笑怒骂，挖苦羞辱彼此，感慨光阴易逝，青春不在，吃着泡面虚度光阴。偶尔会回想过去，感伤现在。不过，唯一不变的是朝着怪阿姨的年纪迈去。

倘若时光流转

文／念北

倘若时光流转，你说，我们会在一起吗？

与你初次邂逅，平淡若水，不泛涟漪。你逆光而立，光影里你的轮廓泛着绒光。而我也仅是匆匆一瞥，别无其他。

或许命运轮转、造化弄人。再次相遇，我低头对着数学卷子皱眉，而你随着老师走进我的世界。

你说，我是小旭，请多指教；

你说，你喜欢摄影；

你说，你喜欢文学；

你说，你喜欢安静；

你说，请大家原谅你的不善交际……

你笑着走到我旁边说，你好！

然后坐下望着窗外。不知为何，我总感觉你的笑，掺着些许悲伤。

你坐在靠窗的第二个位置，下午的时候阳光会透过有些污浊的空气，打在你的身上。我喜欢这个时候的你，这个世界仿若与你无关。你握着笔的右手，手指修长骨节分明。

我常常望着你的背影发呆，去猜测与你有关的一切，却在你回过头的瞬间慌乱地低下头，假装一切都不曾发生。

你说，你喜欢“君生我未生，我生君已老”这句话；

你说，你喜欢安妮宝贝的文笔；

你说，你喜欢自己去旅行，背着大大的行李……

你说了好多，而我却只能低头听你说。你说，小念，你真是个好听众。我笑还是不语，然后你望向窗外，窗外阳光正浓，大片的白云贴着天壁。

你说，秋天来了；

你说，我们快毕业了；

你说，我们以后还会这样吗？

我摇头不语，在经过那个六月，你却了无音讯，我们之间的一切都好似浮生一梦。

停留在我脑海里的惊鸿一瞥，却是那么真实。

你说：你喜欢“君生我未生，我生君已老”这句话；

我想说，郭襄对杨过的感情很单纯。

你说，你喜欢安妮宝贝的文笔；

我想说，那个精致的女子是我的梦。

你说，你喜欢自己去旅行，背着大大的行李；

我想说，不如高考后一起去敦煌吧。

其实，我也有好多话相对你说。只是，却不知怎样开口。我怕，我打破我们之间的一种默契、一种平衡。

只因你说你喜欢安静……

倘若时光流转，你说，我们会在一起吗？

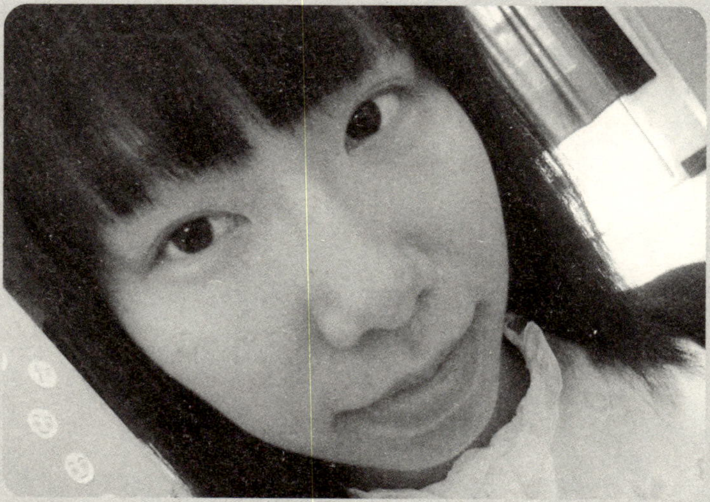

朱颜点绛唇——真名朱钦青。生于1991年4月。

我是一个比较敏感的人，有些时候喜欢笑得比阳光还灿烂，有些时候却会像梅雨一般忧郁。我喜欢文字，没有什么固定的文体，很多时候只是单凭一个感觉就有了灵感。一直以来都想要写一些悲剧，但是总是在落笔的时候变成了一些温暖而美好的故事。

总体来说我还是个很年轻的孩子，单纯的90后，生活的阅历使我的文字更多发倾向于一些简单的少男少女之间的心事。不过我会成长的，我希望自己的文字能被大家看到和认可，在文学道路上可以走得更远！

阳光灿烂

文／朱颜点绛唇

齐浩说着，忽然转过了头，夏日的阳光从他头顶倾洒而下，照得整个人如阳光般耀眼。

夏天终于来了，这样的夏天，阳光灿烂！

当柳梓潼看着赵莫言和王韵手牵着手从她面前走过去的时候，那一瞬间，她的心里忽然有一种难以言明的酸涩。

一

柳梓潼和王韵是同窗兼同桌快要六年了的超级死党，同出同入，甚至常常同吃同睡，关系好到双方的家长可以毫无避讳地同时在数落自己的女儿时用上这些话——“你们这两个小丫头”、“你们这两个人”、“喂！你们！”。

从初中开始就是这样要好又风平浪静的关系，大家都很奇怪，为什么柳梓潼这样一个家世普通的平民会和王韵这样的一个集团董事的千金小姐好到一块。两个人就这样一直嬉笑打闹地在一起，一直到升上当地最著名的学校建中高中，然后遇到齐浩这个讨厌鬼。

柳梓潼清楚地记得那是高三下半学期开学典礼结束后，她和王韵正手拉着手讨论着等会要去买什么颜色的笔记本，齐浩咚咚地冲到她们面前，对她们说，不，确切地说是对王韵说：“要不要一起去吃刨冰？”。

阳光一般耀眼的少年，在冬日的傍晚，蓬乱的发梢被落日映成了透明的金色。看着他那副冒冒失失的傻样，一旁看起来好像是被忽视了的柳梓潼忍不住泼他冷水：“神经病啊！大冷天吃刨冰！”

齐浩一副这才发现旁边还有人的样子，吃惊地瞪着柳梓潼：“额……你可以不用去。”

于是柳梓潼愤怒了，狠狠地瞪了齐浩一眼，拉着王韵转身就走，一边走还一边对着王韵不停地碎碎念：“你以后不要理这种人，讨厌鬼，更不可以喜欢他，否则我就再也不理你了！”

“什么啊！你不要想那么多呀！”王韵在一旁笑着摸摸柳梓潼的头，好像在安抚一只正在发脾气的猫咪。

“哼！那种笨蛋，以后一定会一辈子交不到女朋友！讨厌鬼！！”柳梓潼持续碎碎念，完全忘记了这齐浩不但是建中的校草也是学校董事的儿子这一事实。

“唉，好了好了，别生气了，我请你吃冰吧。”王韵拖过柳梓潼把她一边拖向自己家，一边诱惑着，“王韵牌自制刨冰哦，还附赠大床一张及美人一枚，要不要啊~~”

“呜呜，小韵韵，还是你了解我。”柳梓潼感激着，不停地用头蹭着王韵。

就是啦，好朋友被人追求其实没什么，但是那么多年下来谁不知道要讨好美丽温柔品学兼优的王校花就得先讨好她的好朋友柳梓潼啊！居然这么对她，哼，还是她梓潼小姐最喜欢的刨冰，这种白痴，可以去死了！

等她们两个人终于成功瞒过家长躲在王韵的卧室里偷偷吃上来之不易的刨冰时，已经很晚了。关了灯，坐在巨大的落地窗边，看着窗外被映成一片通红的夜空，本来一直和柳梓潼一起埋头苦吃的王韵忽然停了下来，对身旁吃相恐怖的好友说：“小梓潼，我有个秘密要告诉你。”

“啥？”柳梓潼被吓到了，一直以来亲密无间的最好朋友王韵居然有秘密瞒着她！连忙推开放着刨冰的碗，压到王韵身上夸张地粗声粗气地问：“说！你背着我干了啥！”

这样的一张怨妇脸把王韵逗笑了：“你快起来啦！好好说嘛！”

“哦。”柳梓潼爬了下来，正襟危坐，像一个判官般说道：“快快从实招来！”

“我有喜欢的人了……”仿佛下定了很大的决心般，王韵对着柳梓潼说，但是越来越轻的声调却泄露了她的紧张。

“哦~~~快说是谁！”柳梓潼一脸八卦样。

“是赵莫言。”

“好吧……”柳梓潼无力倒下。

三年二班的班长赵莫言，在柳梓潼的眼中是一个成绩优良，为人温良的大大的良民。说起来王韵会喜欢赵莫言也不是没有理由的，除了这个浑身上下散发着浓郁的书卷气的赵书生自身的条件之外，流言也是一门必不可少的推动项。

这件事还要从初中说起。那个时候柳梓潼和王韵所在的班级是六班，王韵是班长，而她们的兄弟班五班的班长正是赵莫言。同为班长，老师的宠儿，成绩排行榜上交错着的第一第二名，更更重要的是这是最最绝配的一男一女，于是……流言诞生了。然后，等到大家都上了高中，极其巧合，又是兄弟班，又都是班长，于是中的于是……就连双方家长都认识了，开家长会时开心地互相大声寒暄，说的尽是“你们家韵韵怎么怎么好”、“你们家言言怎么怎么厉害”。一瞬间，在初中茁壮成长了三年的流言又再次在高中扎了根。

“说说吧，什么时候喜欢上的？”柳梓潼在地板上打了个滚，有气无力地问道。

“本来也没那想法，就是……就是给你们说久了，就不知不觉……”声音渐渐低下，再次几乎细不可闻，不过还是被柳梓潼听到了那三个字——“喜欢上”。

躺下的柳梓潼一边感叹流言的伟大，一边无力苦恼。其实王韵喜欢赵莫言也没什么好奇怪的，喜欢就喜欢好了，而且赵莫言也确实是个好人，更重要的是这赵莫言还是市长的儿子，一官一商，绝配到柳梓潼都不知道说什么好了。但！是！关键的问题是，赵莫言是齐浩那个讨厌鬼的换帖好兄弟，要好的程度和她与王韵是一样的。于是在心中大喊了无数次齐浩我恨你和为了王韵之后，柳梓潼很有义气地抓住王韵说：“小韵韵，我们去请他吃刨冰！”

“梓潼，让你为难了，你知道，我高中毕业后就要出国了，如果现在不说，以后就没机会了。”王韵看着柳梓潼，明亮的双眼在黑暗里泛着泪光。

柳梓潼心疼地抱住王韵：“没事，你那么好，他会喜欢你，会等你的！”

夜，静悄悄的，好像谁也不会再知道，那两个女孩的计划。

二

开学的第一天就是紧张的学习了，没办法，已经高三了嘛。不过虽然功课繁忙，但是这里的老师却很人性地没有一个拖堂，于是大家终于挨到放学之后，便如同被点着了的火药，轰的一声从这个名为教室的压抑炮筒里炸了出去。

“齐浩！”不用想，这个大嗓门一定是柳梓潼。此刻她正叉着腰挤在人堆里边冲着刚出班级的齐浩大喊，边在心里不停地安慰自己，没事没事，我是在变相地喊赵莫言，我主要是为了叫赵莫言啊！呜～

“有事？”齐浩手扒着墙，逆着人流艰难地挤到柳梓潼的面前，将她上上下下地扫视了一遍之后莫名其妙地问道。

“嗯，哦，啊，这个，那个……”费力抬头看着这个比自己足足高了一个头的人，柳梓潼小朋友心虚地红了脸，吱吱呜呜了半天才蚊子叫似地说：“昨天真是不好意思，为了表达歉意，今天我们决定请你吃冰。”

“什么？”齐浩一脸被打了一拳的样子，不可置信地掏了掏耳朵。

“她说请你吃冰啊笨蛋！”在齐浩愣神的时候，倒是坐在教室里等他的赵莫言忍不住了，推开窗子揽着还傻在那里的好友的脖子：“加上我一个吧。”

“好啊！”柳梓潼和一直躲在后面的王韵双双举手赞成。本来嘛，钓的就是你这条大鱼！

于是四个人就夹在拥挤的人群里挤进了学校对面的咖啡店。本以为冬天这里的生意会冷清点，但是看到来来回回捧着热饮的人，一行人不觉头上一排黑线。就是啦，生意差的只是刨冰而已，奶茶和咖啡的生意可是好到爆啊！

好不容易抢到了位置却是不在一起的情侣两人座。于是，为了防止不必要的场面发生，柳梓潼抢先开口：“那个，我说齐浩啊，昨天不甩你真不好意思。来来来，咱去那里坐，想吃啥自己点啊！别和我客气！”说完就厚着脸皮拖起齐浩就走。

那一刻的柳梓潼，忽然有一种想流泪的冲动。看她看她，是一个多么义薄云天的好姐们啊！

齐浩果然是个混蛋！他可以不把钱当钱用，可是她柳梓潼可不行啊！这个吃货，他居然吃了她柳小姐三个蛋挞，一盒刨冰，两袋薯条，连咖啡都能喝两杯！真是造孽啊！末了还擦擦嘴对她说：“我说柳同学，你介不介意我再要个汉堡？”

柳梓潼这一顿被他倒尽了胃口，一边拼命地拿那盒可怜的刨冰出气，一边皮笑肉不笑地说：“齐同学，这样吃下去会胖的，你看人家赵同学，半盒刨冰还没吃完呢。”

呜呜，想她柳梓潼最喜欢吃刨冰，却被这可恶的齐浩搞得一口也吃不下，全化了水。可恶的人！想追王韵，下辈子吧！就不让你如意！

最后在柳梓潼那些强烈的暗示和抗议下，齐浩终究是没点成汉堡，不过好在他还是有男士风度的，在结账的时候主动掏了钱包。但是，这一举动让柳梓潼更愤怒了。混蛋，不早说！

就这样，一行人熟悉了起来。伟大功臣柳梓潼本想功成身退，从此可以不用燃烧自己照亮他们兼面对那个讨厌的齐浩，却不想这赵莫言和齐浩简直就像是一对连体婴，只要有赵莫言的地方必定会有齐浩的身影，所以，她还不能退休，真可怜。

随着日子的渐渐变暖，像雪花一样的试卷和习题也渐渐堆积起来。高三的日子还是很忙碌的，主要的任务还是那最重要的学习，虽然这个学校的学生不是成绩优良就是非富即贵，但是还是不免要为高考苦恼，那些沾染上美丽绮光的小小暗恋也不自觉地带上了学习的气味。

在四个人一起写了无数次作业，背了无数篇课文，讨论了无数次题目以后，柳梓潼扛不住了：“喂！小韵韵，你们到底怎么样啊！”

“哦，就这样呗。”王韵红着脸，不自然地敷衍着。

“好吧……我懂了。”柳梓潼明白，她是要继续对着齐浩写作业，背课文，讨论题目了。

其实在柳梓潼自己最深的内心，她是不希望王韵和赵莫言快点表明心迹的。多日的相处下来，她这个旁观者还是看得出，这个赵莫言也是喜欢王韵的，但是双方不知为什么，都宁愿隔着这么一层暧昧的薄纸，迟迟不肯捅破。

不过，这样暧昧复杂的四人关系也是不错的啊。多日的相处下来，她发现齐浩其实也是个很好的人。会在她自行车坏掉的时候主动送她回家，虽然是他们家司机开的车；会在她困惑的时候一遍遍不厌其烦地给她讲解题目，虽然会一边讲一边嘲笑她有多笨；会在她因为生理的原因肚子痛的时候跑到学校另一头的开水房去为她打来热水，嗯，这倒是亲自去的。

许多的种种，那些一点一滴关于齐浩的好，像是小小的水滴般在她的不经意间汇集成了一条浅浅的小溪，静静地流淌过她的心。

那些自己都无法道明原委的在意，却让柳梓潼的心头开始有了一丝丝细细的悲伤。齐浩，你也是很好的，可是，王韵喜欢的人不是你，她喜欢的是赵莫言，不知道你知道这件事的时候，该会是怎样的悲伤。

不管内心是如何的波折流转，日子还是如同表面看上去的那样平淡无痕地过去了。不觉间就到了高考的前一个星期。这个时候，学校已经停止了授课，让学生们回家自主复习去了。

对于成绩一直都很稳定的这四个人来说，再多的试题已经失去了意义，所以在这最紧张的时刻，四个人却决定去学校旁边的寺庙去看那隔着很远都能闻到香味的桂花。

这座寺传说是在元朝的时候建的，经历了多年的战火烽烟、岁月滋扰，却奇迹般地留存了下来，与古色古香的建筑一起保存下来的还有寺内的两株桂树。而高考中第还有一个说法叫折桂，冲着这个好兆头，四人一行来到了桂树下。

都说五月桂花香，这五月底的桂花开得尤为茂盛，层层叠叠的小小花朵一团团地坠满枝头，微风吹过，便卷起一阵浓郁的花香。在桂树的旁边是寺内的姻缘阁，在枝繁叶茂的桂枝下是一排排的姻缘牌，上面密密麻麻地挂满了两面写满姓名的木牌。

“我们去写姻缘牌好了！”一向话不多的赵莫言忽然建议。

齐浩听后连忙赞同，王韵没有说话，只是跟着赵莫言一同去买木牌。看着两人离去的背影，柳梓潼的心开始狂跳，总觉得这层纸是要被捅破了。

因为是工作日，所以来寺庙的人本来就不多，随着王韵和赵莫言两人的离去，空荡荡的姻缘阁前便只剩下柳梓潼和齐浩两个人。

空气中飘着袅袅的檀香，一时间两人相对无言，不觉都有些尴尬。

“那个……齐浩你有喜欢的人吗？”柳梓潼忍不住先开口，说完后又后悔，郁闷得想打自己一巴掌，真是哪壶不开提哪壶。

“有的，不过是根木头，无论我怎么暗示她都没反应。”出人意料的，齐浩承认得很爽快。

果然，他也喜欢王韵，柳梓潼的心头一痛。齐浩这个笨蛋，王韵喜欢的人不是你，当然不会对你有反应。

迟疑了一会，柳梓潼又问：“那，如果你喜欢的人喜欢上了别人怎么办？”

“怎么可能，像她那种人，恐怕只有我这种不长眼的人才会看上她。”齐浩一脸痞样地说着。

“谁说的，他也喜欢……”自知失言，柳梓潼连忙住口。王韵那么好的人，怎么可能只有你发现，自大的白痴！

齐浩看着柳梓潼，刚想开口，却见王韵和赵莫言回来了，连忙迎上去。

“我们买了三块牌，齐浩你和柳梓潼一人一块吧。”赵莫言一边将木牌递给齐浩，一边有些害羞地说着。

很明显，姻缘写两面，这两个人只要是互相喜欢，那不是只要一块就够了嘛。

终于捅破了，柳梓潼忽然很生气。怎么可以这样呢！怎么可以这么伤害齐浩，这么裸裸的表示。果然，瞥眼一看，齐浩正低着头看着手中的木牌想着什么。

“我忽然想到有事，先走了。”柳梓潼心中莫名的悲伤，也等不到其他三个人的回答，转身就走，一边走一边在心里大骂，齐浩齐浩，你这个大傻瓜，大笨蛋！

三

在天气将热未热之际，高考这场恐怖的战役终于是拉开了帷幕。柳梓潼一直有意避开另外三人，独自一人踏入战场，为着自己的未来奋战着。

三天之后，柳梓潼走出了考场，大大地深吸了一口气。发挥还算稳定，至于到底能到什么程度，她柳大小姐可就不管了。凡事不可太过要求，只要尽力就行。

走进车棚，推出自行车，刚准备转身，就看到王韵和赵莫言拉着手走过。人们的心思就是这么的有趣，好像这个以恋爱为毒蛇猛兽的禁忌年代是以高考为最后的年段分界线的，只要高考一过，什么都可以了。

“柳梓潼！”就在柳梓潼犹豫着要不要悄悄溜走的时候，王韵眼尖发现了她，当下大喊。

“哦，小韵韵，考得怎么样？”柳梓潼一副好像做贼被抓到的样子，紧张地敷衍着。

“什么考得怎么样！随便啦，考零蛋也没事，反正我们已经通过了加州大学的面试和笔试了。倒是你！有没有好好发挥啊！”王韵转头开始数落起自己这个迷糊的好友来。

没错，就是“我们”。在这里，我们不得不佩服中国人古往今来“有个熟人好照应”的传统思想，就像王韵和赵莫言的父母，他们将这一铁律运用发挥到了极致，看，连子女的大学都想到要选一样的。

“那个啊，随便它了。”柳梓潼忽然左右看了看，装作不在意地问道：“对了，那个齐浩呢？”

“哦，他啊，一考完就不见了，我在他隔壁考场，看到他提前交卷去了小树林那里。”赵莫言说道，“他每次一提前交卷就一定会考好。”

“什么啊！我们家梓潼每次一说随便啦，也一定会很好的！”王韵见他夸赞齐浩，便也不服气地搬出柳梓潼来。

“哦，你们俩别在我面前这么浓情蜜意兼打，我都快被酸死了。我先去看看他，就不打扰你们二人世界啦！”小树林？柳梓潼想着就和二人告别向学校后门的小树林走去。

“喂，你知不知道齐浩最后在姻缘牌的另一面写了谁的名字？”看着柳梓潼远去的背影，王韵神秘地靠近赵莫言。

“不知道，谁像你，这么无聊地悄悄记下位置跑回去看！”赵莫言刮了一下王韵的鼻子，笑道，“不过我猜到了。”

“唉，当初我还以为你是个老实人呢！”王韵靠上赵莫言的肩膀，笑得一脸灿烂，“其实我最后回去的时候没有找到那块木牌，不过我也猜到了。”

柳梓潼一路上都有些忐忑，这个齐浩，现在该是多么地伤心，最好的朋友和自己喜欢的人在一起了，还要远赴西洋。

小树林那儿其实就是七八棵梧桐和它们围起来的小亭子，以前四个人老是在这里背书看题。柳梓潼到后果然看到齐浩一个人静静地坐在那里，手里拿着个东西，用心看着。

柳梓潼定睛一看，原来是块木牌。猛然想起那应该是前些日子在寺庙里买的姻缘牌。心中更是悲伤，那块牌的背面。写着的该是王韵的名字吧。

“齐浩。”轻轻地叫了一声，柳梓潼走人亭里，站到齐浩的前面。

“哦，是你啊。”齐浩有些失神地抬起头，揉了揉眼睛，看着眼前的柳梓潼。

就是这么一抬头，柳梓潼看到了齐浩红红的眼白，像是刚哭过的样子，把整个人衬得分外憔悴。于是，柳梓潼就这样，毫无预兆地哭了，就这样站到齐浩的眼前大哭了起来。

这一哭，可把齐浩吓住了。忙不迭地拿出纸巾给她擦，一边小声安慰：“没事没事，不就考差了嘛，人生又不是高考过不去就完蛋了，别哭啊！”

柳梓潼还是不管不顾地哭着。齐浩看着眼前这个哭得形象全无的少女，一咬牙深吸一口气，一把将她抱人怀里：“大不了以后我养你好了！”

柳梓潼这才止住了哭声，不过完全是被吓到的。她愣愣地看着齐浩，然后，以更加惊天动地的姿态哭着：“我才不要当王韵的代替品！”

“什么代替品？”这下，齐浩摸不着头脑了。

“你刚刚不是为王韵和赵莫言哭了嘛，别以为我不知道你喜欢王韵！”柳梓潼大声地控诉着，混蛋，居然拿我当代替品！

“你是猪啊！”齐浩把柳梓潼拉离自己的怀抱，看了这个鼻涕眼泪横流的人一眼之后，嫌弃般地翻了个白眼，然后再拉人怀中：“我错了，你本来就是猪！不过你就是猪，我也认了。”

“你才是猪！你们全家都是猪！”柳梓潼不服气，拼命挣扎着想从齐浩的禁锢里脱离。

就在柳梓潼挣扎的时候，有样东西从齐浩的口袋里掉了出来。随着木牌的掉落，齐浩忙放开柳梓潼，去捡那块木牌。不过，柳梓潼还是在木牌下落的过程中看清了两面的名字。一面是齐浩，一面是……柳梓潼！

时间仿佛在这一刻静止，柳梓潼张大着嘴，和满脸通红的齐浩瞪视着。

“你请王韵吃刨冰……”

“不是你喜欢吃嘛笨蛋！”

“你邀请她的……”

“那不是怕你拒绝嘛猪！”

“你给我打热水……”

“那不是要对你好嘛蠢货！”

“你说你有喜欢的人了……”

“你也不想想你自己这副德行除了我还有谁要！”

“你在木牌上写我们的名字……”

“烦不烦啊！这不会还要我解释！”

“我刚刚以为你哭了……”

“那是刚才考试太无聊了一直想睡，搓眼睛搓的！傻帽！”

就这样，一个呆傻木讷，一个火爆焦躁，一问一答的对峙完毕后，双方再次陷入了沉默。忽然，齐浩抓起还在震惊中的柳梓潼就往外走。

“你拉我干什么去啊！”柳同学这才清醒过来，有些害怕加上点不好意思地看着拉着她手的齐浩。

“去挂木牌！”齐浩头也不回，大吼一声。

“我还没答应呢！”柳梓潼有些脸红。

“得了吧！有人肯要你就不错了！还挑什么挑！”齐浩说着，忽然转过了头，夏日的阳光从他头顶倾洒而下，照得整个人如阳光般耀眼。

夏天终于来了，这样的夏天，阳光灿烂！

作者我说

映尔——原名胡晓红。生于1991年2月。一个从小略微神经质的目前就读重医护理学院的女生。要说自己是个乐观派，这肯定需要搔头抓脑寻求强大证据的，因为这乐观的底子终究是悲观。这跟老天总喜欢无厘头捉弄人悲喜剧交加是一个道理。在经过十几年似睡非睡的状态后不可救药地喜欢上文字，这是一个没多大值得炫耀的事情，我充其量只是做着文字的梦却逃不脱的半吊子文人而已，这样的人何其多，远不止我一个。所以我便又乖乖回到原来的位置，安安静静抒写自己对生活的看法，无关成熟还是幼稚，我只肯定它的真实。我只希望某一天，一不小心看到它的你，能够惊奇着："这是我能够想到的呀！"这也便是我最大的安慰。

我在等你

文／映尔

我在等你呀！
你还有多久来？

每次察觉到身旁有人靠近，我便用一种隐约的轻快的心情想着是你。等我瞥上一眼人影之后，我便清楚不是你。

你的头发不是他那样的，他的衣裳也不是你的味。甚至背影瞧上一眼，都能够明了走过的人不是你。可是我还是怕自己看错眼又故意装作无意地扫过一般看了他，却真的、确确实实不是你。

按捺住刚才微微躁动了的心，重新拾掇好耐心继续站在原地等你。我在等你的这个时候，我心里想着你。想着我们的时光，so sweet！

我不知道哪来的一股信念，信念里认定你有着跟我的一股淡淡的、细细的、不用联系便能够在你那里感受到我在等你的默契。所以，我便在这里等你。

身后又是一股细微的响动，我站在原地，故意不回过头来，因为我知道这次是你。我欢快地想着你会轻轻地叫着我的名字，让我回过头来看你。可是我没有等到我想听的声音，我只好心里有点微微的埋怨。等我正要转身的时候，“你”便走了上来与我平行，我拿眼睃一眼。“你”走上我的前面几步了。

我叹口气，真遗憾，又不是你！

背后沙沙的声音响起。这不是你来的声音。起风了……风像一只翩翩起舞的蝴蝶。刚开始只是轻微地摇摆，扇动双翼。可是逐渐地，就在我还在等你的这期间，风便起劲了。刮得有点猛，像是要扫荡排除周围一切不是你的物体。

我在等你呀！

你还有多久来？

你迟迟不来，我感觉我安安静静等你的耐心开始混在风里面了。像风一样动荡不安分起来。是风把我等你的心搅乱了吗？是风让你止住了来的脚步吗？这讨厌的风！

我实在是快要没有耐性了，这不能怪我，是这讨厌的风。它像个调皮捣蛋的破小孩儿一样总在我周围转动，扰乱我安分等你的心情。

我从包里翻出手机求助。给你一字一字发短信的手，我能够感觉到它的沉重。

我在等你呀！你来不来？

隔了几分钟，我甚至能够清晰地想象出你慢条斯理拿出震动的手机，然后又不慌不忙地打字。

桃花如故，“九零后”男孩，榕树下文学网庄周文学社作者，平时读一点书，听一听音乐，画一点画，写各种各样的文字，喜欢在这城市里逛，喜欢一个人坐在窗前发呆，喜欢一人在夜里想办法忘记一些动荡的过去和幻想，做一个简单善良的人。我所描摹的痛楚、伤感，只是为了之后的彻悟和重生，而这样的时刻，就是在我们生活、阅读和写作的过程中，最值得记录和体味的时刻。

读你，一路远去

文／桃花如故

那些人，那些事，铭记于心。我总是默默地欢喜，由衷地欢乐。那段走不走不完的路，我将用人生的脚步去丈量！

当你的一切美好回忆锲刻成生命的画卷。我带着所有的忧伤，追逐那段飘香的音律，一路远去。

一

一个人孤独守候，一样的醉语芬芳，在这个秋天。因为，那个秋天，你留下了微笑。而我的心向着远方的远方，久久地凝望。

秋的天，云淡风轻，又是一年丹桂飘香之际，看，袭人的桂香与风相携，就这枫叶的旋律优雅而舞；听，浓情远逸的桂香和云，浅唱秋的含蓄，含蓄缠绵着婉约。

秋思拨弄弥漫着那一瓣馨香的味道。散落在地上的花瓣少了最初的美丽。悄悄地拾起那些失去的花语，做成精美的书签，夹放在那本写着梦与童话的日记里，慢慢酝酿成一首怀旧的诗。

你回眸的那一刻，大片大片的枯黄飘落成一首诗。诗里，柳树梢下谁在谁等待，谁在为谁寂静地守候?

等待，不是为了你能回来，而是找个借口不离开。

谁又在风中清舞，谁依旧只身向东而去。

二

时间的曲线延绵相恋的昨天，别人的故事，有我的眼泪。谁又是谁生命中的过客?

草泛黄了，不是风雨的错。根依然留在原处。

高吟一句“独上高楼，望断天涯路”，叹息一声：问君何处是天涯?

星空无限，人影不眠。

三

自己琐碎的心情，或者遐想一些不属于自己的故事。为了一个人寂寞了一个秋。

青春，总是喜欢沉浸在梦的世界里。希望这个世界能藏匿着自己的童话。

或许就是成长悄悄在我们身上烙下的印记，无声的苍老，黯淡的年华。因为我们真的开始。

四

几十年的步履蹒跚，几十年的风雨沧桑。带走了满头白发，带走了深深的牵挂，痴痴地眷念。

小路上是谁在濛濛的雨中，留下了如烟、如雾、如沙、如丝的倩影，撑着油纸伞凝望。

五

那些用生命酝酿的故事戛然而止，牵动灵魂的故事，遇见过，经历过，也就看淡了，理解了。

默默地走过记忆的长廊，点点滴滴，似水流年。那些感动，慰藉，温馨地涌上心头。

那些人，那些事，铭记于心。我总是默默地欢喜，由衷地欢乐。

那段走不走不完的路，我将用人生的脚步去丈量！

西北偏北 东南以南

文 / 烟雨道相思

为什么总要等到一切已成定局的时候，我们才记得后悔？

那些真真切切的爱恋，难道真的是流经就已足够，存在却不被感知吗？

男生说：西北偏北

我叫熙北，我在西北偏北的位置上。

今天是我二十岁的生日，没有礼物，也没有祝福。

我想这个世界都已经遗忘了我，而我就这样行走在12月9日微凉的象牙塔里。西伯利亚高压每年到了这个时候总会变得这么强悍，中西伯利亚的那些山地，还有西北的高山高原完全抵挡不住瑟瑟的西北冷空气，西北风就这样肆无忌惮地灌进了我所在的江南盆地中，毫无遮掩地。

我习惯性地低头穿过学校凌云西路旁的香樟树，抬头发现，那些原本垂下的长满香樟叶的枝条都已经被剪断。低头，脚踩着那些被剪下来的细枝末节，于是，我蹲了下来，无法抑制，终于泪流满面。

“你说今后每到你生日那天的凌晨我就准时打电话给你唱生日快乐歌好不好？”冬岚在电话里唱完生日歌后对我说。

那一天，我十八岁了，冬岚十七岁。

那时，我们还在同一个城市里，还在为了同一个梦想在奋斗。她说我们一定要考上同一所大学，然后永远在一起。于是，我每天就夜以继日地学习，我知道我的成绩和她差了一大截。

“一辈子吗？”

“嗯……”电话里，她的语气很坚决，于是，我就信以为真了。

那一年的三月，冬岚成了我的初恋。我发誓我是那样深深地眷恋着她，我也很惊奇地发现，我的成绩和她的差距越来越大，大得我心里发慌。

我愁眉不展地和她走在高三初春的校园里，香樟树长出了很多嫩绿的新叶，在赤道低气压和副热带高气压牵引的东北风中微微颤动。冬岚摘了一片凑到鼻前嗅了嗅，“这叶子真香！”她是那样的毫无心事。

“岚，还有两个多月就高考了，可我的成绩和你还是差了这么多，怎么办？”

“哎呀……你尽你最大的努力就行啦！”她的话，让我感到很没底。她似乎只在乎结果，而过程她一点也不关心。

于是，我也摘了一片叶子凑到鼻前闻了闻，香樟树，总能让我感觉惬意和安全。

那年的六月，副热带高压高到了极致，我擦了擦流转在我眼眶里的水，我完全不知道那些究竟是汗水还是泪水，或许，两者都有吧！

一切都是那样的自然而在预料之中，就像香樟是四季常青的落叶阔叶树一样，我的高考成绩比冬岚少了整整五十分，她上了东南以南的重点大学，而我只能上西北偏北的一所普通地级二本院校。

“怎么会这样？”冬岚一脸茫然和无辜的表情。天空有很多化不开的乌云，就像一些解不开的心结一样。突然卷起了一阵风，冬岚身后香樟树的叶子簌簌地落了一地，于是，一股湿热粘稠的液体从我的泪腺里毫无前兆地分泌出来。

九月间，所有的阔叶树下都布满了枯死的树叶，只有香樟还是一如往日地常绿。我来到了西北偏北的这座城市，令我感到惊奇的是，学校凌云东路和凌云西路的两旁竟然也一字排开着等距的香樟。

于是，我掏出了手机：“我们还是分手吧！”按了发送后，我蹲了下来，这是我在这座陌生城市里第一次的哭泣。

没有回音，但后来我知道，短信并不是发送失败，那逐渐稀少直至失去联络的事实告诉了我。

去年的12月9日中午11:45，我收到了冬岚发给我的生日祝福，简单的四个字，没有标点。今天，我知道不会再有了，因为，今天是距离我们上一次联系的第315

天了。

东南以南，安置着我所有的伤感。

女生说：东南以南

我是冬岚。我在东南以南的位置上。

今天是熙北的生日，他是我喜欢过的第二个男孩。

现在已经是北京时间11:00了，还有一个钟头，熙北20岁的生日就要过完了。我躺在被窝里，盯着手机发呆，只是看着手机屏幕由亮到暗再变亮，然后又暗了下去。这样的状态，我已经保持了一个钟头。最后，我干脆把手机调成屏幕常亮模式，看着熙北的号码，我却一直不敢按下拨号键。11:55，手机屏幕突然又暗了，手机竟然没电了。我一次又一次地按着开机键，可一直开不了。于是，我哽咽了，蒙上被子，我哭出了声响。舍友们跑过来问我怎么了，我没有停止哭泣。

她们根本不知道，今天是熙北的生日，是我最爱的男孩的生日。两年前的三月间，我电话里告诉他，说今后每到你生日那天的凌晨，我都会准时打电话给他唱生日歌。他问我是一辈子吗，我坚定地说是。

可是两年后今天，我却不敢这样做了，一点也不敢，因为，今天距离我们上一次联系已经有315天了。那年高考结束后的六月，我茫然地看着他，问为什么会这样，为什么我们没有考在同一所大学。他没有回答，我看到了晶莹的泪珠在他眼里翻腾，于是，我也哭了，狠狠地哭了，因为，我这才意识到我们不能在一起了，真的不能在一起了。整个暑假，他没有联系我，而我也没有主动去联系他。

九月间，我收到了他的短信，“我们还是分手吧！”我没有回复，但我一直把它存在手机里。从此，我们的联系少了，到最后基本失去了联系。去年的12月9日的11:45，我发了一条生日祝福给他，他回了两个字，也没有标点。

手机充好了电，我打开发现已经是凌晨两点半。

我真的错过了熙北的生日，我真的错过了熙北。

西北偏北，埋藏着我一生的伤悲。

多少离散就在沉默之中离了散了。

沉默的扉页是陌生，我们就在大片大片的沉默之中忘记了翻页，于是，那本叫做岁月的无字书就永远地定格在沉默的那页老旧纸张上，其实，我们都忘了，里面还记

青萍之末

文 / 安子夏

载着我们过往的甜蜜和未来的幸福。

在大群飞鸟南归的时候，我越过大半个中国来到这个极北之北的地方。我提着行李箱从火车上走下的那一刻，凛冽的寒风刮过我的脸颊，埋植下细碎的不可名状的疼痛。

一

我觉得我活了。

在家乡那个温暖地方所流下的眼泪凝结成了晶莹剔透的水晶，双眼一眨，就碎了。人山人海的火车站，长长的汽笛声还未散去，我提着行李箱却不知要往哪里走。汹涌的人潮推挤着我，我就像无根的浮萍一样，四处游荡。

又是一个人了。

南朗，我有那么一瞬间想哭，可是我告诉自己，这是拥有了我们所有回忆的地方，我决不允许自己在这里再流下一滴泪水，在任何人面前都不行。

二

不瘟不火的阳光撒了一地亮黄，梧桐树叶明晰的叶脉显出些骨骼般的坚硬。

这是冬日里最好的天气。

过了一个月的寒假，返校生都格外地兴奋，四处吹嘘着自己旅行的见闻。我看着他们一个个年轻干净的脸庞，忽然觉得很快乐。我提着书包走到自己座位坐下的时候，前座的惠子正在和一大群男生高声谈笑，她俏丽的脸上满是轻佻和戏谑，像一朵张扬的蔷薇。我还是像往常那样坐下来沉默地清理书桌，高三的资料多得不可思议，我不论如何压缩空间也无法将它们整齐地摆放好。

这时候一个心形的小盒子被扔在了我的那堆试卷上，是一盒榛子巧克力。我抬起头惊讶地看着惠子，她眼里的怜爱狠狠地刺伤了我的眼，可是她的表情还是无比冷淡，她拽拽地说："这是新年礼物，每个人都有的……喂！你别这么一副感动的样子好么？弄得要搞同性恋似的！"

我在心里小声地笑了下，忽然觉得这个平时跋扈的小姐很可爱。

"不过你是不会要我的，你们家南朗在嘛~~"惠子冲我挤眉弄眼地笑笑。

就像紧绷的弦蓦地断开，所有温情都灰飞烟灭。

"你不相信他会回来吗？"惠子一脸质问。她长久地看着我失血的脸孔，忽然用无比坚定的语气说，"你不可以不相信他，他会回来的！"

"谢谢。"我匆匆接过巧克力，冲她虚弱地笑笑，便沉默着离开了教室。我起先是慢慢地走，再然后快速地飞奔起来。

南朗，你在的话一定又会笑我的软弱。只是我害怕，如果自己不逃走，会当着这么多人的面大声哭出来。我说过我不会在这里哭。所以我要跑，跑得比悲伤更快，快到忧伤都赶不上我，那就不会流泪了吧。

三

开学典礼按老规矩在大礼堂举行。

校长重复着千年不变的演讲，他沧桑的嗓音在礼堂里激荡起一次又一次的回音。可还是一如既往地叫人昏昏欲睡啊。我往四周看了看，很多人都睡着了，夸张的是居然有人自备了枕头！要说最有精神的应该是一年级新生，一个个精神抖擞，好像要大干一场的样子。以后就不会这样了。我惨淡地笑笑，以后有的是苦头呢，这群小鬼。

一个新生代表的上台演讲将全场的气氛推向了高潮。倒不是说得好，关键在人。

惠子端详了他一会儿，饶有意味地笑开了。

她转过头问我，"你不觉得这小子很像南朗么？"

南朗。南朗。

我将焦点聚集在那个男孩子身上。黑色的碎发，明亮的瞳孔，略显锐利的轮廓，干净的制服，笑起来的时候会习惯性地眯起眼。他的声线温柔，每个字说出来都像音律般动听。

于是两年前南朗作为新生代表上台发言的样子，随着记忆的洪流，像猛兽般将我推向记忆金字塔的高端。

你看，即使过了这么久，你那时候的音容笑貌还是像老树一般那么牢固地扎根在我的心底，不可动摇。我想，不管是两年，还是二十年，二百年，都是一样的吧。

可是，你呢？

我故作镇定地伸手揉了揉自发红的双眼，说：“他不是南朗。”

在开学典礼结束后，我顺着人流往外涌，不知道是旁边哪个人用手一推，承受了强大推力的我结结实实地摔在了地上，我手里的书本散落了一地，像参差不齐的拼图。

可是没有人管我，肇事者连一句对不起都没有。

冬天的地板好冷啊，可我就是坐着不起来。我抱膝坐着，像个倔强的孩子一样在坚持着什么。就像小时候在童装店看到了漂亮的衣服，不管有多昂贵也要得到，妈妈不让买就坐在地上不起来。因为知道妈妈不会忍心让自己在寒冷的地板上坐太久，因为知道这样真的很丢脸，知道爱自己的人会看不过去，就这样做了吧。就是这样耍赖的招式啊。

可是等到余晖落尽，冰冷还是紧贴着我的身体。

南朗，你知道么，我一直在等你。

赶着下班的门卫在旁边骂着很多难听的话，我小心翼翼地站了起来，沉默着把散落了一地的书本捡起来，在他骂出“作死啊，害人害己”之后，我才飞奔着跑了出去。

作死啊，害人害己。

我在林荫大道上旁若无人地大声哭泣起来，很多人对我指指点点，可是我实在忍不住了，我只能一边又一遍地麻痹自我。

南朗，我没有为你哭，只是刚才那个人太过分了。

四

高三没有多少可以挥霍的时间，每个人都是行色匆匆，满身咖啡浓郁的香味。

而我，依旧是拖全班数学平均成绩的差生，数学老师还是常拿着我的试卷骂我一下午，我还是像以前一样沉默着不说话。有很多东西没有变，惠子还是被一大群男生追捧着，迂腐的班长还是会写一些文绉绉的作文。

南朗，我真的很努力，可是只要想到这是你最喜欢的科目，我就会忍不住走神。我的同桌换成了一个戴着啤酒瓶底厚的眼镜的男生，不再是你了。

可是，我还是常常在数学课走神，而老师还是不依不挠地喜欢点我回答问题。

“你，告诉我这题答案是什么！”数学老师的眼神严厉。

我低垂着眼站起来，那一瞬间我觉得世界都是浑浊的，我突兀地站在天地之间，无所归依。等我求救似地望向同桌的时候，看到的是一张漠然的脸。

南朗，那一刻我真的感受不到自己存在的意义。

很久前你在的时候，有你提醒我上课要专心。老师提问的时候，你总会比我还着急，然后压低声音把答案告诉我。有一次我们吵架了，恰巧老师又向我提问题，夕阳把教室涂成了黄昏的颜色，我倔强地站在那里，低头沉默，对你的焦急视若无睹。

南朗，你那个时候一定觉得很懊恼吧？哈哈，其实我就是要你懊恼啊，我就是要狠狠地报复你，告诉你绝对不能欺负那么爱你的我。

可是现在，我已经连被你欺负的机会都没有了吧。

南朗，你知道么？那时候你脸上焦急的神情往往可以让我开心好久，久到就算这个世界崩溃还能残存余味。

五

学校里有一条梧桐大道，挺拔的法国梧桐像优雅的绅士伫立在大道两旁。

深秋的寒风会让这些枯萎的生灵吧啦吧啦地往下掉。我会在这样的季节里坐在大道两旁的长椅上听CD，梧桐叶有时候会落在我的毛衣上，我总是不厌其烦地把它们取下来做成书签。校园里很多新生也会来这里听歌，但她们手上都拿着小巧玲珑的mp3，看到我的CD机时总会不屑地转过头，发出类似嘲笑的声音。

可是亲爱的南朗，我一点也不觉得丢脸，这群少不更事的小女孩怎么会知道这是你送我的第一份礼物呢？我还那样深刻地记得你把它送给我时脸上的笑容，你温热的双手为我戴上耳机时的温柔。CD机里的唱片还是以前那张，陈绮贞的《太阳》。我一直记得，你说听她的声音像灵魂接受洗涤。

“你这么喜欢陈绮贞啊，那她和我比呢？”

“根本没有可比性嘛。”

“你什么意思？”

“我是说，你是我女朋友，当然你最好，和她没有可比性嘛。嘿嘿。”

“那你为什么这么喜欢她，害我都要吃醋？”

“因为在听到她的声音之后，整个人都会干净起来，就像灵魂接受洗涤。”

“南朗，你就像我生命里的太阳，你理应被所有人信仰。而我呢，就像随波逐流的浮萍，混迹在凡尘里，永远不知归处。所以能够得到你的一丁点温暖，是我这一生里最盛大的美丽了。”

“那我就不当太阳啦，太阳多累啊。我想要成为海，因为浮萍不管漂流到哪里，随着江河湖海的汇聚，它总会回到大海的怀抱里。而你，也就一辈子逃不开我了。”

南朗，我的灵魂归属了你，可是，你逃开了我。

六

星期六的清晨。

高三学生没有待在暖暖的被单里的权利，我踏着早读课的铃声走进教室，正庆幸自己没有迟到，却也感到过分安静的教室有一丝凝重。

往常这个时候，教室里是书声琅琅的。

我低垂着眼匆匆跑到座位上，正准备坐下的时候。我看到了它。那么鲜艳的红色，刺眼的烫金大字，在我那堆灰色阴沉的书本里，耀武扬威地美丽着。我不敢抬头，我怕一抬头就看到所有人怜悯的眼神。

初冬毫不浓烈的阳光覆盖着我的头顶，像是上帝慈祥的忧伤。

“喂！你为什么不说话？你的南朗要被抢走了！你去把他抢回来呀？在这里沉默有什么用？”惠子清脆的声音在空旷的教室里掷地有声。

我依旧沉默。坚忍的坐下，装作若无其事的样子，整理书桌。

“你这样算什么？”

“你就让他们这么欺负你？”

“南朗喜欢的人是你，他怎么可以和别人订婚？”

“喂！说话！”

惠子看着沉默的我气得眼圈都红了，一气之下她推倒我整理好的书本，难过地说：“当初是南朗自己说只喜欢你的，我好不容易放下心结祝福你们，他怎么可以和别人订婚？”

原来，惠子喜欢的是南朗啊。

“既然你无动于衷，那这份请帖，我把它扔掉。关于那个王八蛋的一切就当没有发生过。”

惠子抄起我课桌上的请帖大步朝垃圾桶走去，在她就要撕掉的那一瞬间。我拉住了她。

我拨开自己厚重的刘海，用无比肯定的语气说：“我要去。”

惠子愣了一下，蓦地眼圈就红了，她小声地说：“你这个笨蛋。”

于是整个教室沉浸在这一片肃穆的沉默里，没有一个人说话，安静得连空气都变得落寂。我忽然感受到前所未有的安详，这些陪伴了我三年的人们，自他们身体里生长出的葵花像太阳那样温暖着我。

南朗，其实我应该感谢你，是你让我明白，即使失去你，我也不是一无所有。

七

站在那幢小洋房前面的时候，我忽然有些退却了。我不知道我该以何种姿态走进那里，是微笑着像平常的宾客一样，还是丢掉我所有的颜面像惠子说的那样闹得天翻地覆？

我忽然想起很久前回答过的一个问题。它说，如果前男友请你去参加他的婚礼，你会怎么办呢？我记得那时候惠子回答得最强势，她说她会直接买个花圈去，因为她不想参加对方的婚礼，想直接参加他的葬礼。

那么，我的回答呢。事实就是，我还是怯懦得不像话，我只敢穿着规规矩矩的衣服，规规矩矩地祝他们百年好合。

南朗，我的这些不勇敢，你都能明白吧，因为最了解我的人就是你啊。

然后我迈进了那个美丽得像城堡的大厅。

什么流光溢彩，什么纸醉金迷，南朗，看到你的那一刻，这些都不存在了。我的视线里只有你，我的世界里，一直就只有你而已。

南朗站在那片繁华里，他穿着干净的白色衬衣，这些凡尘的污浊好像与他无关，只有那双隐藏在黑色碎发下的眸子里是无尽的忧伤。这时候，我的眼泪来了，我低下头，几乎不敢看他。

我步履蹒跚地走到了南朗面前，他布满血丝的眼底掠过一丝惊慌，张了张口，却发不出一点声音。他就那么看着我，瞳孔里是令人窒息的绝望。

“你怎么来了？”他的声音不像平常那样温润动听，而是嘶哑低沉的，像遍体鳞伤的小兽在舔舐伤口。我的鼻子一下子就酸了，可是我就是说不出话。

这时候，南朗的母亲来了，她穿着一身黑色的晚礼服，看起来高贵而优雅。在她的脸上我第一次看到了笑容，她亲昵地搂过我的肩，第一次用温和的语气对我说：“苏沫你终于来了，我还以为你不来了呢。我就说嘛，今天是南朗的好日子，以你们三年的感情肯定是会来道贺的。”她的笑容那么虚假，就像最廉价的塑料花，那么艳俗，却张牙舞爪。

南朗的眼睛红了，像头发怒的野兽：“妈，你够了！我已经按你说的做了，有必要再来折磨我们么？”

他妈妈的笑容迅速垮了下来，覆盖上冰天雪地的冷漠，她冷哼一声：“这是你们应该承受的痛苦。南朗，你要记住这种痛，以后别再背着高晴乱来。而你，苏沫，你也该明白，别去招惹已经有归宿的男人！”

正当我们压低声音在进行对峙的时候，衣香鬓影的高晴走了过来，她眉目如画，身材高挑，举手投足之间都是大家闺秀应有的优雅。

这是我第一次看到她，仅仅是第一次，我自己就溃不成军。

“南朗，这是你的朋友么？长得真可爱呀！”她的笑容温婉而善良，“怎么都不介绍一下？”

南朗静默着看着我，目光里满是流淌的忧伤。

“我叫苏沫，是南朗的……好朋友，今天是来祝福你们的。”我勉强勾起一个笑容，嘴唇苍白得不像话。我看到了，在我那句“祝福”落声后，南朗眸子里的一切光亮湮灭了。

“苏沫……我听南朗提起过，听他说你很照顾他的，我在美国的这三年麻烦你们这些朋友照顾他这个大少爷了。”高晴冲我友善地笑笑，“不过以后不会麻烦你们了，我自己来伺候他。”

我低下头，强笑了两下，再抬头就撞进了南朗哀伤而又心疼的眸子里。

我知道我们都在忍受着剧烈的疼痛凝视对方。

南朗，看到你这个样子，我真的好难过。可是我能做什么呢。面对你的未婚妻，高晴。我的头简直只能低到尘埃里，她那么典雅高贵，她比我漂亮，比我聪明。她不会像我一样，只知道任性地冲你发脾气，挥霍你对我的好，她会好好照顾你，让你回到家里，看到的是一片温暖。面对这样一个对手，我已经不战而败，只剩下丢盔弃甲的权利了。

南朗，我真心地对你说，祝福你。

八

天色已近黄昏，不知不觉地一天就要消逝了。夕阳吞噬着群山，华丽的红色像涂抹在天边战士的鲜血。日薄西山。

我没有再和南朗说话，我把自己包裹在最安静的角落，不走出去，别人也别想进来。一直待在这个繁华的地方让我觉得疲倦，我揉揉眼，漫步走进了花园里。

南朗家的花园很大，可现在几乎没有一个人，寂静寥落笼罩着这个树木丛生的地方，透出一丝凄凉和格格不入的祥和。我走过那个足足有两米高的花架时，一双有力的手从暗处狠狠地把我拉入了一个熟悉的怀抱。我还没来得及发出声音，就被他温热潮湿的唇吻住，他像宣告主权那样狠狠地咬我，疼得我眼泪就要流出来了。

永远不变的松香味，南朗。

他把头埋在我长长的头发里，在我耳边小声的说："我好想你。"他的声音有些沙哑，可就是莫名透出些撒娇和委屈的意味。就像每次我徒步旅行回来他拥抱我时的样子。

于是我的眼泪真的就夺眶而出了，我趴在他的肩膀上，泪水就像没有尽头的流水，打湿了他的衬衫。

"沫沫，对不起。你是最无辜的，我不该没告诉你我已经有女朋友在美国了，可是我怕我一旦告诉了你，你就再也不属于我了。我对高晴那不是爱。沫沫，虽然我骗了你很多，可是我说我想做浮萍的大海是真的。"南朗的大眼睛诚恳地看着我，晶莹明澈。

我蓦地怔住了，缓缓地闭上了眼："不，南朗，我一点也不无辜，这些都是我自找的。"

九

从我和南朗交往开始，他的手机就从不让我碰，他一直都宠着我，一直都很顺从我，就是这一点从不妥协。

我开始以为他想保留一点自我的空间，可是后来有一天他和同学去打篮球，把手机留在课桌里，我趴在座位上睡觉，却被手机的震动声吵醒了。我左找右找才知道震动的声音来自于同桌，于是随手就打开他的桌子拿出了手机，发现是一条信息。而信息的内容却像一个惊雷炸得我粉身碎骨。

信息来自于高晴，她说："亲爱的南朗，听说这几天会变天，你不要总耍帅，要多穿衣服。长假我会回来，一直都很想你。"

情侣间很正常的对话，可男女主角却是我的男朋友和另一个我不认识的女生，我蒙了，被背叛的感觉刺痛我的全身，于是我对南朗发了有史以来最大脾气，可就是不说原因。其实，我也不知道我到底在恐惧什么，只是后来当我知道我才是最下贱的第三者时，我全身的恐惧汇聚成一个点，它牵动着我的呼吸和心跳，成为了生存的本能。

"我只是害怕失去你。所以我宁愿做第三者。南朗，我不无辜，这都是我自找的，你妈说的没错，我就是个坏人。"我颓丧地低下头，泪水沾湿了睫毛。

南朗愣了愣，又紧紧地抱住了我，"沫沫，我们都是坏人，我们都去下地狱。可是即使下地狱，我也只要和你一起。"

南朗，你知道么，就因为你这句话，我几乎就快要答应跟你走了，管他什么道德伦理，管他什么世俗眼光，它们都比不过你。可是南朗，我怕你后悔，我可以一个人下地狱，我不敢也不舍得带你去看彼岸花。

太阳终归是落下了，那些山峦还镶着金边，那是太阳存在的痕迹。

我一点一点地挣开了南朗的怀抱，我看着在夜色里依旧闪闪发亮的他的眼，用尽我全身的力气对他说，"南朗，你放我走吧。"

他不可置信地盯着我，低哑的嗓音在夜色中盘旋："你说什么？"

"放我走。"我别过头不敢再看他，咬紧嘴唇忍耐着从胸口发出的疼痛。

南朗的眼圈蓦地红了。他霸道地把我拉进他怀里，用力地拥抱我，好像恨不得把我揉进他的身体里，最后，他才轻轻地吻了吻我的头，用他嘶哑的嗓音回答说："好。"

当冬天凛冽的寒风掠过我单薄的身体时，我看着这座北方大城华灯初上的美景，用力地微笑，对旁边我爱了三年的男孩子说："南朗，你要记住，这辈子我最热烈的爱都给了你。"于是就头也不回地消失在夜幕里。

南朗，你看到了么，这就是浮萍漂泊的结局。

我说过我喜欢糖，因为它单纯。含在嘴里即满口清甜，没有任何伪装和要求。

一

我曾经是个爱吃糖的女孩，喜欢那种舌尖自由而饱满的状态，所有的幸福是不动声色的，属于一个人隐藏的快乐，缓缓融化的汁液流进胃里，于是我知道一切是温暖的。

那时侯我也喜欢给别人糖，给喜欢的男孩、旧时的朋友、善良的同桌。给小Z、小蓓、小野。想把这简单的快乐给每个人。这是最直接的方式，我可以让你们每个人尝到甜蜜。我固执地相信着每个人都是喜欢糖的，所以把糖送到别人手里时我骄傲又欢喜。

上好佳的八宝糖是最爱，喜欢它与舌尖摩擦的质感，有棱角的温暖。秀逗像是个冒险游戏。徐福记的棒棒糖总是无忧无虑，喜欢在有阳光的午后叼着它进教室。大白兔是一种记忆，金丝猴的香芋口味很不错。阿尔卑斯浓郁而直观，造型单纯而华丽。雅客易给人小悬念，V9总让人有兴奋的满足感。佳佳的咖啡口味无法超越。太妃糖易让人沉溺，水果糖率真而倔强，硬糖桀骜而特立，软糖是春日晚风中女孩的心。

想要给你糖，想让你感受到它的幸福，想让你知道我的心本是纯净而透明。想让你记得每次我出现在你面前时摊开的手心袒露了我多少美丽心情。

爱吃糖的女孩子是相信生活的，因为一丝的甜蜜就可以觉察到幸福。爱吃糖的女孩子是天真的，内心保留着最原始的纯净。一如曾经的我，我们。

二

我一直觉得自己是个简单的人，喝白水，梳最简单的马尾，脖子和手腕上干干净净的，身上是沐浴露和洗衣粉的味道，做着自己喜欢的事，对讨厌的人说“不”，快乐的时候笑，悲伤的时候哭。

14岁以前的我，是山谷中的野百合，烂漫而洁白，在春风中摇曳，简单而骄傲。那时我和我的朋友们都以为一切就是美好的，女孩穿着白裙在草地上旋转，裙角飞扬下是一群骑着单车穿过樟树的少年。阳光是温暖的，每个人的眸子都是流动的清泉。我们张开双臂拥抱这个最初的世界，翅膀就在我们每个人身上，天空触手可及，空气中流动的是糖果五颜六色的香味。

我一直乐意于编织自己的童话，让它像彩色的气泡任意跃动在心灵的国度里。我曾对小Z说，以后我们长大，我要买一所很大很大的房子，只有我们两个，快乐的时候，悲伤的时候，都在一起。

这些话，听上去是多么矫情，却又无比真实。年少时以为一切都是地久天长的，友情无论深浅，认定了，就想一直走下去。记得那时我和她总是一边吵一边好，如影随形了两年，觉得一生也就那么长了。后来初三分班，各自遗弃，旧时光的美好成为过往。寂寞与否并不要紧，因为再不会有人一直陪在身边，像一个习惯了右手的人不得不接受失去它的痛苦。

我于是想，那一所房子真是很好呢，睡一张床，吃一起煮的食物，用一个耳机听CD，一切都是像一个人一样。那时候的简单是一种稚嫩，尚未经历成长与疼痛，所有的快乐与烦恼是清浅的，生命的河流里是美丽多彩的石头。

高中时代我与许多曾经的朋友分离，见面时会摸出几颗糖像是问候，慢慢也就成为了习惯。很多人后来已变得不重要，味道成为一种记忆，明白成长会将我们带往不同的路口，我应该跟着时间逐渐放弃那些远走的岁月。

小Z换上了时尚的衣装，头发变得精致，有了全新的生活圈，与我渐渐拉离成平行线。她的笑还是当初般鲜亮纯净，但我知道彼此的感情已是橱窗里仅供流年路过把玩的样品，被光阴不动声色地隔离了。但我是愿意她这样地快乐下去，不管这与我是否还有关。把最喜欢的那颗糖留给她，圣诞时送她细细的尾戒。

我还是老样子，粗糙又散漫，只是性格里逐渐多了些桀骜又疏离的成分，内心变得独立而坚强。也许是认识到这个世界俗气而喧嚣，成长又是急迫而尖锐的。有时一个人逃课去图书馆，在空旷的房间里，从落地窗照进的大片阳光中可以看到乱舞的尘埃，永不停止地涌动，像是时间不断老去又不断新生，一股迷幻的陈旧气味。我的嘴里含着的是青柠味的阿尔卑斯，心里只觉得如此生活便是很好。寂寥的，澄澈的，缓慢的，宁静的。

三

我的第一次爱情失败了以后，一个朋友写信给我，她说元旦时寄一个棒棒糖给你吧，“我总在难过的时候想起它，因为它的味道能给人安抚。希望我的糖能给你慰藉。”我们都是寂寞而简单的女孩，知道彼此的心情，也只能用糖替代语言或其他。后来一个周日的下午，我和小蓓走在高中校园的甬道上，风中有香樟淡而清郁的味道。小蓓拉着我的手，我们都在微笑着。迎面走来的是我喜欢的男孩子，挽着一个女生的手臂。我呆立了，只有嘴里的糖仍兀自融化着。那是一款长螺旋状的棒棒糖，淡绿混白色，酸甜的口味十分讨好。那天的我很平静，看着他们擦肩而过，再继续朝前走。糖一点点地渗进胃里，似乎把所有的情绪都粘住了。我想糖真是乖巧的东西，简简单单就把一切俘虏了。

感情永远是华丽的苍白，因此一刻的温暖才愈显深刻。

我现在的城市并不让我喜欢，因为我尚未察觉到它的特质。而现在的我已很少吃糖了，害怕自己承担不起那份幸福感。形单影只地立在人来人往的街头，会孤独地想，有没有谁和我一样有同样的情结去珍视一颗糖呢？

我们曾经执迷信仰，可是信仰无迹可循。梦想被视作内心的幼童，爱情是顾影自怜的幌子。学长学姐们苦口婆心地向我们传授经验与秘诀，只是我不敢确定在面对社会时他们是不是同样的盲从者。学生会的动员大会上我听到的都是夸夸其谈和急功近利。我没有刻意鄙弃这些，因为我们都是自欺欺人的弱者。生活已够强大了，不能再轻视相同的弱者。

很多人已经没有能力再去过简单的生活，因为浮躁太久的心早已没有能力学会平和。

而我还是要我的简单生活，干净的水果，透明的白水，绒乱的马尾，不施粉黛的素脸，一支笔，一个本子，一个相机，一张碟，一本音乐杂志。大的旅行包，可以背着走过村庄和原野，躺在废弃的铁轨上歌唱，看云和天空，穿越麦浪，枕着芦苇。所有的事是自由而坦然的，因为内心清明，所以简单。

我在图书馆看古今中外的小说，看中国服饰史，看罗马希腊神话……知道自己会成为一个特立的女子，听得到心里的声音是骄傲不妥协的。窗台上有一盆薄荷，鲜绿的样子让人宁静。即使来往的读书人很少注意到，它仍热烈独立地开放着，就像薄荷糖。很多人不喜欢它那清辣的味道，我却非常着迷于那种狂野而直接的感觉，十分纯粹。在生活中保持本来的模样，不在乎外界的反应，只用生命打开属于自己的荒凉与华丽，如此简单，如此潇洒，生命本就是场自恋的游戏。

四

走上花雨急转的甬道时，我再次习惯性抬头仰望天空和云朵，悠然而平静。还是忍不住想，我的感情，它在哪里呢？有谁会走过来对我微笑，陪我一起坐下来听树叶和风的呢喃呢？

安妮宝贝说，不要找，要等。我相信。一份洁净的感情，不需要承诺和伤害，拥抱时的温度即能让我确知。两个人，安静的，没有太多言语，互相倾诉或分开旅行。当我想念你，睁开眼睛，看见你在大片阳光中像洁白安静的小王子立在窗前，摊开的手心上躺着几粒牛奶糖。你的笑容像蒲公英在风中飘荡，那一刻我的嘴里和心里都是真实而明朗的甜蜜。

可是你会记得回来么？今生我似乎已等得太久了。虽然我如此年轻。

有一次专业课间歇老师放了首《今天你要嫁给我》，我听到“把你一生交给我”时心里无限婉转。多么简单的承诺，可又多么慎重。这个世上，有谁能让我们交付一生呢。话语是多么单纯，而一生的光阴参差而过，时光的重量有多少人背负得起。

你能这样看着我任性地生活在自己的世界里，并永远给我纵容的庇护吗？你能这样守着我放肆地穿行在自己的天空里轻视一切，并永远给我宽恕的自由吗？你能忍受我的漂泊和无法安定吗？你能原谅我的暴戾天真和淡漠破碎吗？你知道什么是永远吗？

如果你能，我会为你改变，成为平淡的女孩，成为你的糖果，把自己融进血液里，给你最简单真实的抚慰，给你最彻底的牺牲。

而如今，我在这个空无一人的城市街头，看到所有的身影都只是迁徙而过的候鸟，没有人为我停留。在我独自等待的时刻，是那么怀念糖果质朴的清甜。

我知道我告别了我那清醇而透明的青春岁月，虽然我的脸依旧清洁。青春的盛大与怒放是因为那些丰满的情感和盲目的幻觉，是因为那些人那些事曾无所顾忌地发生又衰败，是因为那些糖果在阳光下照亮了最简单的小幸福，是因为有人与我共同分享过，有人与我共同经历过。

现在我背对我的孤单，没有糖，没有感情。那些与糖果有关的年华往事，就像是深夜街头光脚奔跑的白衣少年，渐渐隐没进月光溶溶中，只有笑声在清凉的风中流连不止。

我知道我们曾经不孤独，因为我们在一起，我们有糖果。我知道我们想要的简简单单，仅仅是我们在一起，分享过一种甜酸。

当我把所有寂静的心情收起，多渴望自己是一颗糖，在阳光下缓慢地消融着。这兀自的温暖简单明了，空气中所有的气味那么清晰。

流年之掌

文 / 聊若安生

慢慢成长起来的我，应该会有一天，成为明丽正常的女孩。

但这与那年的青春，那年的你，那年的我，都没有关系。因为和你在一起，我有了那么多的绝望和尖锐；因为和你在一起，我有了那么多的温暖和温柔。

你许诺要给我一个宇宙的庇佑，但其实，我只要最初的那一点熙光就够了。

佛说，你都给我了。

所以我最后，选择了双手合十。

一

淡蓝色的信笺，写着很短的一句话——“我喜欢你。放学后可不可以到图书馆后面的空地上来？”

像咿呀学语的孩子般羞涩笨拙。

我微微笑笑，把信笺收起。窗外阳光绚丽，我看见玻璃窗上自己的脸——没有红。在这个四月里，青春的我还是一如既往的苍白。我也很想把这一封情书拿去和我最好的女伴分享，然后脸上洋溢着少女的虚荣和满足。可是我只是孤身一人。

春日黄昏，有暖煦的微风。人流殆尽，校园里空空荡荡，我习惯这时候一个人低着头走过一排排香樟的阴影，等着时光变黑而不得见。我的身边没有女孩子，也没有男孩子，我只有我的左右手，每天它们替我画圈，然后我看见自己像树一样的年轮。除非有谁将我拦腰斩断，否则我现在的成长及将来的衰老都注定会在暗处不为人知地供养着我云淡风轻的脸，为我身体的繁盛枝桠守口如瓶。

无意间抬起头才发觉自己走到图书馆。我走进去，在二楼的小说库里抽了本杜拉斯的《广岛之恋》。室内的空气好闷，我走到窗边对着天空仰脸呼吸。就在我低头的时候，我看见下面的空地上，有一群玩轮滑的少年。

我才突然想起，似乎有一个男孩，他给我写了一封类似情书的信，说他今天傍晚在这块空地上等我。

我哑然失笑，突然很想猜猜这些男生里哪个会是写信的那个他呢？我这样想着，尚未回过神，突然听见楼下有人在喊我。

“初熙。”是一个男声。

我看到人堆里一个白衣少年，穿着张扬的轮滑鞋，面部轮廓凛冽，笑容狡黠而天真，笑起来嘴角皱皱的，像只小老鼠。画面背景是春日晚霞渲染开的柔美天光。他喊我“初熙”，音色清亮，像孩童。

“你下来呀！”他微笑地望着我，有温柔而单纯的神色。

我手支在窗沿上，同样微笑地望着他，隔了一分钟，点点头，说：“好。你等我。”

我下了楼，走到他面前。刚刚的人已经都走光了，只剩我们两个。

“别人呢？”我轻声问。

“都走了啊！”他笑着说，“训练结束了，一个个都回去吃晚饭了。”

“那你呢？不吃饭么？”

“我吗？”他摸摸自己的头，“为了等美女一顿饭不是小case嘛。”

我不说话，走到花台那里坐下。他也滑过来坐下了。

“你怎么在图书馆？是不是想先看看我再决定要不要来见我？”他笑嘻嘻地问。

“是啊，但被你揭穿了，所以不得不下来了。”

“那我没让你失望吧？”

“没有啊，只是‘一般烂’而已！”

两个人都笑起来，我看着他，想，这是个简单快乐的大男孩，和他在一起，再不开心的人，也很容易就快乐起来吧。

“你怎么会认识我呢？”

“这个……很意外吧……”他笑着抬起头望望天，“今天早上体育课时看到在荡秋千的你，突然就有一种很特别的感觉。”

是逃课的自己，在秋千上无所事事地晃荡着双腿，眯着眼看远方的云朵。却将一个人带入了我的世界。

这就是所谓的一见钟情么？可是他不过远远望我一眼。多么不可靠的邂逅。多么不成熟的告白。

我想告辞。偏过头，看见他棱角分明的侧脸，脱口而出的却是："我饿了。"

他提起背包，一把将我拉起来，"走啊，请你吃东西。"

暮色已完全开场，只剩路灯下鬼魅的树影还在严阵以待。我走在他身边，一句话也不想说，却突然有一种安稳的欢喜。

"你还没有问过我名字呢？"走在路上，他突然说。

我微笑着等他的下文。

"许宇佑。"他停下来温柔地望着我，"把你的右手伸出来。"

我伸出手去，看见他微俯下身，幽深的暗夜之光缓慢倒退，在空气的微凉中逐层纠结成清亮的琉璃，跃动在他干净修长的手指上，有华美至极的光晕。然后他把我的手蜷起，推回。

"这下可以永远记住了。"

他的指纹贴着我的掌纹，是那样缓慢而微妙的触觉……

灵魂之阴，那些潮湿而黯淡的种子，被风徐徐吹散开，深深浅浅地落进掌心，开出细蔓枝桠，盘结交错，缠绕着密密麻麻的纹路，成为解不开的封印。

那么，那些微妙而美好的种子，会发芽然后长大开花么？

二

傍晚的天色一如既往，我收拾好书包，发现教室已空无一人。黑板上是一大堆让我永远感到头疼的物理公式，他们和我一样无处可去。

"发什么愣呢？人都走光了。"

斜倚在门口的少年，高而清瘦的身体被夕阳暧昧的光线切成两半，脸上有一层橙红色的暖光，反射进我眼里，我看不清他的表情。

许宇佑走过来，把我的包背在身上。"一起走吧。"他说着，脸上有帅气而温柔的笑容。

"你要骑车送我回家吗？"

"哦！"他拍拍脑门，有些不好意思的说道："可是我都是坐公交诶……"

"我也是，"我笑着看他，"我不会骑车。"

“哈哈！”他把包丢进半空，“这么巧，我也不会。”

“哪有男生不会骑车的，那你以后怎么带女朋友啊！”

“是吗？”他挠挠头，“那我明天就学，学好了就可以带着你做我女朋友了。”

我不说话，低下头踢着石子，嘴角挂着一丝嘲弄的微笑。是，从小到大我都是小脑不发达的孩子，没有人教过我骑车，也没有人给过我对于骑车的幻想。所有一般孩子的快乐或技能，与我，都是无关的。

“嗯……你是个很孤单的人吧？”走进樟树的阴影里，他突然问。

“为什么？”

“因为看见的你都是一个人，从来都没有人陪。而且，”他顿了顿，眼睛望向远方，“那天你趴在图书馆的窗户上，我一抬头，就看见你仰着头。我突然就觉得……我语文不太好，说不清楚那种感觉，但是我想，你应该是个很孤单的人吧。”

“那和我在一起，不会觉得无聊吗？他们说我看起来，很冷很冷啊。”

“因为我很热嘛！”他扬起笑脸，“让我给你暖暖！”

我没有说话，只是微笑，笑得又幸福又酸楚。我是个安静得有些发霉的女生，每天嗅着寂寞阴湿的气味，习惯了行走在自己的世界里看时光起褶。没有人给过我什么，没有人想要给我什么。

可是，在我的青春之初，突然有一个男孩子，他有小老鼠般皱皱的笑容，他有愿意给我的东西。

我喜欢镜子里的自己，有微黄的自然卷曲的长发，在风中飞扬时候有没有欲望的纯粹，刘海微倾漫过眼帘，在上面乖巧地别上白色的小蝴蝶发卡；灰白色针织衬衫，米黄色格子百褶裙，白色小短靴。这个样子的我，喜欢阳光、草地和清风，喜欢榕树下散落的散发着油墨香的大摞书籍，喜欢图书馆的大窗子以及透过那窗子看到的大片蔚蓝、通透的天空。世界是这样安静而沉寂。

三

我抱着我心爱的小说行走在那一排排的香樟下时，许宇佑骑着辆崭新的单车挡在了我面前。

“我一骑上就会了，原来只是以前没试过啊。现在我特地买了一辆。上来啊！”

我静静看着他。他是在宠爱我。因为觉得我孤单所以想要陪我，因为想要疼我，所以去骑了单车。

他有一张帅气阳光的脸，笑起来有天真的轮廓，嘴角皱皱的，单纯而明亮。

“你是喜欢我吗？”我的视线掠过他的脸，停在香樟顶端的树杈处，阳光有些晃眼。

“喜欢啊，当然喜欢啊。”

“如果有一天不喜欢了呢？”

“怎么会有那么一天呢？”

“怎么不会呢？也许后来慢慢地你会发现我没有那么好，有很多缺点，你就不会再喜欢我了。”

“不会的。我知道现在的初熙肯定跟真正的初熙是不一样的，我知道你还有很多面。这些我都知道。”

他从车上下来，把我怀里的书放进车篮里，然后轻轻揉乱我的头发。“我知道你有很多担心。和我在一起吧，我会好好照顾你。”

他叫我熙熙。他说：“‘熙熙’就是‘嘻嘻’，听着多开心！你就要多多开心！”

四

后来我知道，小佑是校轮滑社的，他希望自己有一天可以成为最好的轮滑高手。

我笑笑：“那么喜欢它吗？”

“嗯，像喜欢你一样地喜欢着。”

“你呢？”小佑问我：“熙熙喜欢什么？”

我微扬起头，在阳光的热度中眯着眼。“我么？写字算么？”

“嗯……真的和我很不一样。”

是啊，怎么能一样呢。我看过小佑轮滑，看过他和一群朋友神采飞扬的样子。周末的时候，小佑他们去刷街，我在小佑回来后对我的描述中可以听出轮滑带给他的那种快乐和满足。而我只是坐在书桌前，戴上耳机听他喜欢的那个叫许嵩的歌手，在自己的桌子前看着大摞大摞的书籍，用右手写一些无关痛痒的文字。

小佑说要教我轮滑，我摇头，固执地不要。我是个平衡力很差的孩子，对一切自己不能控制的事情心怀畏惧。我害怕离开地面的虚空感，我害怕在那种超速度中无法自控的零自由。我更害怕，在那个群体里，我形成抗体的身体会对那种热闹氛围产生免疫，成为格格不入的怪物。

只有文字能让我心安，让我可以面对自己的孤独不觉羞耻。轮滑会让小佑接触到许许多多的人，会让他永远远离孤单活得张扬而快乐。而写字，只会让我越来越深刻地接近自身的寂寞。

我们是两个世界的人，彼此拥有南辕北辙的梦想。这从一开始就让我惶恐。

五

离联赛还有一个多月的那段时间里，因为准备比赛，小佑变得很忙。

我习惯在小佑训练时待在一旁安静地看，在他每次滑完后为他轻轻拍掌，然后微笑地给他递上水和湿巾。我喜欢就这样看着我喜欢的男孩子，看着他为自己的梦想奋斗的样子，喜欢看着他完成一个又一个动作后对我扬起的骄傲而纯净的笑容。

训练很累很辛苦，可小佑还要在结束后顶着淋漓大汗送我回家。坐在单车后座上看着小佑清瘦的轮廓，我的心里总是无限酸楚：我是个不会骑车的孩子，我不能在小佑疲惫时载着他，却还要让他照顾。即使他一直说没有关系。

比赛很顺利，小佑他们不负众望地拿到冠军，所有人都等着可以一起好好疯狂庆祝一下。可是小佑看了看沸腾的人群中惶恐不安的我，犹豫之后还是对队友说："我有事情，今天就先算了。"

我瞥见很多人脸上不满甚至是恼怒的表情。我低下头，想对小佑说些什么，他却径直拉着我离开了。

"你的朋友会不高兴的。"

"可是今天是你的生日啊。"他微笑着揉乱我的头发："傻小孩，不告诉我难道我就不知道了！"

"可惜我没好好准备礼物呢。虽然得了个冠军，估计你也不喜欢吧。"

"我喜欢的。"我抬头望着他的眼睛："那是你的梦想啊。"

他笑着抱过我："想要什么呢？"

"我们去一个地方。"

郊外的废弃铁路。暮午的大地释放着余热，草木在灼热的气流中回旋翻滚。初秋的气味，温暖而苍黄。

"为什么是这里？"小佑十分不解。

我不说话，慢慢躺倒在枕木上。我想起小时候被寄养在奶奶家，那时候这条铁路还在通，我每天趴在窗台上看着列车呼啸而过，心中总有莫名地荒芜，不知它们会开向何方驶往何处，不知道为什么有些人可以坐着它离开后却回不来，就像爸爸那样。

等到妈妈走的时候，这条路已经弃置。可是列车依然在行进。路不同，但离开的结局没有两样。

“这是我小时候经常来的地方。”

“为什么来这里啊？”

“因为想知道人是怎么从一个地方离开到另一个地方……”

“嗯？”

“没什么。”我的那些内心，单纯的他要怎么去承担呢。

“小佑，陪我在这待一晚。好么？”我转过头，却看见男生一脸的复杂。

“我好像一点都不了解你。”

“是么？”

“是不是你不想让我了解？”沮丧而失落的语气。

我摇摇头，将脸轻轻靠在小佑肩上，闭着眼说：“我们唱歌吧，我唱给你听你唱给我听。我知道你喜欢许嵩还有Tank，我喜欢王菲和许巍。你听过《迷魂记》和《时光》么……”

我们就一直唱着。直到后来月亮突然蹿得好高，似乎能听见她缓慢的喘息声。我睁开眼，看见一边的小佑熟睡的脸，被月光照得无限宛转。我沉默地看着，想着等到天亮，我一睁开眼，就可以看见阳光盛放在小佑的脸上，那也算是天长地久。

右眼掉下一滴泪，落在小佑的左脸颊，他的睫毛微微眨动了一下。

六

寒假小佑他们一行人去了外地比赛，正月里他又要回老家，我只能一个人看冬季的雪花飞扬。

开学，我穿着雪白的短袄短裙，微笑着想着一个多月没见，小佑是不是有些变化呢。

就在我漫不经心地走进校门时，一辆单车突然撞过来，我手中的书洒落一地。我惊愕地抬头，却看见了我熟悉的单车，和坐在后座上同样错愕的小佑，而对面站着的正和我不停说“对不起”的女生，她的双手正牢牢握住车把。

我愣了愣，不知要说什么，只好弯下腰把书一本本拾起。风很冷，我的脸要被吹僵了。

“熙熙，我的脚受伤了，林音顺路送我。”

林音。我知道，是和小佑一个轮滑社的。

“估计要伤一个月。小佑说你不会骑车，我正好顺路，以后一个月我就负责接送他了。初熙，你不介意吧？”女孩笑容明媚，落落大方，却让我无所适从。

我只是看着小佑：“那你要小心，好好照顾自己。”

小佑点点头，神色担忧地望着我。我微微笑着，示意他我不会多心。

转身离开，心还是无声地沉了下去。我知道小佑是不想我担心所以没有提前告诉我，可是这样子，我又算什么呢？

怎么样去描述那种微妙的尴尬……每到放学，我陪着小佑走到校门，就看见林音推着车子微笑着等在那里，然后小佑坐上车，我转身走到站台乘公交。每次我回头都可以看到小佑在望着我，眼神里有心疼和内疚。

我也很想问，一起玩的有那么多男生，为什么独独是林音？即使她住得最近，可是小佑你不知道我会难受吗？因为自己不会骑车，所以必须睁着两眼看着别的女生在自己面前骑车载着自己喜欢的人扬长而去，我的心里，是怎样一种感觉呢？

可是怎么办，我是这么笨的女生，看着喜欢的人有麻烦却什么都做不了。是我没用吧，怎么能再去责怪小佑。

拥挤的车厢，流动的人群不住地推搡着，我只能用力拽着扶手。因为平衡实在太差，站都站不稳，每次刹车都被甩得做单摆运动。走到一半，一边坐着的阿姨看不下去了，好心地给我让了座。我谢着回绝，趁着停站慌忙跑下了车。

是这样连坐公车都站不稳的小脑极不发达的我，永远是与小佑最爱的轮滑绝缘了。我怎么走得进他的世界陪着他的快乐？画地为圆，我只能是他的槛外人。

温热的液体落进掌心，烧灼了一朵莲花。

七

小佑伤好那天请了林音和社里的朋友吃饭。饭桌上他们聊得那样开心，每到交流那些轮滑技巧时，小佑脸上就会生出耀眼的熠熠神采，那种神采，他在我身边时从未有过。

我看到那个叫林音的女生给小佑看手机里一段轮滑视频时小佑孩子气的兴奋，我看见他们一样鲜亮的笑容和专注的神情。他们说着什么，有温柔或者张扬的语气，脸庞与脸庞间俯仰的角度在光线的庇佑中有了暧昧的错觉。我突然觉得我只是一台剧目的观众，而小佑在他自己的舞台上，任凭我给的掌声雷动，也不能装饰他的梦。

接着又是越来越频繁的训练，越来越多的比赛，越来越沉默的我们。我知道小佑有他自己的世界。而那个世界，我无法融入。即使他尽力每晚拖着劳累的身子送我回去，但因为疲惫，很多时候，一路上，我们都只是无话可说。

我发觉我是他的负担了。因为在我面前的他，已经不开心了。

因为后两天都休息，周五晚上的训练时间要稍微长些。离小佑他们结束还有半个小时的时候我去图书馆借了几本书，回到空地上时只见小佑单薄地立在风中中，背包斜跨在肩上，左手拎着外套，右手擦着额上的汗。

就在我走近准备告诉他我有样东西在家里准备给他时，小佑突然说："林音说她家有一盘轮滑 VCR，让我今晚去看。熙熙，你自己回去好吗？"

我愣了片刻，点点头转身就走。风吹起我的头发，我看到他们飞扬起来的样子。脑子里似乎一片空白，只是麻木而飞快地走着，越走，越接近自己最初的孤独。以至于我也感觉不到小佑是什么时候追上来，是怎样用力而慌乱地呼喊着，又是怎样被我轻轻地推回去。我记得的只是我一路倾泻的眼泪，无法停止，无法松懈；是走到了哪里，我终于累了，在昏黄的路灯下蹲了下来。

小佑把我抱上车，送我回到家。

上楼时，我听到背后传来的小佑的声音："熙熙。"

我在台阶上转过身，看着昏暗灯光下小佑温柔的轮廓和清瘦的身体，"小佑，我们分手吧。"

我看到他放大的瞳仁和微微张开的嘴，以及一脸的错愕及慌乱，紧握车把的手不自觉地松掉了，单车颓然倒地。

"熙熙……你是不是误会了什么？"

"没有。"我打断他。

"那为什么？"

"和你在一起，我不开心。你也一样吧。"

小佑不再说话，我们就面对面地一直站着。月亮唱着清亮的歌，可一切不复当初。

"和我在一起，真的不开心吗？"

“是啊。”我咬咬唇，“你的心里，不是一直都只有轮滑嘛！”

小佑不可置信地望着我：“你真的是这么以为吗？”

我点点头，看见他眼里的一片潮湿。他弯下腰把单车扶起，再跨上，调转车头。我望着他的背影，听见他说：“如果一直以来，你都觉得我不在乎你……对不起，可能我真的不知道怎么做才叫在乎一个人吧。”

“那希望你以后找到在乎你的人。”

我转过脸，眼泪汹涌而下。

八

末考的最后一场英语考完，我走出校门，一眼就看见落日下单脚撑地的单车少年。

“你要走了吗？”

我微笑着点了点头。

“我再送你回去一次吧。”

车子在我家楼下停下，我微笑地与许宇佑挥手告别，再转身上楼。是的， 不再是我的小佑了。我希望这是一场漫不经心的别离。

可是他站在楼下喊：“熙熙。”

忍不住，于是在阳台上朝下望。是夏日黄昏，站在楼下安静仰望的少年脸上附着一层橙红色的茸光，清风吹动出晃动的闪耀色泽，扩撒开大片破碎的潋滟涟漪，慢慢蔓延开，最后剩余模糊的忧伤轮廓，圈下一张淡淡的栀子花香绢。

眼睛开始胀涩。我对小佑摆摆手：“等一下。”

我飞快地跑下楼把一个盒子塞进他怀里。他看着我，轻声问：“是因为要离开所以分手的吗？”

我不回答，转身要走。他温柔而缓慢的声音在身后响起：“熙熙，我真的，很喜欢你。非常非常的喜欢。”

我紧紧地闭上了眼。

初秋的飞机驶离了我古老的国度。

在小佑比赛最忙的那段时间，妈妈开始在电话里和我说起出国。那天我从公车上下来，觉得深深地绝望，外婆死了，我只有和妈妈一起去日本。

我有一个支离破碎的家庭，心中始终背着潮湿的阴影。我从未对小佑说起，因为他的世界，只需有明亮单纯的色彩。

小佑，他是我苍白青春里的一道光，用一瞬的淋漓鲜血润泽滋养，已经很足够了。这样大片大片温暖而华丽的色泽，福泽了我匮乏而冷淡的年少。在我荒芜而苍白的岁月里，是因为有他那样的抚慰过，才有了所有真实而深刻的鲜亮帷幕。

最后给小佑的那个盒子里，装的是一双轮滑鞋。是一次逛街时他看到的，喜欢得不得了，因为1500块太贵，又不愿开口向爸妈要，只得作罢。后来，我攒了很久的稿费替他买了下来，一直想着给他一个快乐和惊喜。

可惜，他看到鞋子后的心情，我再也无法知晓。

九

你纤细的手指在我手心划下的符咒，夕阳下被暮光浸透的模糊的脸，飞扬的衣角轻缓地扫过我的脸，白色衬衫上有好闻的洗衣粉味道，清晨等在巷口看着我从晨曦中走近眼睛里温柔的明亮，还有你月光下寂然的睡脸，以及夜色里仰头望着我一脸的忧伤和惆怅……

我知道你像喜欢轮滑一样喜欢着我，可是我无法像轮滑一样使你那么快乐。

其实我也有要改变过。在小佑脚伤的那段时间，我开始疯狂地学自行车，学轮滑，摔得鼻青脸肿、四肢将残，可最后，我还是个连公车都站不稳的笨小孩。

没有任何借口或理由再留在你的世界里了。

在青春之下的流年里，除了时间，其余一切都只能是沿途墙角的涂鸦，再怎么用力涂抹、加重，也赶不上年华疯长的野草，将一切成长的印迹湮灭殆尽。

所以，在我还这样年少时从你的青春匆匆离场，留下遗憾和伤感，但也是温暖纯净的。

结局，最好的，也只能是这个样子。是我们轻轻挥动流年的手掌，相忘于青春。

那是多久以后……

我还能在记忆里看到小佑的脸，真实而恍惚。我看见年华的左右手缓慢贴近，合掌为一，过滤掉所有冗长虚无的时光，只残留下彼此曾经出现的那些年华，尘世光亮，以及哀而不伤的告别与分离。

那是流年之掌。

我们从此寂静无声。

一

C中算是市里的重点中学了，学生们除了毕业考试的成绩要过硬，还得要参加困难重重的择校选拔考试，这样的考试没有及格线，但必须在众多考生中考到前100名，才能够在英语特色班——也就是尖子班就读。

也就是说，如果别人都考得很出色，你就算是考90分，也未必能被录取。这样的残酷，让考场上每个学生都对其他的同学心怀戒备，因为即使是以前的好同学、好朋友，如今，也只是竞争对手。这牺牲了多少原本该赤诚的心灵和美好的友谊呢？

每天早晨7点，背着书包骑着单车，车篓里是在早餐车上买的热乎乎的粥和肉包。到学校门口，自动下车，带着C中的校牌，昂首挺胸地大部跨进校园，对学校门口值班查勤的老师微笑大声说一声“老师早！”。这是特色班大多数新生的状态了。推着自行车，迎面看到的是巨大的雪松招手欢迎。走在东大道的林荫路上，听听清晨的鸟叫，闻闻露水与花儿的味道，清新的小幸福席卷全身。刚开学，还没有开始感受到特别大的学习压力，特色班学生们还都沉浸在进人C中的得意里，忙着结交新的同学、新的朋友，好为自己美好的中学生活找一个能够一同分享一同快乐的伙伴。

班上唯一能和谈沫沫这个看起来安静事实上更加安静的女孩子谈得来的，就只有夏粼了。

谈沫沫是个高个子女生，皮肤白白的，长着张娃娃脸，脸颊上两块红晕特别招人喜欢，可爱得紧，一头短发也显得干净清爽，一副邻家姐姐的模样。说她安静，不光是指她是个文静的女生，更重要的是，谈沫沫说话的声音简直小得就像是蚊子在飞！这可不是夸张。平时下课和同学们聊天时，大家都只能看到她的嘴唇在动，根本听不到任何声音。上课的时候被老师点到回答问题，谈沫沫的声音也是几乎只有走到她跟前的老师才能勉强听到。

初一（2）班的语文课上，谈沫沫举手回答问题，教室里很安静，在她站起来的一霎那，明显可以听得到她深深地吸了一口气，正当大家都以为她又要以细微到极致的声音发言的时候，却听到了对谈沫沫而言称得上是“巨大”的说话声。大家都被吓了一跳，一阵哗然——虽然这音量对于其他同学来说，只能算是中等，甚至偏小，但这是大家第一次在课堂上听清楚了谈沫沫的发言。语文老师努力地平息了大家的议论，才得以让谈沫沫回答完了问题。

正是这件事，引起了夏粼的注意。夏粼和谈沫沫可以说是截然相反的两个女孩子。夏粼个子不高，脸蛋儿圆圆的，梳个马尾辫，留着齐刘海，衬得整个人都机灵俊俏。她是班上的尖子生，担任着宣传委员的职位，不光成绩好，个性也活泼开朗，人缘颇好，很受同学们的欢迎，当然，也非常讨老师的喜欢。最主要的是，她伶牙俐齿，口才绝佳，能言善辩，课上课下都是个"话痨子"。

语文课上的那件事发生的时候，夏粼自然也是被谈沫沫突如其来的"惊人举动"吓了一跳。她仔细地听了谈沫沫的发言。这是一道自由发挥的开放性题目，谈沫沫对问题的回答很到位，很深入，也充满了自己独特的见解和想法，只是可能由于紧张，语言的组织不是很紧凑，还稍微有些结巴。除此之外，夏粼觉得，谈沫沫的声音好好听，很干净，很清澈，有让人不自觉想微笑的魔力。还有这事让大家都看到了谈沫沫的认真和努力，多好多上进的女生啊！

夏粼这样想着，她决定要和谈沫沫做朋友。

二

C中的特色就是"英语特长班"，也就是所谓的2个尖子班。所以（2）班的英语课是把全班同学拆成2个小班，由不同的老师在2个语音教室里分别教学的。夏粼和谈沫沫都被分在了甲班。这样的巧合让人不得不相信缘分这种奇妙的东西呢。

这天数学课刚下课，夏粼拿着英语书装作无意走到谈沫沫跟前，笑嘻嘻地说："Hey，谈沫沫，要上英语课了，一起去语音教室么？"

谈沫沫抬头看了眼眼前这个很有人气的女孩子，微微一笑："好啊。"真是很温柔很和善的女生啊，笑得真漂亮，夏粼心里这样想着。而谈沫沫自然是惊讶着夏粼为什么会突然找上自己。不过夏粼总是很有办法结交到新的朋友，她有这种吸引人的魔力。

此后每天，她们都一起去语音教室上课，也一起下课，一起去食堂吃饭，放学一起回家。这样几天下来，谈沫沫和夏粼也算是混熟了。

"……"

"什么？"

刚开始和谈沫沫试着交流的时候，夏粼总是听不清楚她在说什么，只是看到谈沫沫的嘴唇在动，而且发出的细微而又感觉很遥远的声音，就像春天里微风轻轻拂过了挂在窗台上的风铃传来温柔的细碎呓语，听不真切。

问"什么"的次数多了，夏粼都觉得有些不好意思了，居然总是听不清楚人家讲什么，就好像自己没有认真在听而是开小差了一样，天知道她听得是有多认真多仔细！可是，真的是很难听清楚啊。

每次这时，谈沫沫也不恼，只是微笑，然后很耐心并且很努力增大音量地把刚说过的话重复一遍，两遍，或者更多次。夏粼听清楚之后，就会很热情很大声地回应她，仿佛自己声音大了，就也能把对方的声音也带大一样。真是很奇怪却又很无可奈何的心理啊。

一次一次，她们俩一高一低开心交谈的声音，经过了教室外的走廊，穿过了从3号楼2楼到1楼、1号楼的1楼到4楼，流连在操场的跑道上，悬挂在教学楼后诚毅广场的桂花树枝桠上，漂浮在绿化带包围着的鱼池里。

时间长了，夏粼发现一个诀窍：如果听不清楚谈沫沫说的话，那还可以看啊。她可以仔细看着谈沫沫说话时候的唇形，一边听着谈沫沫说的话，听不清楚的部分根据唇形是很好猜出来的。这样，夏粼就可以清楚地知道夏粼说的每一个字。反正听人家说话的时候，总是要看着人家以示尊重的，那么不如就顺便看着她的唇形好了，一举两得。

和谈沫沫的聊天总是很愉快的，虽然精神要一直高度集中，眼耳口同时工作，稍微有点辛苦，但是夏粼还是乐此不疲地在课余陪着谈沫沫说话。

她们俩一个骑自行车上学，一个乘公交车，不过到公交车站台的10分钟路程却是两人都要经过的，所以每天夏粼都会推着自行车，陪谈沫沫走10分钟到车站。作业少的时候就陪她等到公交车，自己再骑自行车回家。一路上车辆来回声音很大，所以她们在这段路上的交谈，夏粼是以眼看为主的，她可以读懂沫沫的每一个字，并且还能够知道沫沫此时是用了什么语调或者什么语气。她想这大概就是默契。这样有时候上课的时候她们还可以对唇形说两句话——当然，是在不影响听课的情况下，她们俩都是用功的学生。

三

一次自习课上，班主任突然低声问了一声坐在讲台下第一张位置上的夏粼：“你每天都和谈沫沫一起走到车站的？”

想起昨天确实在路上看到班主任了，夏粼回答：“是的。”

班主任点了点头，就没说什么了。

夏粼想，难道是担心我们路上的安全问题？我们明明就很小心地走在人行道上啊。夏粼想不通，也觉得没必要想了，大概只是随口一问的吧。便又开始认真地写作业了。谈沫沫的英语不怎么好，把作业写完了下课还能教她一会儿，夏粼这样想着，就顺便帮谈沫沫把英语作业里她可能不懂的地方圈出来了，准备下课去考考她。

有时候谈沫沫不在，夏粼便会和其他同学们聊聊天，缓解一下学习压力。总是有同学表示：“夏粼啊，你总是和谈沫沫在一起，她说什么你听得到么？”

然后其他同学也纷纷附和，表示不解。

“听得到啊。”夏粼轻松回答。

“怎么会呢？声音那么小，我们都完全不知道她在说什么啊。她说话的时候就跟看无声电影似的。”

“因为我用心听了啊。可以听得很清楚的呢。”夏粼笑嘻嘻地告诉大家。同学们也不再追问了。

只是这时候，夏粼突然明白了为什么班主任在自习课上要问她那个问题的。她突然为沫沫感到很不高兴，但是她什么都没说出来，她知道，沫沫还有自己。这样就够了。

可是，沫沫也是个心思缜密并且非常敏感的女孩子，大家在背后对她的议论，她只是装作不知道而已。沫沫是个懂得隐忍的聪明女生，她不抱怨，不自怜自艾，只是偶尔一次和夏粼提起了：“好像我在班上不是很受欢迎呢，没办法像可爱的夏粼一样人见人爱。和我在一起，夏粼你不会觉得困扰吗？”这样的话，当然是被夏粼佯怒顶了回去，沫沫怎么可以这样说呢？夏粼她是多么地重视和沫沫的友情啊。

四

然而，事情似乎往不好的地方发展了起来。沫沫最近似乎和严小慧走得很近。

严小慧是夏粼的同桌，也是英语甲班的同学。这几天以来，沫沫总是招呼着严小慧一起去语音教室，一起上下课，好像眼里已经没有了夏粼。严小慧是班上的后进分子，为人也不怎么样，所以在班上没有什么朋友，沫沫愿意和她走得近，她也乐得如此，好歹也算是有个伴儿了呢。

敏感的夏粼自然也是发现了沫沫连日来对她的漠视，心理肯定很不高兴，难道是自己无意中做了什么或者说了什么惹沫沫生气了？为什么沫沫不跟自己直说呢？当然，夏粼在没有搞清楚事情的情况之前不会问的，因为她知道沫沫心里一定是在想什么了，她看起来温柔，但内心的固执可能不亚于自己，所以一定要打开她的心结才可以。

夏粼是严小慧的同桌，和她的关系自然也是好的，所以也招呼着一起去语音教室了。一路上，三人行，沫沫的那些聊天，似乎更多的是和严小慧的。夏粼被严小慧挡在外围，根本连一点儿沫沫的声音都听不到，本还想看着沫沫的唇形，但是此刻的她心烦意乱，哪儿还有心思静下心来读唇形！啊，这感觉真是糟透了！夏粼一下子就慌了，根本不知道该怎么办。

但是问题总是要解决的。夏粼静下心来反思了几日之后，觉得问题大概不是出在自己这里，那么除非是——沫沫厌倦了和她在一起，或者像之前她无意的一句问话问的，她担心会给自己带来困扰。那可真是杞人忧天了呢。夏粼这样想着，就在课余的时候努力在沫沫与严小慧之间的聊天上认真地听着，还不时“插嘴”，争取融入她们的对话之中，这样三个人一起聊着，坚持几周下来，夏粼和沫沫的关系似乎缓和了，没有之前那么明显且生硬的漠视感觉了。

夏粼这才松了一口气，心里想着沫沫怎么能这样呢？这样对自己实在是有些过分啊，为了那么无聊的理由。但是呢，可以确定的是，夏粼心里知道，她是不会真正地怪沫沫的。那不是沫沫的错，只不过是她的性格使然罢了。自己会忘记这一段不开心的记忆，只不过当它是考验自己和沫沫友谊的一段小小插曲而已。

五

插曲过后，夏粼和沫沫依然是黏在一起分不开的好朋友。

夏粼和沫沫有着很多的共同语言，所以聊起来也开心。就比如说，电影院最近上映的《哈利·波特》，就是她们俩都很喜欢的，就结伴去看了那场电影。夏粼没看过前几部，但是沫沫都看过。沫沫津津有味并且很啰嗦地跟夏粼介绍着前几部的剧情

——对，很啰嗦。说了很多，夏粼听得非常吃力。

和沫沫在一起时间长了，发现其实她并不像看上去的那么文静。她说起话来就没完，像是永无止境似的，让人害怕。夏粼想，可能是沫沫渴望和人交谈。夏粼可以看得出每次沫沫和自己说话的时候，眼睛里放出的那种光彩，很亮，很温柔，很无害，很可爱。

想到这里，夏粼的心不禁柔软了起来，感觉很温暖，很甜。然后又集中注意力微笑看着沫沫，仔细听着沫沫讲着什么，然后不时提问。其实她并不是没有理解沫沫介绍的剧情，偶尔的提问只是在暗示沫沫：我在听你说着什么，并且我用心听也听清楚了，你可以放心。

沫沫从小就喜欢画画，也在培训班和老师家里系统地学过画画，画得真的是非常不错。可夏粼就不同了，从小手拙，画画之类动手的事情最最做不来了。但是呢，夏粼却又偏偏爱上了日本动漫，整天追着看，都入迷了，可谓是一个标准“漫迷”，所以呢就理所当然地拜了沫沫为师，请她教自己画画。

暑假，沫沫的“画室”就这样开起来了。每天夏粼都会带着铅笔、素描本和漫画杂志到“谈老师”家报到。第一次上课呢，沫沫自然是要教基础的圆柱、立方体的画法的，可是夏粼画完之后，真的是不敢恭维的水平，看来她说自己“手拙”可不是谦虚呢。

“啊呀，沫沫，我果真是没有画画的天赋呢。算了，反正我也不是真的要学到画得怎么样好，只是娱乐而已，我们跳过这一步直接画漫画好不好嘛？”

沫沫无奈，碰到夏粼这种任性的家伙，能有什么办法呢？只好让“老师”来依着她啦。“好吧好吧，你想画什么就画什么了。”

半个小时之后：“谈老师！谈老师！你快来看！我画好了哦！”

沫沫从隔壁房间快步走到夏粼“奋笔急画”的书桌边上。

“哇！”一向冷静的沫沫也不由惊呼出声。“画得好可爱！你真的是第一次画漫画吗？”

“真的很好看吗？哈哈，好开心！我就说我有天赋的吧，第一次画就可以被老师称赞呢。”夏粼不禁得意起来。

沫沫微笑：“看来你就是适合画日本漫画呢。你喜欢什么就是什么，多好啊。”

“啊呀，沫沫你不要夸我啦。我会太骄傲的呢。你给我布置作业吧，谈老师？”

“好，那我现在画一张图，让你回家临摹，明天一定要交给我的哦。”

“保证完成作业！”两个女孩子就这样嘻嘻哈哈笑到一起了。

六

第二天。

夏粼愁眉苦脸到了沫沫家：“沫沫你故意为难我啦，你给我布置的作业，我这种初学者根本没办法完成嘛。你看吧。”

沫沫疑惑地翻开夏粼的素描本，眉头一下子就打结了：“这个么……”过了半晌沫沫才开口：“夏粼你果然还是适合画日本漫画的，我喜欢的这种美式漫画，被你画得还真是有毕加索风格呢。你看你画的这个眼睛，太高深了。”

“哼，坏沫沫，你居然还敢嘲笑我，都是你不好呢，布置不适合我的作业。你看我这个宣传委员，总是被老师说又不会画画又不会写字的，每次都是你帮我，好没面子的。”

“呵呵，你现在不是会画日系漫画了么，下次出黑板报让你画画好不好？现在就多练习一下漫画吧。”

“嗯，好！说定了哦！”

“嗯，一定，我保证让你开学第一次出黑板报的时候就可以画画。练习吧。”沫沫这样的微笑总是让夏粼感到好安心，不管是多么困难的事情，有了沫沫的鼓励，夏粼总是能够鼓起信心和勇气，努力地去完成。

七

从初一（2）班到初三（4）班，夏粼和沫沫一起走过了3个春秋。

有时候夏粼会想，自己和沫沫没有任何的相同之处——她开朗，沫沫内向；她健谈，沫沫对外人寡言；她暴躁，沫沫温柔；她感性，沫沫理性。不过听人家说，最好的朋友之间都是互补的呢。也许沫沫就是自己的补角，她就是沫沫的映射。

好像有这么一首歌，很能形容她俩的关系——《一个像夏天一个像秋天》：

第一次见面看你不太顺眼　谁知道后来关系那么密切
我们一个像夏天一个像秋天　却总能把冬天变成了春天

你拖我离开一场爱的风雪　我背你逃出一次梦的断裂

遇见一个人然后生命全改变　原来不是恋爱才有的情节

如果不是你我不会相信　朋友比情人还死心塌地

就算我忙恋爱　把你冷冻结冰　你也不会恨我　只是骂我几句

如果不是你我不会确定　朋友比情人更懂得倾听

我的弦外之音　我的有口无心

我离不开Darling更离不开你

你了解我所有得意的东西　才常泼我冷水怕我忘形

你知道我所有丢脸的事情　却为我的美好形象保密

直到今天，夏粼才惊觉，这是自己和沫沫认识的第8年。她们早已在不同的城市上着大学，但是不断的是联系。

比起现在的QQ和短信，夏粼更加想念的，是当年在学校东大道上一起去语音教室时费力地读着沫沫唇形的日子。

末年之末——一个明媚的鸢样女子，90后。榕树下90文学社、庄周文学社主力成员，实力派写手。文风华丽而哀伤。

锦瑟

文/末年之末

锦瑟。无端。五十弦。一弦。一柱。思华年。锦瑟，年华。

锦瑟。无端。五十弦。一弦。一柱。思华年。锦瑟，年华。我们拾起散落一地的零碎时光，固执地梦想着拼凑出一片紫色天空。最终，云絮纷飞，飘落。那一星淡紫也隐匿于时光深处，无法触及。只是，如果，知道结局我们还会奢侈地梦想吗，还会希冀勾勒出暖色的锦年吗？

一

赤日流金。

灼热的阳光泄了一地，氤氲着苍白憔悴的大地。坐在西澈桥栏上，双手朝上交叉折叠成飞鸟的形状，地上便印刻出振翅欲翔的飞影。

突然，“忽”的一声，地面上惊现出参差斑驳的黑影，抬头，缭热的光线迷乱刺眼。一眨眼，那黑压压的东西便掠过上空，朝着水天相接的地方飞去。原来，是一群叫不出名的野鸟。

奋力伸出折叠的双手，向着湛蓝的水晶天幕，可是，我还是无法飞翔。我知道，或许，我向后倾，那一江汹涌澎湃的湍流会把我带向另一个草长鸢飞的国度。我不敢，呵，我怎么可能会拥有那样一份遗世独立的孤高呢？

突然想起你了：藤木。当这个两个字掠过心间时，心脏还是忍不住痛了一下。你看，我还是那么脆弱。

二

1997年1月21日。

早已忘了很多该忘的，不该忘的。这个平凡的日子却意外地刻在了心间。或许，小孩总是对第一次进入生命的事物记忆深刻。

当老师领着我到座位上时，我看到后座的孩子，头埋在双臂间，头发很短，不知是男是女。露出的双眼，蕴含着闪着幽光的眸子，里面似乎潜藏着很多暗质，是让人不寒而栗的东西。很久之后想起，才觉得那是一双暗夜里，泛着冷光的狼的眼睛。点名时才知道她叫藤木，女。

那一天，我如坐针毡，总觉得背后有一道冷光射向自己，在乍暖还寒时，沁人骨髓。

三

童年的梦河上，碎冰浮动。那些匆匆而过的幸福时光，总是在阳光的亲抚下渐渐消亡，只空余遥望快乐的驼铃叮当响起。

那些时光太遥远，远到忘了怎么和藤木熟稔起来的。只记得惺惺相惜的美好，美好到忘了我们都是刺猬。

记得那个日暮。藤木和我忘乎所以地在我家后门那条河上的空船上“打仗”。浑身湿透的我们，互相看着对方，然后狂笑不止。藤木跑到船头，望着天空，骄傲地大声喊：“长大了我要当最帅的海盗，柒柒当我的手下！”我一听急了，也跑到船头更大声地喊：“我要当海盗头，木木当我手下！”

那时，西边缱绻的彩霞把两个少女的脸染得那么纯粹，纤尘不染。

记得那个夏夜。藤木拉着我，坐在阒寂的竹林中，等待着看夏天的第一只萤火虫。最后被父母拎回，而且被叮得满头包的我们，想想都有些想笑。那年的星空，很美。

记得藤木看完三毛的撒哈拉沙漠，两眼放光地说，我以后一定要去。

其余的都不记得了。

只是忘了忘记，还是忘了回忆？我不知道，往昔的青葱岁月，竟模糊了。

四

曾经，我们是糖。

最终，甜到哀伤。

说好一起看细水长流，却是变成花自飘零水自流，才下眉头，又上心头。

真的已经记不起，什么时候，藤木和我之间开始横亘着一座空城，里面虽然空空荡荡，但我们始终到达不到彼此。或者说藤木把自己锁在一座城堡，写着“擅闯者死”。

她会在一群女生兴高采烈地讨论着最近流行的发型时，突然站起来猛拍桌子，愤怒地说：“一群白痴！”然后决然离去。更甚，她会在与一女生大吵之后，老师赶来安慰哭着的女生时，愤然地说：“你他妈别做得那么明显行吗？你知道怎么回事就在那惺惺作态吗？”

后来才知道，是那女生故意把墨水洒到她身上，只是，那是很久以后了。

五

其实，温柔的悲剧也会刺痛人心。只是，快乐，幸福，伤害，痛苦，都经不起时光的荏苒，只剩下些许苍白与无力。

初三的时候，藤木走了，在父母的百般无奈和同学的唏嘘不已中毅然走了。

我踩着余晖去了那片竹林，很久很久没去的竹林。我坐在泥土上。

手伸进校服裤子时，摸到了一张纸条：

柒柒，

我还是想亲口告诉你，我走了。在我心里，只有你是我的朋友，一直都是。我不想再忍受每天这样干瘪得令人作呕的日子了。我只知道，继续过那样的日子，我不会有明天。我只是想出去看看，不一定到得了撒哈拉，但至少不用再忍受那城市污浊的空气。

我不知道我能坚持多久，但这是我唯一一次为自己而活。

时光会宽宥我们。真的，它会宽宥每个少年。

一滴透明的液体落在“宥”上，黑色便渲染开去，直至模糊。时光真的会宽宥我们的啊……

后来，一次午夜梦回时分，接到藤木的电话：“柒柒，我现在在海边，我听见海在嘶声力竭地哭，好痛好痛。”我沉默了。半晌。“木木，不管怎样，都要做一个幸福的孩子。我没有你勇敢，所以，你要连着我的份一起自由，一起幸福。这是我们的梦。”

后来呢？然后呢？再后来呢？后来，也许永远都不会来。

六

须臾之间，也许一切都会变化。海阔天空终究也敌不过似水流年。终有一天，我们也将不再为了生命狂欢。

第二年仲夏，藤木回来了。

我在车站看着黑了很多的藤木向我走来，脸上那份疲倦显而易见。她走过来抱着我，“柒柒，对不起。我没有将我们的梦继续下去。只是，现实像一条毒蛇，一点一点榨干我们的血肉，还有灵魂。我原来并不勇敢。”

我笑着说：“欢迎回来。”

但是，我还是看见自己的泪滴在了木木的黑色衬衣上。木木亲爱的，你已经很勇敢了，是我太懦弱，怎能怪你没继续我们所谓的梦想？是我们太卑微，太渺小。可是，当梦破碎时，真的会痛。

藤木在二中开始读高一。我们都是在这个颓败的城市里继续着彼此的生活。藤木说：“柒柒，知道我为什么选二中吗？因为这是我第二次的路。呵呵，最终，还是回到了原点啊。”藤木的话飘洒在碎碎的阳光中，变得断断续续。她的眼中，那种流质已经洗去，那双像狼的眼已经被岁月镀上了一层薄薄的膜，不那么犀利了。

七

哦，亲爱的，来，我们一起数到七，然后，时光会宽宥我们的一切：懦弱，逃离，疯狂，背叛，放弃……

一，二，三，四，五，六，七。

沧海。月明。珠有泪。蓝田。日暖。玉生烟。曾经，锦瑟，年华，最终，埋进青冢。双手合十，祈祷。黎明的曙光会将一切铅华洗净。

也许，明天，春暖花开。

后记：

这是很久以前写的了，很幼稚，很肤浅，但却那么真实地记下了我不成熟的青葱岁月，里面有太多太多我无法言说的感情。所以还是选了这篇，最初，最纯粹的，不成熟的一篇。

谨以此文献给木木，还有我们老去的梦。

暮南渡——真实姓名：张元。笔名：暮南渡。九零后，湖北荆州人，武汉江夏作协会员，现就读于湖北荆楚理工学院。一帆文学社主编。作品散见于《大人物》、《荆州文学》、《青春男女生》、《大学生周刊》、《楚都文学》《荆楚红叶》等。热爱文字间的温度和金黄的麦浪。如果文字是生命，唯愿在这生命里遇见月光下默然璀璨的灵魂和古老的传说，唯愿在乡村的屋檐下和湖泊的眼里老去。

孤独的眼

文 / 暮南渡

于是我写下了这些孤独，在一双双孤独的眼的注视下，那是男孩的眼，那是城门口的老者的眼，那是卡夫卡的眼，那是海子的眼……

离去的脚步早已长一声短一声地叩响了，我却仍忘不了那双眼。

一

是的，忘不了。在聋哑学校里，我看了那么多双孩子的眼，或是欢快地眨着，或是顽皮地转着，或是好奇地跃着，唯独他一人的眼是静静地，孤独着，分外地孤独着。

拥有这双眼的孩子微垂着头，也像这双眼一样，静静地孤独着，分外地孤独着。当其他孩子全都欢呼跳跃起来时，他才慢慢抬起头，望着我们，望着一张张陌生的面孔。他只是静静地望着——惊恐、疑虑、难过、茫然，什么也不说，一丝也不动，消失了一般，像是一阵倏忽而过的风将他刮走了，刮到一个更为孤独的世界；像是他化为一片苍凉惨白的月光，被遗忘了似的，搁着，寂寥得让人心寒。

我知道眼前这孤独的男孩患有自闭症，或许正是因为我知道这一点，或许是为了探寻这一点才格外留意地注视着他那双安静而孤独的眼。不过这样的注视也只是一瞥的刹那，而且他与我之间还隔着一排低矮的栅栏。虽是低矮，却也清晰地隔着。这样的一排就算是校门了，我无论如何也有些诧异，就像我诧异于他的安静与孤独。

一瞥，也许就在转身的瞬间。无意间有了有意，偶然中有了必然。

一瞥过去了。转身，我走失在他的瞳仁里，一副陌生的面孔也将如幻影般地消失掉，他的轮廓也会在脑海里被一点一点地拭去，只在最后留着双眼睛，安静地留着、挂着、嵌着、染着，染在了我的眼底，褪不去了。褪不去的色彩恰是孤独之色。那一瞥也似游丝般的气息，轻轻一吹，便钻入了心底，埋了种，生了根，盘了结，牢牢地。我无法不将它珍藏起来。

二

同样能潜入心底的昼与夜交替的光晕擦拭着它，像擦拭着一面镜子，心磨成的镜子，那就是一面镜子。其实，每一颗心，每一双眼都是一面镜子。但那镜子又像是活了一般，在一方小小的天地里波动着，一浪一浪，一闪一闪。每一浪都是来自内心深处最真切地涌动，每一闪都是一次折射，折射着什么？——灵魂的悲苦。

孤独常会被黑暗涂抹得更加孤独，孤独得化不开了，钻不透了。它缩在咫尺方寸的眼里，眼里又浓缩了一个世界，是属于那双眼的独特的世界。我在一瞥里所能见到的就是这样一个世界，它属于他，又被他的寂寞所渲染，又被他的自闭所缩小。于是小小世界就被充盈得有些鼓胀了，里面有不幸，更有忧伤与无奈，并在空虚里变得复杂，又在复杂里变得空虚……

小小的年纪竟要锁在自己的世界里独自承载着一些谁也不知道的痛苦……脑海里不禁浮现出他紧锁的双眉，一遍又一遍，淡淡的眉头被他轻轻皱起，却挑起了多少沉沉的岁月——虽然只是个孩子——；又挑起了多少凝重哀凉的画面，一幕幕，可能每一分，每一秒都在他的记忆深处闪现。也许还在他不谙世事的时候便经历了亲人的别离；或是经历了刻骨铭心的生死之分；或是经历了极端的贫困；又或是没日没夜地争吵，和父母之间令人心寒的冷战……

他的世界的确是孤独得让人不忍触及，却又忍不住想去触及，想去探究，探究什么呢？连自己也说不太清楚，而在清楚与不清楚的间隙里，我似乎又看到了自己的影子，看到了其他人的影子、其他的眼。

同样不幸的人生被浓缩在咫尺方寸的眼里。无数孤独的眼踏着无数孤独的节奏向我走来。接着无数悲情的目光移动了，缓缓地移动着，交叠到同一个点上；无数光圈也随之移动着，重叠成一个朦朦胧胧的圆，无数的眼也终于重叠成一双。

三

在这双眼里，我看见了城门口的老者。他独倚着，在寒冷中瑟瑟发抖。一旁的石凳冰凉透骨。石凳缄默着，他也缄默着。

石凳是缄默了千年的，而他却只能是这一生一世，这一生一世却又并不是确确实实的一生一世。因为生命短暂得可怜，开始得恍惚，结束得无奈。

他怅怅地望着前方，前方是自己哈出的一团热气。热气在空中翻腾起舞，一层层地向外翻、卷、滚，那分明是绽放在空中的一朵白花，那分明是失去了生命的。他看着，看着，心底的什么东西往上涌，他像忽然回忆起什么东西似的，双眼模糊了，朦胧了。

不经意地，这双眼里又浮现出万分忧郁的卡夫卡。他在怪异的世界里穿行着，数不清的文字成了漂泊的幽灵，再也没有比这更灵异的了，他却不满意，越来越快地穿行起来，不顾周围吃人的黑暗。终于他穿行成黎明前的一抹曙光，就像他投下的一

王绍熹——出生于1990年12月。现就读于广东海洋大学汉语言文学专业。广州本土文化宣传者，一直专心致力于文学创作，现为广州市作家协会会员，中国90后作家联谊会会员。广州90后作家联谊会副会长，清风文学社主编，80后90后联合发展促进会副秘书长。榕树下90后文学社骨干编辑，网名落尘九月，在榕树下发表文章达六万多字，多次获得编辑加荐。偶尔混迹于各大文学网站，发表作品若干。

晚安，我的浮城

文 / 王绍熹

走得累了，现在我只想静静地闭上眼睛躺一躺，晚安了，世界。

[昆明]

飞机稳稳地降落在昆明机场上。我随着长长的人流走出飞机舱，扑面而来的是毫无征兆的寒风。我裹紧身上单薄的衣服，轻轻地在人群之中打了一个寒颤。

昆明，海拔1895米。

飞行的时间并不算长，从广州飞到昆明大概只要两个小时，可这两个小时却可以经历多少恍如隔世。当我的脚再次接触到大地的时候，早已经是陌生的世界，陌生的空气。太阳依旧挂在天的一边，只是阳光洒下来的时候似乎铺上了一点点冰霜，轻轻地覆盖着我裸露的肌肤。手机一直在口袋里，却连按下开机按钮的勇气都没有。

看着机场外密密麻麻的人群，都举着大大的牌子，上面写着一个个陌生的名字。我带着大大的耳机从人群中穿过，拦下了一辆计程车。

司机，随便逛逛吧。

那个司机透过倒后镜看了我一眼，啥也没说就缓缓地开动了。

穿梭在昆明的大街小巷之中，一样的车水马龙，一样的人声鼎沸。城市与城市在骨子里总有那么几分相似，一样地流着工业化的血液。过去的回忆依旧泉涌至眼前，手机一直被我紧紧地握在手里，好像一个安静的孩子，没有发生一点声响。

尽管在高楼的间隙会窥得远处青山的点点轮廓，但更加刺眼的是触手可及的市井和现实。在大道的另一边还可以看到很多大型的连锁店，一些我从小就在家乡看到过的牌子店。忽然有种莫名的失落感，因为如此强烈地想逃离，才会选择崭新的一个城市来让自己重生。

但是最后才发现自己原来一直都是生活中的小丑，回忆就仿佛是如来佛祖的手掌，任凭我怎么飞，最后还是会被它压在五指山下。

司机，靠边吧。我下车了。

我拖着我那个小小的旅行箱漫无目的地走在昆明的小巷之中。偶尔会听到几句当地话喊着从街边的砖瓦屋之中传出来。我选择了路边的一家大排档坐了下来，里面的老板裹着大大的白色头巾，一身被晒得黝黑的皮肤，正干得热火朝天。

我要的牛肉米线很快就端上来了，吃的第一口却被呛出了眼泪。再仔细一看，碗里除了米线和点点牛肉之后就是红通通的辣椒，那位老板看到我的狼狈样，嘿嘿地笑了起来。

小姐，外地人哦？

我点点头，喉咙像是被火烧一样。老板边说边递给我一杯清水，然后笑嘻嘻地转过头去用我听不懂的方言跟其他顾客聊天。看着看着，本来因为辣椒而呛出来的眼泪竟然就这样流出来，一滴一滴地从心里面流出来，我极力地掩饰着自己的失态，用两只手反复擦去不受控制的眼泪，一直到两只手都已经沾满了冷冰冰的眼泪。

小姐，小姐。你没事吧？是不是我的东西有什么问题了啊？

那位老板看着我的反应显然有点束手无措。他说着一口并不标准的普通话。我用红通通的眼睛看着那位善良的老板。我从口袋抽出十块钱放在桌面上，就拉着我的旅游箱离开了那家店铺，奔跑在陌生的城市之后，无力地任由着眼泪飞扬在这里的黄昏之中，将老板的吆喝狠狠地抛在身后。

你会知道我在这个不属于我的城市无助地流眼泪吗？我只是知道我很想你，想念着你。

[大理]

我一直都很想你，一直都爱着你。

手机的屏幕发出着惨淡的光线。我选择了车辆的最后一个位置，在天还没有亮的时候，坐上了离开昆明的大巴。大巴里混杂着来自各个地方的气味，都是一些在昆明散落的旅客，谁也不认识谁，车厢里安静得吓人，前面的男人在开车的时候就一直开着窗，点燃了一根又一根的香烟。旁边是一位中年妇女，上来的时候已经看到她还有她怀里熟睡的孩子。就这样在黑夜之中摇摇晃晃地离开了昆明，继续逃离着我的记忆。

手机打开，是十多条内容差不多的短信，内容大多都是你有多么想我，多么爱我，最后都毫无例外地刻上了你的名字。我始终没有勇气回复你的短信，怎么写都是如此苍白的文字。再拼写多——哪怕一个字，我怕自己都会忍不住回头，对不起。我宁愿自己成为一个漫无目的的漂流瓶，那里面装满了不舍的回忆。

夜色依旧笼罩着大地，谁也看不清楚身边的谁在流眼泪。

大理，海拔 2090 米。

被身边的那个婴孩吵醒的时候天已经亮了，车里的人下了一半。那个小宝贝在妈妈怀里哭闹了几分钟之后总算被她妈妈慢慢地哄安静了，那位妈妈还不断地给我投来歉意的目光。之前已经过去了几个站，最后的一个站停在早上的大理古城，据说那是一个无数游客向往的地方，一座用历史堆砌而成的城堡总会让一些大城市里的人为之迷醉。

这两天咳嗽的情况越来越厉害了，有的时候甚至得停下来用纸巾捂着嘴，来止住因为剧烈咳嗽而发生的声音。大理的温度似乎比昆明还要冷一些，我裹上了最厚的一件黑色大衣，一个人走进了还在沉睡的大理古城。

偌大的石路上只有我一个人，边上的店铺毫无例外地拉着大大的铁闸，偶尔只能看到一旁的几棵柳树因为寒风拂动他们的枝条，沉睡中的大理古城，突显出一种让人唏嘘的荒凉。这样的一座城池，只有在褪去所有的浓妆之后才会显出她最迷人的韵味。一条条延伸到远方的路，一个个早已褪色的朱红房顶，远处一座没有打开探射灯的塔楼，都在跟我昭示着她最原始的历史和故事。

那家书店在一条巷子的尽头，没有名字。店主是一位老伯伯，我看到他的时候他正在掀开门面上的木板，准备着一天的生计。书店里面大部分都是一些旧书，却明显地经过精确地分类，整整齐齐地列在书架上。老伯伯对我意外地热情，他把我拉到店里的一张桌子上，给我冲了一壶茶，这时候我才发现，店的里头这样的桌子有三四张，上面都放着一壶刚刚冲开的热茶。

“老伯伯，谢……谢谢了。我只是来随便看看而已。”看着老人家这般操劳，我觉得有点受宠若惊，连忙劝住这位热心的老人家。

“姑娘你就坐坐吧，外面天凉，书买不买也没关系。呵呵，来喝杯热茶。”老人家从年月的皱痕之中拼出一道笑容，送给了流落异乡的我。他弯下腰，用苍老的手提起茶壶，缓缓地往杯子里倒出一道清茶，淡淡的清香弥漫着小小的书店。

这是一间谁也没有留意到的书店，在大理城市的最不显眼的一个角落，却带给了我一丝从来没有的温暖，鲜有行人会找到这家书店，尽管在大理古城这个旅游景点。但是面前这位老人家却生活得怡然自得，茫茫的人海，相遇即是朋友。或许之间互不相识，或许之间曾经擦肩而过，或许之间有多少误会争吵，能够与你相见，都是前世修得的福气。

我从口袋中抽出手机，往你号码里发出了一条简讯。

要是下一辈子可以再遇见你，我情愿可以花光我这一辈子所有的运气。

看着手机上你的名字，我才发现自己有多么依依不舍。但是我必须得逃，你知道的。我只是怕再次遇见了你，再次陷进去。

我和老人的故事，就到此为止了。

等我晚上从客栈出来，街道上早已挤满了各方游客。再也找不到老人家的书店和巷子，无奈地让那位热心的老伯伯在我的记忆之中流失。只有淡淡的茶香，还不时地让我记起那家没有名字却带给我温暖的书店。

[香格里拉]

来到云南迷上的第一样东西是这里的咖啡。

夜里多少个失眠的夜晚都有着醇香的咖啡相伴，慢慢地也就习惯了一个个有咖啡却没有睡眠的夜晚，腾出多少时间来想你。

趁着脚还抬得起来的日子，我再次坐上了那种摇晃的小巴，还是天没亮就听着车的马达声入睡。胸口似乎压着越来越重的的大石头，有的时候甚至压得气也喘不过来，我只能一边揉着胸口一边慢慢地随着消逝的黑夜入睡。

香格里拉，海拔 3280 米。

那是一个怎么样的城市。名字来自一本《失去的地平线》，那是一个神奇却美好的故事，这里的人们惊人地长寿，在这里多种宗教并存，在峡谷中人们活得逍遥自在，静静地享受阳光和雪山的赏赐，却对峡谷里的黄金不屑一顾，那是一个人间的天堂。

文字总是带给人很多美好的幻想，当旁边的一对小情侣诉说着这个美丽动人的故事，我把头扭过一边，看着窗外挣脱开城市尘烟的风景，看看他们有没有因为失去文字而显得落寞单调。

看到你短信的时候，我正在山路上吐得厉害，将前几天的东西都全吐出来了。这段路程颠簸得有点出乎我的所料。从大理到香格里拉显然是一个漫长的过程，得翻过一个又一个的山头，得承受一下下强烈的震荡，强烈得几乎把身体里面残存的灵魂给震出来了。

你说，你会来找我。从那个遥远的地方来找我。跨过遥远的天空，降临到我的面前。

你就没有生我的气吗？我就这样离开了你的世界。

你没有离开我的世界，只是你不懂得面对自己的世界。你是逃兵，我要把你拉回来。

你相信命运吗？

信。但是我想我们可以用另外一种态度去面对命运。至少让我在你的身边。你知道我一直以来都是这样爱着你。

我快要到了，香格里拉。

我在那等你，亲爱的。

我把手机放在袋子里面，就没有力气再多编写一个字。手里紧紧地握着几张纸巾，谁也看不到，里面裹紧的是一点刺眼的血红。你的脸庞，在颠簸之中一点一点地变得支离破碎。

下车的时候太阳依旧挂在头顶，但是手表显示的时间已经是晚上的七点。氧气已经逐渐在空气之中显得稀缺，过高的海拔原来除了让人产生错觉之外，连时间也会开始产生错觉。我艰难地走下车，拖着行李箱贪婪地呼吸着稀薄的空气。

有人轻轻地拍了拍我的肩膀，我转过头去，看到了你那张夕阳下的面孔。时间似乎定格在这一个瞬间，很久之前的那片天空，我是多么地迷恋着这一张面孔。

我总是眼浅的人，对不起，眼泪再次落在你崭新的大衣上面。当我再次模糊地看着你的眼睛，总能想起我们如此地相爱，如此地幸福。

走吧，陪着我走完这一段旅程。

我牵着你大大的手，迎着黄昏，每一步都走得坚实。

[这只是一座浮城]

这里拥有最美丽的风景，满眼都是温暖的流水，青翠的远山，恬静的街道，我们走在无人的街道上，独自享受着高海拔独特的风景。暖暖的阳光，慢慢的时光，我真的很庆幸在人生的旅途之中，遇见这么一个你，阳光逐渐地覆盖着我的全身，我渐渐地在你的胸前睡去，带着一种温暖的感觉。

再次被剧烈的咳嗽打破了美好的梦境，醒来的时候躺在雪白的床上，雪白的被单盖着我的身体，提不起一点力气。

小姐，你怎么到这个程度才到我们这里来就医呢？

我扭过头避开了那位医生的目光，面对他的责问我无言以对。我一直在害怕着面对自己，害怕着面对现实罢了。

医生，请问你有见过我的男朋友吗？他和我一起来的。

没有啊。你是在路上晕倒的。然后一些路人就把你送过来了。没有人跟你在一起。

我听着医生的话，一边打开了自己的手机。手机一直在关闭状态，我用仅剩的力气按下了开机的按钮，过一会儿就收到了你的短信。没错，上面清晰地刻上了你的名字。

上面简简单单地写了一句话。

不要再等我了。

世界开始迅速地崩溃，痛苦的海洋淹没了我的世界。一切都是假的吗？曾经的感觉是如此的真切，曾经的回忆是如此近在眼前。我捂着自己的眼睛，才发现眼睛早已干涸得流不出一滴眼泪来。

小姐，小姐。你把这份疾病通知书签了吧。我们会告诉你家人的。

通知书上写着：恶性脑部肿瘤，会让人产生呕吐，头晕等病症。情况严重时会晕厥，产生大量幻觉，最后可能导致死亡。

医生，请问这里是哪里？

广州啊。你一直都在广州啊。

旅途完了。在很久很久的以后，我会告诉自己曾经去过几座城市。里面有出租车司机，有热心好客的老板，有善良的书店老伯伯，还有很多美丽的风景。那是独属于自己的浮城。

走得累了，现在我只想静静地闭上眼睛躺一躺，晚安了，世界。

徐艺婷——生于1990年2月16日，浙江杭州人。即将毕业于北京大学新闻与传播学院。爱好阅读、写作。希望能将生命中遇到的故事化作一句句美丽的话语，留在不灭的记忆之中。

但凡活着，总要有爱情

文／徐艺婷

但凡活着，总要有爱情。不论它是一点、两点或三点。

一

图书馆，人文阅览室，下午3点。

一个女孩在我斜对面坐下来。我没有刻意地看她，只是她出现在了视线之内。戴一副不见圈度的眼镜，扎一个马尾辫，穿一件红黑相间的大衣。

很平凡。像你我一样。

悲剧的课本看得有些无聊。一个声音划破了宁静：“嘿，同学。”看过去。一个男生从她面前走过，她手里拿着学校的信笺纸。她看看走过的他，随即低头阅读起了那张纸的内容。那仿佛是满满的密麻的一页。

那个男生，从另一个书架走过，绕到了她后面的书架，随手拿起一本书翻着，眼睛却时不时地往这边看。女孩阅读完，放下纸，继续在她的书上写着划着。我不知道是否专注。很自然地，男孩走了过来，蹲下望着女孩，轻声问：“同学……”

你们都知道的。

女孩粲然地笑了，男孩在纸上写了什么，笑着走开。

我很相信，这个男生已经关注了这个女生很久。如此，他才有这些话可说；如此，这个女生才会给他如此灿烂的笑容。

二

总是很幸运地可以看到这些美好的事情的发生。偶尔来次图书馆，也能遇上这样的故事。

不知道他们以后会怎么样；我总相信，以后遇见，或许已不是一个人。这样的故事很像童话，甚而比童话还美好。因为它还有希望，它不会像卖火柴的小女孩一样，死去了；也不像美人鱼一样变了泡沫，断不给我们一点念想。

叶子忿忿地说，一定是王子辜负了美人鱼，她才变了泡沫。看，童话也有现实一样残忍的一面，所以现实也有像童话一样美好甚而更美好的一面。

想起那部叫做《蓝色大门》的电影，“我叫张士豪，天蝎座，O型，吉他社，游泳社，我很不错哟。”总有那么一些恍如隔世的青涩感在里面。

朋友说怎么没碰到这么好的事。总不是没碰到，是你没留心过这么一个女生。或者，你要求的不平凡？可是这不平凡吧，也只是在你眼中，所以才不平凡了。终归到底，还是一样的。

这个时候，我应该坐在馆里好好复习我悲剧的课本，或者在课上睡个觉，养足精力，晚上复习。可是，还是按捺不住坐到了电脑前。因为想记录一些美好，记录一些青春。

这儿已经很冷，可是阳光却肆无忌惮地泻下。全然不是零下的味道。

图书馆里也很温暖。高大的书架间，除了浓浓的书墨的香味，还有一些甜甜的，涩涩的感觉在里面，萦绕在在座的每一个人身边。让人欢喜。

这，定然是一个美好的开始了吧。

三

2月12日，晚饭，三三两两聊起谁也不懂的爱情。

但凡活着，总要有爱情。不论它是一点、两点或三点。

这个年龄，恋爱是避免不了的话题，又或者说对象是避免不了的话题。因为有些婚姻其实从一开始就没有爱情的，而是直接有了亲情。

40岁以上的人都会对我说，爱情其实没有那么重要，找个会过日子的人比什么都好。

40岁以下的人都会跟我说，这种东西一定要讲感觉，有感情才有未来。

小叔叔和小阿姨是我很喜欢的一对。他们的爱情是张扬的，是我都能感受到的。那不是过日子，十年了，那就是爱情。现在看，也还是爱情。

可是，当小阿姨劝我要感觉，要爱情时，小叔叔却反问她："你说的感觉是什么？过日子最重要。"

其实，说说是过日子，为什么能过，还是是因为起初的感觉。

很多人在分手或者吵架时会负气说，没了你我又不是不能活。

我总觉得，这种话伤人又伤己。世界上那么多男女，的确，分了还能再找，没了谁，谁的世界都会照样转。但是，总有个最希望相伴的人。能在一起，便是最好。这个世界因为有了他或她，才更温暖，即便平淡。

我想我是个自私的人，不想委屈自己，所以不能因为可以过日子，便在一起。总要追求那最初的感动，或是多年后回头发现却可能无法挽回的感动。

林夕三石——陈永威，暨南大学中文系戏剧影视文学专业大三学生，生于90年，热爱并致力于从事电影、电视剧编剧创作、影视创作、小说创作，曾获多个全国广告短片奖，编剧导演的影视短片《见鬼？Holy Shit！》在土豆网上点击率近三十万。笔名“林夕三石”化自原创影视作品的署名“梦磊”，寓意梦想、磊落。个人座右铭是“许一个愿，用一生去实现。”

自卑的人啊，都已消逝

文／林夕三石

全心全意地爱一个人是自卑，而要追求一个人、充满魅力却是自信。那一个人怎么可以既自卑又自信呢？

一

“你真的很喜欢她吗？”二十岁的方浩源搭着二十岁的张思宇的肩，问。

“非常喜欢。”张思宇迟疑地回答。

张思宇羞于表达，唯独方浩源总有办法让他放得开。搭肩，对张思宇来说是信任。张思宇认定提问者是兄弟。

张思宇害怕聚会。他腼腆寡言的外在常常使他在人群中被忽略，而他内心渴望注目，这使他躁动忐忑。

“好吧，那我就答应你。不过说起来也奇怪，你不是要当作家嘛，又不是要你当面讨好姑娘。”万人迷方浩源讨教。

“即使是在微博上留言，对她全心全意的我也显得太脆弱。风一来，小草会倒，但之后又会竖起来。而树一旦被吹倒，便再也起不来。”张思宇用一个对方听不懂的比喻结束了对话。

“微博的账号我已经知道了，密码是什么？”方浩源不愿难堪，转移话题。

“520liuying。”张思宇答。

“刘颖？”对方问。

“嗯，她的名字。”答。

二

方浩源是普遍意义的万人迷，不同于小生们的精致小脸，他阳光、帅气、活跃、健谈的形象深受女性欢迎的同时，男人也不反感。

方浩源喜欢往人多的地方靠，而且具有悲天悯人的精神。在聚会上，他游刃有余，对谁都能聊，并总替那些在聚会中一言不发的人操心。

“Hey~不要干坐在这里，去跟大家聊聊天吧。”方浩源在昏黑的K房里搭着张思宇的肩膀。

这是他们之间的第一次见面。

搭肩，对于方浩源来说是社交技巧。其实，方浩源也有同样的忐忑不安，他的存在要建立在别人的注意上，为此他总往人群中扎，爱“不要脸”地搭。

他觉得，世界上所有的人，心理也都如此。因此，他愿意帮助这方面的弱者，比如张思宇。

于方浩源而言，帮助他也没什么难度，不外乎用张思宇的账号在那个姑娘的微博上留言、私信罢了。对于驾轻就熟的方浩源很快就上手，两人聊得开。

方浩源喜欢看刘颖微博上用手机发的照片，里面有各种自拍和合影，里面总有一个画着浓妆的活泼姑娘，很美丽。

三

按理说，网络的世界不可信，但看着共同粉丝上的重合，知道彼此在同一所大学，即使没有遇见过，刘颖也倍感亲切。

可能是，网络的世界太大了。

刘颖这段时间喜欢上了一个没有见过面的微博搭讪者。

“但片刻言语可以代表一个人吗？”刘颖想。

“如果对方是丑八怪，怎么办？”刘颖在微博头像上只看到了一个模糊的侧脸。

刘颖决定用行动粉碎胡思乱想。

“我们见面吧。”刘颖的私信。

四

“我觉得还是你跟我们一起去吧，就我和她，我真的不知道怎么应付。”张思宇恳求不太情愿的方浩源。

这段时间，张思宇着了魔似的，埋头在自己的精神世界中。对于成为作家的想法，他尤为迫切。他理所当然地想，沟通的事情已经交给了方浩源，而自己要做的便是增加底气，努力地让自己有出息。

然而，没有人相信他能成为有出息的作家。

事实上，没有人关注他。

五

方浩源不太情愿地答应了张思宇的请求。不太情愿倒不是怕做电灯泡，毕竟这事他做得可多了。

他担心的是自己戏假情真，毕竟这段日子，他和刘颖在微博接触多了，每次输入密码“520liuying”，真真假假，总让人迷糊。

“我这位哥们不善言辞，却是个作家。”等到三个人坐在餐馆里，还是方浩源首先破开了沉默。

那天的“三人约会”，在张思宇、刘颖两人的沉默和方浩源的力求圆场中草草收尾。

六

刘颖看得很清楚，因此在约会上沉默。

“你才是在微博上和我聊天的那个人吧。”刘颖再次见到方浩源的时候问。

方浩源没有回答。

他牵起了刘颖的手。

七

“可是微博上的照片是我，爱你的人也是我！”张思宇竭斯底里，却也只敢发个短信去问。

“我喜欢的是那个和我聊天，驱散我寂寞的人，不是账号的所有者。”刘颖回复。

“我当你是兄弟，你却成为我的敌人。”张思宇恼怒方浩源。

八

方浩源不知作何回答，甚至不知为何牵上了刘颖的手。

十年后，方浩源回想当年刘颖青春靓丽，就像一块肥猪肉自动送到嘴里。方浩源至今仍打心底里不愿承认自己的行为只是捡了个小便宜。

但是，三十岁的方浩源却深深地爱着他二十八岁的妻子刘颖，和他们五岁的儿子。在这复杂的世界里，唯有对家人的爱能支撑他的存在。

活跃的方浩源毕业后留在本地求职，进人了一家不大不小的外资企业，跟随着浩瀚大军在职场沉浮打滚，每天和大多数人一样想着如何升职加薪。

方浩源热衷于升职加薪也不为其他，只是想让家人生活得更好。他想自己要达到什么样的职位才能拿到什么样的薪水去追攀房市呢？大概是总经理，可总经理岗只有一个且那人还健在，公司却有无数同样迫切的目光。

现在他们一家三口住的房子是方浩源的奶奶留给他的一房一厅。儿子已经五岁了，不能让儿子一辈子都跟爸妈睡同一张床。儿子需要有自己的私人空间。

方浩源和刘颖也需要有自己的私人空间。有了孩子之后的头两三年，他们还偶尔会去外面开房，重温小情侣的喜与欢。日子长了，激情消退，随之暴露的是各种不便。他们的激情渐渐地便停止了。

方浩源很爱这个家，但他意识到刘颖已经不再像从前那样爱自己了。或许，有了新屋，他们还能找回往日的激情。

方浩源要拯救这个家。

九

夜色中星光黯淡，刘颖穿着高跟鞋，像大娘似地拼死挤上最后一班公交车。而这趟车，她已经等了两个小时。

这是通向家的唯一一条公交线路，刘颖在公车上挤着自己的寸土，看着窗外的出租车、小汽车来往。当刘颖回到家，疲惫不堪已使她无法理会丈夫和儿子，只依在还算舒适的沙发上，看着电视发呆。

刘颖变了。

男人的黄金期只在二十岁前。那段时间，男人长得帅，会有女人爱；男人打球犀利，会有女人爱；男人有文采，会有女人爱。但一旦男人跨过了三十岁，一旦二十八岁的女人经历了社会，就会爱慕有钱的男人了。

刘颖的男人绝不贫穷，但论有钱，却怎么也比不上电视机里的这位。

十

作为一名新时代的畅销书作家，张思宇像演艺明星一样频繁地出现在电视机里。

最近，他忙着新书的签售活动，在各个城市奔走。

这一站，回到了熟悉的地方，正是他大学所在的城市。

浩瀚的等候队伍中有熟悉的面孔，有一些是张思宇的超级粉丝，张思宇到哪里签售都能够见到她们的身影，而其他的一些张思宇依稀记得是大学校友。

大学那时，他们彼此大多叫不上名，只知道脸熟。如今，张思宇依然叫不上他们的名，而他们都为张思宇是自己的校友而骄傲。

而张思宇打心底里是唾弃他们的。

“人只会在风光的时候，才会被想起。”张思宇提醒自己。

现在的张思宇在人群中已经没有了窘迫，倒不是因为他已经是人群的焦点，而是因为他已经习惯了顺从自己的心。

刘颖那件事之后，张思宇更加专心致力于用故事编织自己的精神世界，并乐在其中。张思宇越写越多，写出了名堂。

每次签售，面对着数不计数的读者，张思宇的签名都行云流水，签名之后的抬头微笑则标准规范。

忙碌签名的张思宇又翻开一本新书的扉页，见到上面写着“520liuying”。张思宇抬头，使得方浩源清楚地看到张思宇的皱眉。

十一

“你为什么觉得我还会帮你？”张思宇在酒吧里冷冷地问。

“我从报纸上看到了，你还是单身，你应该忘不了她吧。爱一个人不是希望她幸福吗？”方浩源很是天真。

“我单身是因为我身边的女人来来往往。”张思宇回答了前半句。

“再说，这对你来说也只是小菜一碟吧，等我慢慢有钱了，我一定会还给你的。”方浩源按着自己的逻辑说。

“这毕竟是权谋者的游戏，而我只是浮在表面的一颗棋子。虽然媒体曝光率高，但我对自己有约——不做代言不接广告，我也只是外表风光罢了。”张思宇回答。

“那就打扰了。我再想想办法吧。”张思宇窘迫地站起来，道别。

“爱一个人就希望她幸福，如果她的幸福需要你的离开，你会这样做吗？”张思宇问。

方浩源当没有听见，头也不回，离开。

十二

一个陌生的电话响起，刘颖接听。那头的人说自己是张思宇。

刘颖很兴奋，好像自己等了这个电话很久，好像是一辈子就为了这个电话，只因曾经错过了一次。

电话里头的人和刘颖相约在高级酒店的一间客房里见面。这件事，方浩源不

完事之后，方浩源躺在床上看着天花板喘着气。床也比以前的大了不少。

“就像做了一场梦……”身边的刘颖想着那天的事，面无表情。

“要不我们再来一次？”方浩源像小孩子一样。

“房间太安静了，我们开个电视吧。”刘颖回答。

电视打开。电视声和床上两人的咿唔声彼伏响起。

电视里正是广告时间。

“给你一个五星级的家……”张思宇的声音从电视里传来。

作者我说

自杳——原名谢超杰（我承认这是一个雄壮的名字，尤其当她安装在一个女生身上的时候！）生于1993年9月。

爱生活爱美食爱文字。爱自己。

当总以为用最好的姿态去面对每一天的阳光的时候，却在矛与盾的摩擦中不断缝合自己。可以面对熟悉的人在那撒泼似的上蹦下跳，可见到陌生人，却只能报以之尴尬的微笑。把思想安装在一个安分守己的身体中，试着留下更多关于我的脉息证明自己来过。是一个从来不挑食的好孩子，因为觉得当每一份食物牺牲自己来呈现在我们的面前，这本身便是一件神圣的事。

爸，你是我的超人

文／自杳

其实想说，不管如何，一直以来你都是我的超人，是那个比在动画片里拯救世界的超人还让我膜拜的偶像。从小到大一直都是。

一

再见的声音还回荡在整个房间。

剩下的是我一个人跪在大大的行李包上，绞尽脑汁地拉着拉链的场景。塞了两床被子的包，无论我如何费劲，却忽然决定与我抗战到底。

放在床板上的手机“次次次”地震动。来电显示：老爸！

“老爸，在哪了呀？”

“你住五楼吧，如果没走错的话，我现在在五楼。”

声波传给我的是你爬了五楼后略微气喘的呼吸。

“额。好！我马上来给你开门！”爬下行李的我，急忙朝门跑去。

二

最后一门考试结束的铃声响起。

黑板上还写着离放假还有 0 ：0：0 分的字迹。三三两两的人，到最后拥挤的人潮。大包小包的孩子，大包小包的家长。寂静过后的校园，开始变得沸反盈天。

回到寝室，室友们都走了。留给彼此最后的新年礼物是一个大大的微笑，还有，“新年快来哦，明年见。”

今年回家如此怠慢的我，应该是习惯了吧。这是惯例的假期，没有再像最初那样兴奋得早早收拾好东西等家长来接。往常的经验告诉我，在跟你通完第一通电话后，你会告诉我：那么多人，车挤车，老爸明智。先睡会。乖女儿不要心急哦。

爸，你叫我该笑还是该哭呢。

坐在空荡荡的寝室，目送每一个人回家，发发呆，然后想到你正睡得香。那时的感觉，你比较更像个长不大的孩子。

“呦，什么时候变得那么有效率了呀~”开门后的我，调侃地说道。

“你爸一直都那么有效率。阿囡，不知道啊？”

“知道知道，就不知道那个不来接我却偷睡的人是谁了哦？”我故作猜疑状。

“嘿嘿。”你坏笑了俩声。“行李还没收拾好？我知道，你肯定遇到问题了~”

你的脸上泛起微微的得意，即使没有得到我的回答，始终自信你能看出我所遇到的问题。

“聪明了。我拉不上拉链呢。估计塞太多了”。

你径直地走到行李旁，捣鼓了半天，然后看到你从拉链上扯下一小团棉絮。转过身，得意地冲我笑笑。“真笨呢！”你扬了扬手里的棉絮。

“服了你。”我无奈。

三

一直以来感觉跟你的关系时近时远。

有时候你像个长不大的孩子一样，但有时候你却会让人保持三尺距离。这是我在跟我同学介绍你的时候说的话。我想没有比这来得更为贴切的描述了吧。

扛上了所有的大件行李。

“爸，你顶得住么。”我有些担忧地看着。

“别小看你爸，来，把你手里的都给我，我还能拿。”

“别别别，我能拿。”我急忙挣脱你伸过来要拿行李的手。

走在你身后，看着肩膀上扛着大大的行李袋的你，走在前面。超重的负荷让你的背，微微地弯曲，在你的衣上显露出褶皱的脉络。那是力的分散。从五楼的第一级台阶，你微喘的呼吸声伴随着一路。就这么笃定地跟在你的身后。因为我知道，就这么跟着，不会迷路。

“爸，我帮你拿点吧。”

“你还是小瞧你爸了，再一会就到了呢。”

我知道，你累了。那些说出口的话，伴随着重重的喘声。

但我更知道，就算再累，你在我面前还是会不露声色。你想要给我的是作为一个父亲勇敢的形象。

你看，我都知道。

其实想说，不管如何，一直以来你都是我的超人，是那个比在动画片里拯救世界的超人还让我膜拜的偶像。从小到大一直都是。

四

想起小学的时候，因为跟你闹脾气而半夜离家出走。那时单纯地想要证明，没有你我照样很勇敢。却在走到半路后，听到街边狗的吠叫而害怕地躲在了一个小棚子里。

时值夏季，黑黑的天空中充斥着蚊子的鸣叫声。粘稠而咸咸的汗水粘着衣服，顺着发丝流淌下来。我躲在那里偷偷地哭。大脑却告诉我不能回家，回家就是认输。

我听到了你的呼喊声，在这个漆黑的时刻，像有一种无形的力量，那个声音穿透所有不安分的燥热来到我身边。即使相距甚远，我还是能够感受到那来自你的力量，那种声音特有的安全感。

但我却还是固执地躲在那里不肯出来。听着你交错的脚步声和焦急的呼喊，那一刻竟然没有得逞后的快感。感觉那声音忽近忽远，却永远在我的感知所能企达的范围，永远在我的视线所能搜集的地方。

抹着眼泪，还是跑了出来。你深深地拥抱着我，没有责备，只有心疼。

那一刻体会到的，我知道那就叫爱。

超人承担着拯救世界的任务。从第一声“爸爸”开始，你就是我的超人。不管时间如何涤荡永远不会改变。那种细微而温柔的爱，无法传达，却以步步澄明。

你告诉我，你不累，你永远那么强壮。

就像每次周末回家一个小时多的路程，为了赶在两点前到学校，你从不午睡就急着来送我。却还听到我时常的抱怨。漫长的回家路，看着驾驶座上的你红着眼眶，连着的哈欠，一路上拼命地捶打自己的大腿，企图让自己保持清醒。坐在副驾驶的我，就真的觉得自己很不懂事。

五

从什么时候我开始变得倔强，变得强硬的？老妈的解释是：在我这里基因发生了突变。

想起这学期的期末考试后的家长会，你满怀期待地来参加，但在看到我的成绩后的那种表情。我一直记得。

你拍拍我的肩，微红着眼眶，告诉我：好好加油吧。

没有责备的语气，比怒骂更让我愧疚。我知道，你很无奈。但你知道，我的倔强。

你在桌上放了一星期的生活费，就走了。

知道么，老爸，在你走后，我趴在桌子上哭了很久。

因为我为了一些无关紧要的事，让自己的成绩从班级里的上游掉到下游。

因为我没有好好地给你想要的。

这就是原因。

多么荒唐的原因。

双手托着下巴，面对着窗外。偷偷地抹眼泪。看着家长会过后，三三两两的家长和孩子，或喜或忧，从我迷濛的眼前走过。

有时候祈祷你宁愿骂我，责备我，也好过于如此默不作声更为让人来得痛心，更为让人不知所措。

眼前的背影、开车时疲惫的神情、知道成绩后你那种特有的表情……所有的影像在此刻交叠，融合，构成一个楼道里的场景。像是一个冗长的故事，叙述着最美的情节。所有的一切像沉积在湖底的淤泥，透过澄澈的湖面，看向蓝色的蓝天如此辽阔，却触不可的，遥远却贴近。

想让自己变得更加地贴心。

正如你时常在吃饭时感叹“想你小时候，老是把小手变成小榔头帮我捶背。小榔头敲啊敲啊敲~”，说着说着便陷入到深深的回忆里去。

爸，那时的我，应该很可爱，很乖吧。

我会一直的，把自己青春期的叛逆收纳好。

我想我该在你每次来接的时候帮你买好你爱吃的零食。当车里一片寂静的时候，疲惫来袭，你捅捅我：“阿囡，老爸又困了呢。”

“了解，给，零食呢。再陪你讲讲话吧。”

老爸。这应该算我们之间特有的默契吧。

你有曾属于你的青春年华，却为了给我撑起一片天而努力收藏好那份过往。你有属于你的怯懦，却为了给我一份安全感，争做我的超人。你曾拥有一个男人特有的骄傲，却为了我如此卑微地活在铜皮铁墙的高楼丛林中。即使不辉煌，却永远那么勇敢。

看，我都知道，我都懂。

六

第一次跟你“大打出手”的场面也是在青春期。

第二天你就要去出远门。而我却还要让你心烦。

你拔了我的网线。

倔强的我回到家里把柜子里所有的衣服翻倒出来，誓死要找到网线。妈妈走上楼看到一片狼藉的场景，无奈地劝说我。

“你别那么烦，行不行？！”在我的呵斥声中老妈偷偷地关上门，走下楼。

良久，那回声还盘旋在空荡的房间。还有，那趴在乱乱的衣服堆里掩面哭泣的我的抽噎声。

老爸，你看我还是那么懦弱，我还是那么爱哭。

小时候的我是不是个爱哭鬼呢？

想了好久，哭了好久。幼稚地想要“报复”你们。

于是安然地抹完眼泪，淡定地走下楼。你看到我，没有抬头，自顾自地吃饭。我坐到你的电脑面前，没有对白，妈妈看着我们。

把你的电脑设置了一个复杂的开机密码。然后心满意足地关掉电脑。带着点小兴奋走掉。

现在想想突然觉得自己真的很白痴。

回到房间后有点得逞的小快感。

我听到你急冲冲走上楼的脚步声，“啪”地推开我的门。

“去把密码取消掉！”你命令似地说道。

心烦。我讨厌这样的语气。

“才不！绝不！！谁允许你拔我的网线！你拔我就这么做！”也许语气太过强硬，也许是你受不了我的无理取闹。

中间有太多太多的纠葛，待现在回想起来。那些模糊的话语，纠绕在一起。留在脑海中最碎的画面拼凑成的是：抬眼，逆着灯光看你举起的手掌。

那时的你肯定以为我会害怕，可是我没。你是不是有些落寞。我就这么看着你，让那些温热的液体从眼角缓缓地留下。就这么看着你。

看着你怒气冲冲的表情，慢慢地平缓下来。举起的手，就这么慢慢地放下。被你手遮挡住的那大片灯光，就这么毫不保留地照在了我淌满泪水的脸上。一切的一切就像在播放一场无声电影。缓慢而井然地上演。你终究还是败给我的眼泪了，我终究还是赢了，在这场心理战中。

那我是不是该欢呼雀跃，庆贺我赢了你？

“你爸明天就要出远门。电脑上还要办一些事情。你知道的，你妈不太懂。去把电脑打开吧，网线藏在柜子里。”你关上门后，留下的话。

还留我一个，在那笑着哭了。

我用我的方式赢了你，却还是止不住地难受与心酸。我想我还是幼稚的，无可自拔的幼稚。

不管时间如何推进，还是用着最幼稚的方法再向你抗议。

能容许我胜利的是，是你没有变过的爱吧，对不对？

七

四楼的楼梯口转角，碰见同学。

微微地一笑，再得意地看你一眼。

三楼的台阶，窗外的阳光拥抱在此刻。

眯着眼，我看到蓝天上三五成群的飞鸟，在我的眼睑上投下阴影，却又迅速地消失而去。微微睁开眼睛看见自己眼前张开的五指，修长而轮廓清新，阳光从指缝间洒落下来。那些，斑驳的阳光，透过指缝撒在你的身上，笼盖在你微驮的背上，笼盖在你的喘息声上。

感觉暖暖的。很幸福。

因为一直有你，我混沌的世界从此有了形状。

因为一直有你，我跌跌撞撞的人生拥有着永不丧失的向心力。

因为一直有你，我开始不再害怕。

爸，你是我的超人。

在心里默默地念叨着。

我看着侧脸全神贯注的你，脸上的脉络这么抒写着。

那是超人的功绩。

抽丝剥茧，留下最真实最原始的情绪，盘桓在每一个脑细胞内，充斥着爱的气息，细小而又深刻。

至始至终无法撇清的，是关于你给的童话。那里盛开着一个小女孩最美的梦想。不管现实如何地捶打，你始终为我遮挡所有来自现实的碎片。可以面对憎恶的一切时露出佯装醉心的微笑，却永远掩饰不了面对你时的脆弱。一个男人，用他的一生为我诠释所有。他将自己燃烧，用他特有的光芒照亮一个孩子跌宕的路。即使微弱，在我看来却依旧光芒万丈。

八

“爸，你是我的超人。”

有些突兀地脱口而出。与这寂静的氛围，略显突兀，却又很快融合。

我看到你脸上流露出的自豪。那些深深镶嵌在你皱纹的脸上，那是一种一个男人特有的自豪。

爸，你做到了，一直都是。

幸福永垂不朽，笑容立等可取。

没有回答。没有任何表示。

因为，我看到，超人脸上的功绩，那些深深的纹路，微微地笑了。

沐郗澈——我的真实名字叫王柳，这个名字很普通也很普遍，但我很喜欢，因为对于我来说这是个独一无二的好名字。

这里是沐郗澈，沐郗澈是我的笔名，三年前起的，一直用到现在。起这个笔名是希望自己的文字能够保持简单澄澈并且如同阳光一样温暖他人。

自己一直很热爱文学，热爱文字，崇尚能写下优美文章的人。自己的理想是成为作家，这个理想自己已经坚持了快五年了并且会一直坚持下去。它已成为我的人生目标，我想我会一直朝着这个方向去奋斗。

“人所谓的‘存在’就是创造自己。”这是我信仰的话语。希望将来你们会看到我的进步。

痕迹

文／沐郗澈

岁月总是在人们漫不经心的时候留下一些难以磨灭的痕迹来时刻提醒人们它的存在。

一

当别人长期对你某一方面评头论足而你又不知如何应对时，愤怒和委屈聚集在心里不得发泄，便会情不自禁将自己的怒气波及到身边的人。

这不，在无数次被人有意无意地评论自己大得有些像蒜头的鼻子之后，才意识到原来我的鼻子长得的确不好看的事实。进行生物科复习的时候翻到“基因”、“遗传”、“生物的形状”这样的字眼，顿时把长久以来的愤怒怪罪于自己的父亲。

我不是爱憎分明的人，但我对于自己讨厌的事物却充分发挥了白羊座敢爱敢恨的特性。我讨厌自己的大鼻子。因为它，我讨厌同样拥有大鼻子的父亲。

这是自己曾经一度无法释怀的事。

二

那日上学前，我对着镜子端详了许久，最终在父亲路过时用他刚好能够听见的声音说：“鼻子怎么这么大呢？难看死了。”

听到这句话，父亲的脚步顿了一下，转过头来对我说：“大鼻子没什么不好啊，可以呼吸更多的空气嘛。”

若是平时我定会嬉皮笑脸地与父亲继续这个玩笑话，可我如今是记恨于他的。所以我不耐烦地白了他一眼，生气地对他吼：“还不是遗传你，烦死了。”说完冲出卫生间气冲冲地拿上书包摔门而走。

待我情绪平息之后我又后悔对父亲的态度，可想想我的鼻子又觉得理所当然。

三

父亲的面容在我一天天长大的岁月里渐渐地苍老。父亲年轻是即使鼻子大了些，可搭配起来也算是英俊的男人。

用母亲的话来说：“你妈妈我当初还是有些过于重视外表，所以在那么多人里相中了你爸。”而现在的父亲已变成了一位皮肤几乎失去光泽，眼睛也不如当初炯炯有神的中年人了。

说明文经常用到作比较的说明方法来突出、衬托某一方面。其实人从年轻到苍老就是最典型也最真实的比较。

我是如此在意父亲的变化，时常为父亲不如当年风华正茂而叹息。可父亲自己却并不在意，只是在我和母亲提到这些变化时无奈地笑笑，摸摸自己已不再光滑的皮肤。

岁月总是在人们漫不经心的时候留下一些难以磨灭的痕迹来时刻提醒人们它的存在。

四

父亲年轻时是一位热血沸腾的文艺青年。手抓着似乎永存的梦想不断地奋斗。

当年父亲的文字经常上各种报刊杂志。父亲曾经给我看过他的特邀记者证以及各类刊登了他作品的报刊杂志。这些书刊父亲通通保存在他的抽屉里。然而，那个抽屉里除了他辉煌的曾经以外还有我小时候写给他的贺卡。

“这个抽屉里是我重要且珍贵的回忆。”父亲说。

五

见过我父母的同学都更喜欢我父亲。

“你父亲给人感觉亲近些。”

“你父亲虽然有些唠叨可是很体贴。”

“你父亲很爱你啊。”

这是他们的看法。想来我一直是“身在福中不知福”。

其实我明白，父亲之所以拥有一张布满苍老痕迹的脸，跟多年来为我操劳是脱不了干系的。

到了初中我便开始住校，父亲总是在我放假的节日里发来祝福短信。我在被窝里读这些短信读到泪流满面。

那些岁月的痕迹是父亲在我深夜熟睡时为我盖被褥为我擦汗的见证；是父亲为我削苹果，做饭的见证；是父亲多年担心我身体、我学习的见证。每每想到父亲一日日衰老，我都惶惶不安，但我逐渐明白自己在父亲的衰老中成长，父母未来幸福也与自己息息相关。当我明白这些以后，我对父亲脸上苍老痕迹逐渐理解。

终于有一天我鼓起勇气对父亲说：“其实大鼻子也挺好，这是您留给我最幸福的痕迹。”

听了我无厘头的话父亲愣在那里。顷刻，他憨憨地笑了。那一刻，父亲脸上苍老的痕迹似乎也跟着笑了。

那些不朽的时光

文／第六生命曲

重要的是我们在一起，并且庆幸的是未来我们会一直在一起。

这个时间我还没有睡，想要在凌晨短信你。今天上网的时候特意嘱咐你晚上不要关手机。那个时候我就想好要在整点到来的时候用这样的方式来祝福你。

其实前几天我就做过这样矫情的事情，去办公室找导师谈话，颠簸了一宿的火车，中午到达的时候，你打来电话问我吃饭没有，我还一直口风很紧地不告诉你说我要回家。只是想要给你惊喜。我一只手拉着行李，胳膊被压得一直颤抖，右手拿着电话回你。我说我在这边挺好的，不用惦念。又随便支吾了几句，内容大概记不得了。挂完电话以后就得意得不得了。猜想你见到我时的表情，会不会吃惊得说不出话来。

果真如我猜想的一般，你从大老远走来不敢认我，到眼前时才叫出名字，我一直微笑地看着你不说话。你跑过来伸开手臂给我一个大大的拥抱，嘴里还不停地责怪我为什么回来还不提前打声招呼这样可以去车站接我。我说这不是要给你惊喜嘛。你就说不出话来，手臂的力道又加重几分。我想是一辈子都会记得，那个没有树荫的楼道口里，阳光打在你烫大卷的头发上，很温暖美好的样子。迄今，我能想到最好的形容词便是"美好"。

你没有回短信给我，大概是睡着了。你不喜欢熬夜，总是看电视看着看着就闭上了眼睛，有的时候我想要和你说话，扭过头来看到的却是你熟睡的侧脸和发出的轻微鼾声。凌晨一两点我关电视，把你从沙发上拉起来。你睁开眼睛总是先看一下表，然后叮嘱我明天不可以这么晚睡觉就径直朝卧室走去。这句话我已经习以为常却从来没有照做过。你也只是皱皱眉头表示无可奈何。你不知道的是，我经常失眠。总是贴着你的温暖躺下来才会觉得安心。甚至有些时候需要借助你的鼾声才能入睡。现在我和宿舍的人一起睡，六个人在一起，按常理应该不会觉得孤单。可常常总是深夜也没有睡意。我不想十几年来的习惯就这样被几年的琐碎替换掉。我不妥协是因为知道还要回到你身边。

我想起去年这个时候写给你的一篇文章，放在空间里。没有告诉你，也没有意料到你会看到。只是在隔天路过书房的时候看见你面对电脑耸了下肩膀。我走过去看到你快速地关掉网页，像是掩饰什么东西一样。而后我看到了你发红的眼眶。你看了我一眼起身走开。我打开浏览记录，发现你正在看我写的那篇关于你的文章。忽然就开心不起来。我知道那是感动的泪水，可是我要的不是这样。如果只能用泪水答复的话，我宁愿感动也不要。

你没有对我提及过，我无法想象那些年来你所承受的痛苦，它在我所承担的范围之外，目光企及的地方也望不到曾经遥遥无际的黑暗。你一个人把我从六七岁拉扯到了如今的模样。我也只是觉得辛苦。我想象得到，雪花覆盖大地还不断地飘着，你在站台上胳膊都僵硬了还是打不着车。如果离得近，我想你大概一定会走回来。可是你在远离我几十公里之外只能干着急。我在电话里催促你快些回来。其实我仅仅是为了逃避去学校而已，才谎称发烧要你回来。罢了罢了，往事不要再提起。每回忆一遍，我都会觉得是自己的不懂事让成长绕了这么远的弯路，让你白白受了这么多的委屈也不能说出口。可是我怎么能够忘得掉，总是深夜醒来发现你坐在床前，没有开灯偷偷抹着眼泪，以为我看不到。也不敢发出声音。我便再也没有睡下去的心情，翻过身子陪你一起失眠。

那个时候我想，一个人的离开能有多痛，是让全世界都变得黑暗没有光泽没有生存下来的愿望，还是就这样破罐破摔地生活下去。后来你对我提起那样一段时光的时候，轻描淡写地说你曾想过要放弃，但只要想到我就咬牙坚持了下来。你说，只为我。那个时候我多想拥抱你一下啊，把全世界的温暖都给你。可怕你突然就陷在了回忆里出不来，所以总是岔开话题。幸而我们一起手牵手走过了那段本不应是那样的岁月，让时光覆盖了哀伤。如果可以，我想要你忘记。

我回学校打开行李包，发现里面全是大大小小要紧不要紧的东西，仅是零食都占据了一大半的空间。隐约记得你问我，在那边会经常饿肚子吧，你明显瘦了一圈。我说："是啊是啊，所以你要赶快做些好吃的安慰我一下。"没想到这样你都记在了心上，走的时候替我收拾包袱时一言不发，我只看你忙碌了好久，只是当时没在意。原来你的关爱全在这里。

如今我变得强大了，无论遇到什么也只是难过一下子就挺了过来，坚强了不少。

我想有一天你可以依靠在我的肩膀上逐渐老去。有一天你忽然说好久没有看到我哭过了，然后露出欣慰又满足的表情。那一刻我觉得无论成长的道路上受了多大的委屈也是值得的。这些成长被你见证着，我却更希望能让你看到结果，会在日后无措的时候一转身就能够看到强大的我。

你曾经拉着我的手说："你长大了要离开了，我怎么办。"我看着你一脸严肃的表情就笑起来。是长大了啊，但是不会离开，我一直都会在这里。你告诉我你刚刚看了一部电影，说是一个人孤独终老什么的，看起来无比凄凉。我说不会是这样的肯定不会是这样的。你就像突然松了口气似地安下心来。我想起你突然有天晚上，正好好地睡觉，突然就伸出胳膊摸了我一下。我瞬间清醒，听见你含糊不清地说着："你还在啊。在就好。"就又继续睡去。我不知道你做了怎样的梦。但日后我每每想起来都会无比感叹。

你陪伴我走过了那么长的岁月，如果我不懂得回报也会愧疚得无地自容。所以往后的日子里我都会如最初你在我身边一样守候着你。

我没有和你讲过太多亲密的话，只是近来举动不自觉地"矫情"起来。不知道为什么会是这样。你的劳苦我都知道，所以我一直都在努力让自己看起来更加优秀。对于过去的那几年你闭口不提，我也小心翼翼不去触碰。每当遇到挫折的时候就会想起那个只能在晚上才敢掉下眼泪的你，让我心疼得说不出话来。

我不想要重复那样一段生活。我给你讲想要给你一段有我不寂寞的时光。那是真的。我可以骗过很多人，但却不忍心欺骗你。

我发了十九个字的短信给你。没有刻意，后来发觉的时候也微微感叹了一下，真是巧合得可以。那就在我们生活在一起的第十九个年头用来庆祝节日的到来。希望你快乐，每天都快乐。

生活轻松点，身体要比原来强壮，开心点，妈，我爱你。

丁一——90年深秋生人，成长于江南水乡人家，十八岁独身北飘。一直很忙，要么是忙得忙，要么是宅得忙。“世上唯一一件和不要谈论自己一样不要谈论的事，是为什么不要谈论自己”，总以“神经病”自嘲，所以无法为自己贴形容词标签。信奉“我心即宇宙”，而毕生的最高理想是拥有一个美丽的宇宙。

丁一说

一个90后文艺女青年的小情感笔记

文／丁一

每次想表达的时候，都要花很多时间去挑一首歌，想挑出完全契合此情此景的音乐，不过通常付出的时间不受同等的回报。

说得好听点，“如花美眷，敌不过似水流年”，说得难听点，“时间是把杀猪刀”。以为自己能牢牢记住，最后发现根本就不是时间的敌手。挺好的，记住了也不代表执着，记不住也不代表冷血。

我觉得被人记得和被人记起是两件不同的事。前者很让人欣慰，后者尤其当它只发生在生日时，细想一下这是什么感觉我们都懂的。

我结识你的时候远比现在的幼稚还要幼稚——其实这个故事挺好的，因为我不会对所有的男孩儿都这样，却偏偏对你这样了。很多年以后，或许我在你的记忆中就简化成了一个伤害的符号，或许最好还是幻灭了吧……

谈女人的友谊

人间有三情：亲情、爱情、友情。虽然分界线并不怎么清楚。亲情，这是一家子的事，随着中国计划生育工作的不断深入，现代中国的亲情观念已转变为两大人与一小孩之间的事了；爱情，正常情况下，两性相爱时体内分泌的爱情荷尔蒙，可以让你们之间的感情维持一年左右的时间，之后就不一定了；友情，有了前面那两种情给人带来的不断的失望后，就被赋予了无限大的期望，现实是怎样的呢？

男女友谊和女女友谊有何区别？据尼采论述，男女之间如果要有真正的友谊，前提是：双方对对方的身体具有一定的排斥感。若真照这样来区分，那么当前许多宣称相互之间友谊正常良好的男女其实正在发展的不是友谊而是暧昧。女女之间拥有真正的友谊的前提是什么？麻烦就麻烦在它没有固定的前提。

女人这间的友谊似乎是一下子爆发的。我们可以看一下大多数形影不离的女友，通常都是在第一次聊天中就对对方留下好印象，之后就相约一同做些事（逛街、吃饭、聊明星），友情指数的增长非常快。我们都知道经济发展过快就容易产生泡沫经济，GDP 增长过快就促成通货膨胀，所以，就如爱情来得越快走得也越快，友情越是在短时间内爆发，也容易在另一时刻骤然衰退。所谓的“女人之间的友情是微妙

的”就是这原因。到底坚不可摧还是摇摇欲坠当事人最清楚，这倒和传统的“当局者迷，旁观者清”正相反。

两个女人到底是因为什么能凑到一起，成了一天的朋友或是一辈子的朋友？我想第一种大概是因为双方口味、品位、学识、修养等等相符。只要能和自己说上几句对头的话，那么这感觉就对了。若真是如此，那么众多肥皂剧“二女（好朋友）争一男”就没什么可奇怪的了。如果两位女性好友碰上这种状况，友谊十有八九破裂了。就算最终那“一男”消失于“二女”之间，也已“此情不可待”。很不幸，这种因第三者而破情的情况的发生率并不低。

第二种，互补。也许是女人们害怕在与自己相像的另一女人上看到自己的影子，于是宁愿找一个与自己不完全一样甚至完全相反的人做闺中密友。这种做法不知是感性逃避还是理性明智。这一类友谊在旁人眼中必定是短命的、不值得信赖的，事实上当事双方可能正在享受这种与众不同的友情。问题出在这里：人活在这世上，必定为旁人所影响，不同的只是程度深浅而已。正如孔圣人讲“与善人居，如人芷兰之室，久而不闻其香，则与之化矣；与恶人居，如人鲍鱼之肆，久而不闻其臭，亦与之化矣”，执意与一个和自己相反的人长期相处，要么你被她同化，不然她被你同化，还有第三种那就是你们相互越看越不顺眼，自然而然分道扬镳。这和爱情的“互补”有些差别。

就我所知，女人最喜欢做的事之一就是比较。年小时比玩具，青年时比相貌，嫁人后比老公，生育后比小孩。这也导致了女性之间的友谊有一个危险区：当面友好，背后相比。因为正常情况下，一个女人最先想到的能与自己作比较的对象往往是她的密友，这一比，要么是自己受伤，要么是密友不快。比来比去，没得到什么，倒把友情给比淡了。总之，就是这样造成了“女人之间无真情”的不争事实。

经美国某著名心理学家研究，让女人最放松、最舒适的减压方式,既不是健身操，也不是长途旅游，而是向同性密友开怀倾诉，这样突然有一个特点：分担性大于分享性。

还有种说法，“女人就是一群孩子”。孩子的友谊大家小时候经历过都清楚是怎样的，不管旁人如何看待，至少他们本人十分坚信这段感情的真实性与持久性。之后也忘得快。

所以，叔本华说，“女人都是不成熟的，是介于男性公民与小孩之间的一类个体。”虽然我们知道19世纪和之前的哲学家普遍轻视女性，但不可否认这样的定义是有一定道理的。

也正因为如此，女人之间的友谊才得以存在于人类三情之上，成为一类特殊的感情。你是不是也这样认为？

给你的信

今晚家里比较烦，我就早些逃到自己的小房间里，坐下来提笔给你写信（对，我都是手写完，再打成电邮寄给你的）。

外面突然开始下雨，台灯光很安宁，希望今晚我的心也能随此再平和下来，烦扰之事快弃我而去。

其实现在我的眼泪正一滴一滴掉落在纸上，我觉得如果是十几二十几年前，我把这样的信寄给你，你的心是不是会颤动一下，一下下，一秒钟？而现在你看到的虽然是一封普通的电邮，但我好希望你能看到的不只是这些冷冰冰的宋体印刷字。

（不好意思哦，还没开篇就先写这些废话……）

人生是漫长的，漫长并不是指要经过很多年岁，因为不是每个人都能活到古稀之年（你是不是和我一样想到了7·23事故中匆匆离世的两个校友）。所谓的漫长，是经不住有生之年总会流出的找不到意义的空隙。在这些时刻，我们的感觉也不是单一的，有时是无聊，有时是麻木，有时甚至有快乐，有时就是没有感觉。

从这个角度来讲，大学四年真的只是漫长旅途中的一小段而已（打一下岔，我也希望人生旅途不是坐动车进行的，我仅有的几次坐火车的经历我更喜欢缓慢前进的车）。

突然我又跳跃到另一个角度，换句话说，大学的我们只能一起度过四个冬季（我们都喜欢冬季是吗），四个，用一只手数过来手指还嫌多。又所谓“人生苦短”大概是从这里看的。

看过一个广告，说世上的两个人，从相遇到相识到相知（若悲观地说，再加上相离），需要的平均时间是两年。（插话，坦白说，那个广告说到这里背景音乐一起来我就哭了，但我觉得你是懂的，我不是悲伤而泣，真的有切肤之痛的时刻我真的记不起来还有眼泪这个东西可以挥霍。流泪，原因往往很傻，因为没有原因。）

我喜欢你，喜欢你与我不一样的温和，喜欢你的品味，喜欢你的家庭环境和自己成长中的抉择造就的你特有的气味，你权衡两边都不愿伤害时的犹豫，你在外的大方得体的举止，在私下又狂野可爱的疯癫，我若是男人，自然会怦然心动的。

而我呢，（环境描写：窗外一直劈闪电）我不是一个正常的人。这句话会被当作刻意自我标榜也好，被当作装文艺青年吐酸水也好，你和我相处这两年应该是多少明白的。如果有另一个类似我的人在我身边，想必我是接受不了她的，我会觉得觉得她有点意思，仅此而已。我平常是很少主动问候人的，短信、电话、扣扣，真的会显得很冷漠是么，比如“干什么呢”之类的话你发现我是断然问不出口的。如果你嫌我对你不关切，我可以多为你写信，只给你的信，里面的“你”全是你。

还有不到一个月你就要走了，现在外面的雨也快要停了（这是你熟悉的我的神经质的逻辑，等你到那个半球估计也体验不到这种神经了，怕你半年后回来适应不了我了，我就在给你的信里多帮你温故知新一下好了）。你知道7 · 23给我留下的最大后遗症是什么么？就是变得特别注重跟别人说话说到最后一句的时候那个言语和感觉，因为怕真的是最后一句了（当然我知道这种后遗症很不好，但就是染上了呢）。

所以这一封里的最后一句我用个问句吧，你不必回答，我就当你默认了我心里你的答案：

这漫漫之路，我们能相伴走一程，你想到这儿，是否仿佛忽然看到我这张老脸，会心一笑？

I get misty eyes as they say farewell

每次想到要离开的时候就很惆怅。

去年夏天离别的前晚一个人写着字，哭到用手使劲捂着嘴还是能时而从那里逃脱出几声呜咽，还是怕被听见。

一次次，我要告别我这辈子最大的财富：父母。

我不是个恋家的人，不是个会依偎着父母撒撒娇说说悄悄话的可爱女孩。

从小渴望离开，快二十岁时弄明白我是永远离不开的。

我怕看见我跟你们挥别的时候你们眼里藏不住的失落和遥远的期望，只有那时候我怯弱地不敢看你们的眼睛，我忘了我还有我最引以为傲的想象力，那些眼神如果由我自己的大脑来勾画会更加深刻，我一个人时一想到你们对我的付出，流的泪会更加汹涌。

我是真的不知道怎么回报你们，我觉得我永远都不会有回报了你们的感觉，只要一想到要离去，我的难过是不言而喻的。不是离不开你们，是知道你们离不开我而你们却不能不让我离开，

怎样让你们知道我是很爱很爱你们？

为什么你们这么好的父母就培养出了我这样不会示爱的女儿呢，为什么我看起来总是很冷漠呢，

为什么我宁愿一个人悄悄地哭也做不到在你们身边哪怕是演戏也好地撒娇依偎一下呢，为什么我是这样的人呢

或者，你们也会在深夜流着泪想我，想我为什么是这样的

情人节要来了，

我不要情人，我只要你们，要你们能明白我所有的感情，我哭是为你们，我最爱的永远是你们。

就好像我现在边哭边写下这些，以“你们”称呼，可是你们又有什么机会看到这些呢，如果你们不突然从梦中惊醒冲进我房间，你们永远看不到这样一个脆弱无助多泪的女儿，我也看不到，我的形象一直过于坚强，过于独立。

有时候我想我如果有个女儿这样我的心是不是总会是凉的。

有时候我甚至幻想你们有两个女儿，我还有一个真正可爱的妹妹，真正能让你们体验所有做父母的乐趣与满足。

这已经是第二次在离别前夕崩溃泪堤还要写点字来宣泄了，其实又有什么实质作用呢，下一回再这样，也许我会选择打电话跟别人哭诉，但有谁能理解我这种感情？

过了今夜，明天又是正常的一天，就像所有其它的白天一样，我们相敬如宾，和谐而有距离，心里的感情表达不出。

而我所有的泪水，我满腔的感情，我自己都觉得可笑可鄙。

我爱我的我

国庆节出去玩的肯定都是傻瓜儿。

表弟来京投奔我了，我这种在北京蹲了一年却还不怎么懂它的宅人，也只好出去硬着头皮做导游。

本来没想通这几天莫名的难过和烦躁今天全想通了，X期综合症，外在表现就是更疯癫，内在表现就是更自虐——再科学的解释我也给不出了，就拿这个理由搪塞自己吧。

不会痛经的女人真幸福，她们说的。

画了两条诡异的眼线和眉毛出门去接表弟。

国庆坐地铁，尤其是一号线，还不如做护翼的天使。

废了很多话很多力，终于接着了。噩梦的开始还是地铁。

和数不清的人站在黄线后面，回应着表弟的各种问题，听着国庆特派维持秩序人员的叫嚷，彼时我已经没有清醒的意识了，跟高烧似的，迷糊地走，迷糊地笑，迷糊地思考，迷糊地窒息。

常常专注于感官传达给我神经的各种感觉，哪怕是一种难以忍受的，因为很少能体验到，所以也珍惜得不行。

当开始反胃的时候，我觉得这是在这样的日子里挤地铁的必然结果，我觉得其他人应该是和我体验着同样的感觉，所以把苦水咽了回去，我觉得大家都如此平静着或如此有活力地埋怨着，我也就不必强调个人感受。

到王府井下了，以为一到了地上呼吸到新鲜空气就好了。

步行在长安街上，一直在反胃，一直在坚持。

去年也是这样和雅馨走在这条街上，肆无忌惮地流露着外乡人初到天安门的随大流的喜悦杂乱，今年只能一边忍着由肚子向上走的恶心，一边笑眯眯地看表弟拍照留念。

走过广场的时候实在是忍无可忍了，嘴里不断地冒出一种未知的液体，冒了咽，咽了又冒，后来就连正常说话也不行了，因为一秒之内嘴内就全是这种清液。人潮中我能做的也就是捂住嘴，跑向最近的垃圾筒，谢天谢地它没有盖子，直接吐。不知道你们有没有发现，那一段路，每走几步就有这样几乎就是为呕吐而设计的垃圾筒，就好像是早知道有人会这样似的。

这或许是第一个小幸福。

第二个小幸福就是再走了不久就到了王府井，然后看到了DQ，按理说不该吃冰的，但如果总是按理，那我也就不是我了。

一吃上冰淇淋，胃马上不往上冒水了，一瞬间就好了，确切地讲是一瞬间就麻痹了，我觉得胃也是沉浸在一时的幸福中了，它忘乎所以，我也就忘乎所以了。

幸福很短暂，回味才长久。

所以之后又开始反胃，我只是在回味一阵反胃和一阵反胃之间的那一段小小的平静。

然后去了南锣鼓巷。

既然不会做导游，那就干脆一块儿去一个新地方，所以没想到第一次逛这地方竟然是和表弟。

没有什么情怀，走在巷子里，觉得和他逛哪个店都不合适。

棉花糖不好吃，冰糖葫芦看来还不如学校里卖的诱人。

当又一阵恶心袭上来的时候我决定再吃，吃比冰更刺激的东西，就让胃死吧。

然后吃了麻辣砂锅。

跟表弟其实从小就不很亲密，姐弟又总是比兄妹来得奇怪，吃饭的时候就不知道聊些什么，只能伪装成八卦女，其实聊的那些八卦又能让我提起多大的兴趣呢？

吃了吐，吐了吃，一直吃到吃了不会吐为止，残忍的我，可怜的胃。

话说如果不是要带表弟游玩，中午该去广播台聚餐，这么看来还好没去，不然吓到别人了如何，毕竟大家都觉得我是如此爱聚餐的人。

我的体力值一直在女性平均值以上，今天却因为此病事以致一路拖步驼背畸笑，这纠结的眼线画得真是日子……

顺便提一下，刚才吐的时候还想象了看我吐的是除表弟以外的另外的随便一个男性朋友，然后他问："你怎么了？"

我就吐完抬起头来很随意地说：我怀孕了……

然后欣赏他的表情。

只可惜是表弟，只可惜下次再碰到这个场景要很久很久以后或根本没有了。

想象力丰富就是好，快乐不快乐，痛苦不痛苦，想象就行了，或许你想象的快乐比你真的碰到的快乐还要快乐，或许你想象的痛苦比你正在接受的痛苦还痛苦。

今年夏天相对较规律的饮食还了我一个健康正常的身躯，秋天的暴饮暴食又让我的肉体掉进 disorder 的深渊。

似乎刚才回来的时候开始下雨了，不知道它愿意下多久？

假设下雨不是天空在哭，我刚才作了众多猜测，今晚比较偏好的一个是：它在给它的天空花园浇水。

尽管同时沾染着变态的想象力，执着的自虐，真实的疯癫——我还是爱我的我。

叶徵羽——原名倪国欣。生于1992年3月。扎根于南京，流浪在扬州。网名宫商角，笔名叶徵羽。五音分散，迷恋破碎的美感。

生在江南，却向往漠北之地。喜欢黄沙遮蔽的天空，一如喜欢漫无边际的夜晚。害怕黑，却沉溺在夜色的荒芜里无法自拔。始终坚信青春是开在悬崖的花，一边怒放，一边凋零。这是我们生存的姿势。

念安，我的玖零

文 / 叶徵羽

或许有一天，等我们都成为徐徐老者时，还能想起，曾经有一个玖零，安放过我们年少时的梦想和那段难以言传的流沙年岁。

不喜欢“转瞬即逝”这样的字眼，总觉得用如此单薄的一个词汇来形容这场盛大相遇相知过于轻浮。亦不喜欢扳着手指头，一天一天数着时间过日子，将每一秒都刻成纪念碑的模样。

我所钟情的，是这样一个数字，7。一横。一竖。一个结点。一种姿态。

像是一种约定，亦像一声召唤，一场相逢被匡进7的一横一竖里，凝结成固态的温暖，挥散不尽。

我是到了很久以后才开始相信“缘分”这种抽象的词语的。很长时间以来，我牵着梦想纤细的手指踽踽独行。那还是我的一段轻狂年岁，像被封在琥珀里想挥动翅膀，却最终无力挣扎的虫。透过坚硬明澈的外壳，还能看到旧日时光栩栩如生的模样。

到了现在，我只能在他们身上再找回一些我当时对梦想的执着。我喜欢叫他们孩子。孩子——还能拥有纯澈的念想，还能趴在阳台上对着北斗七星说愿望，还可以不知天高地厚地指点江山，激昂文字……

不久之前，我仍将那些干净的梦想碎片收藏在心底。我以为那些熟稔于心的希望会是不灭的灯火，纵然微弱，也温暖如同仲夏的阳光。我亦不知道是什么突然打破了我保持良好的微妙平衡，或者，只是间歇性的迷失和错乱。我时常守着电脑一整夜，只零零散散打出几个字来。

六月份的扬州，突然变得温和起来，夜晚竟有了凉如水的触感。我坐在床上，抱着膝盖，看天空一点一点从黛色变成深青，再变得像鸽子灰一样惨淡而明亮。思绪一片空白，什么也想不得。有时候，我不知道为什么会哭，或许不能说是哭，只是流泪。有很多次，我不明所以地眷念某些东西。就像以前迷恋踩碎梧桐树叶时轻微的断裂声，就像莫名地喜欢在零点盯着手表看秒针无声地划过那个刻度，就像执着地在深夜听阿桑的歌，试图去接近那种清澈的绝望……我只是恋上了泪水划过脸庞的感觉，那是从内心深处流淌出的液态的心情。有时候很平静，有时候会感到分筋错骨的疼痛。

总有一些情感过于汹涌，反倒无从说出口。我不知道，如果没有遇见你们，我会不会溺死在无人理解的暗流里。我庆幸，世间没有可以假设的事情，没有可以逆转的时光。这样，我就不用再次经历那样无所适从的惶恐和无处表述的积郁。

我不知道要经过怎样繁复的计算才能得到我们相聚在一起这样一个微小的概率。山高水长，若不是一段文字的相牵，我们又怎能于万千人之中，淡淡然问一句：“哦，你也在这里吗？

寒假时，和锦游、末炎、飘飘飞雪在一起讨论“以爱之名”的征文，我们四个，竟是北京、上海、天津、南京汇聚一堂，后来想想仍难以置信，天南海北的相遇相知，大抵如此吧。

若仅仅如此，也就不会有下面的故事，故事里的人尚在，情节便永远新鲜。

我是到了今年四月才彻底醉心于这片土地。若让你把梦想的种子和生活的点点滴滴都埋葬在无法雕刻的时光里，你会不会像我一样，即使明知回顾会在旧的疤痕上翻出新的伤口，也义无反顾，去那些凌乱的文字里寻找曾经的自己？

这是一个烂俗的说法，文字是我们生活的载体，我们的社团又是那些文字的载体。但我无法避免那样的烂俗。正是前些天在群里说到梦想和现实的问题，我死灰般沉寂已久的手指头才有了久违了的蠢蠢欲动。才想起我也曾在轻狂的岁月里忽视掉现实，也曾奉着梦想当做命根。

许久以来，有人点头轻许，夸赞我有才华；有些人则不屑一顾。我亦逐渐看淡了评价，看淡了以后才知道，当所有的不在乎成了习惯，岁月便会剥离五彩斑斓的表层，变成轮廓分明的黑白两色。

我也从未想过，竟是一群孩子，用他们的画笔分了我一半的色彩。不知天高地厚，未必是一件坏事。妮子说：“我们都是活在现实和梦想分开的世界里的。我不想让现实弄脏了我的梦想。”我不想也不忍心地看到我曾经坚守的那一切，渐染世俗气息，亦不愿意看他们步上我的后尘。唯有沉默，唯有叹息。

然而，时光真的会改变我们很多。当我还像他们一样把梦想视为水晶的日子里，我也对人间烟火不屑一顾，我也在深夜里拼命码字，也想方设法地联系杂志社和出版社，也不甘安于现状，也奉着“出名要趁早”的理念，也幻想过捧着实体书的欣喜。但梦想琥珀色的光泽遭受现实一次次的打压，它也开始变得像我小指上的尾戒，逐渐黯淡无光。

我想我们总有一天要屈居于现实，无论多么庞大的念想也会被生活的锋刃砍成光秃秃的蛮荒之地。然后不再牵着文字流浪，梦想退场，随遇而安。

若不是还有一群年轻的孩子用荡气回肠的勇气帮我看到曾经的自己，我会不会已经在现实的洪流里居无定所？

四五月份，曾一度沉迷于自编自演的悲伤里无法自拔。我看着时光将过往酿成一场无法言说的大错，失眠，流泪。所有的人，都不像表面一样看上去明丽和快乐。我仍然只是习惯和他们开一些无伤大雅的玩笑，或是为自己写一点无关痛痒的文字。他们说我会劝服人，能够被别人劝服的人同样能够被自己劝服。我属于死不悔改的那种女生，执迷不悟，不愿被任何人劝服，宁可一错再错。

很久之后，看到赵玉轩一句话："总有一种文字，让我们生死相许。"如果失去了我唯一的述说方式，我的生命又会不会因为我的执迷不悔而变得瘫软？那是不能想象的未来，像我不能述说的过往一样不堪。

在强大的流光面前，我时常感到无能为力。我看着群里的人来来往往，社团里的孩子走走停停，什么都做不了。相思自白说，他回来了。卡卡说，还有我们在，我们很强大。寂静说，我们都还在。当我在看到岁月险些将我们曾经的华丽碾成空白的时候，那样的话语，一如既往地让我感到温暖。

那天在群里聊天，末末问到玖零成立多久了。我算算，从2010年11月15号以来，竟有7个月了。7个月，我们一直在。这是一场意外的邂逅，盛大的意外，美丽的邂逅。偶遇之后凝成守望。

或许有一天，等我们都成为徐徐老者时，还能想起，曾经有一个玖零，安放过我们年少时的梦想和那段难以言传的流沙年岁。

我在无数份编者按里写"问安作者"。同样，问安，我的玖零，我们的玖零。

9、简单＠爱：

爱就爱了，在河边吹着风，在山顶看日落，一起骑单车，一起去旅行……在简单中感悟世界与人生，谁说简简单单的感情不能感人至深？可是，爱真的这么简单？很简单的爱最后总会弄出很复杂的结果出来。不信，你看看你写的东东。

10、蓝颜红颜：

那些给我们关心关爱却无关爱情的朋友和知己们，可还在你心头？可还带给你同样甜蜜的回忆？回忆中是否隐含着几分苦涩和敌意？彰显90后情谊的诚挚与怀疑，展示90后情谊的抉择与伤害，本栏目为你们真实的感情提供展示的舞台，“好”、“坏”不拘。嗯，是的，爱你的人伤你最深，背叛你的人很可能就是身边这个最信任的人。我们不倡导质疑情感，我们只探索真实。

11、在路上：

人生就是一场从生到死的旅行，爱始终在路上。路途中的风景、路途中的人事，如果爱上，又会怎样？我们寻找爱在路上开花的人和事儿，也会选录花开无果、无疾而终的情感旅程。

12、生活中：

爱是浪漫的，生活却是现实的。90后虽然年轻，却不幼稚，有一些走在前面的新青年先锋，已经将成熟的笔触渗透进了现实生活中的爱与被爱，折磨和消殆，残酷与真实……我们谨慎地欢迎这种以犀利的笔刀去剥开情感外衣的情感观察家和社会现实反映者。是的，在爱情的加速度跑不过房价的飙速度的年代里，亲爱的，其实是一个很现实很生活的事情。90后不跟世界接轨，世界就不会跟90后接轨。

13、亲爱的·您：

收录不是“我爱你”而是“我爱您”的作品：托起你身躯的父亲的厚大手掌，缝补你衣物的母亲的细密针脚，深爱你的满头银发的爷爷奶奶，给予你温暖的陌生的叔叔阿姨…….那些你敬爱的、尊重的长辈，在你的生活里有着怎样的位置与情感纠葛？提起笔分享你们之间的亲情吧，让我们更好的了解大爱，了解长辈。这方面的作品缺缺。中稿率很高的呦。

14、卷尾语：

收录高屋建瓴地阐述“90后看情感，我看90后”的文章：要求以90后整体为写作对象，表达90后的情感和倾向，起到为本季收尾和画龙点睛之意，语言优美，文笔深刻，有说服力。

其他尚有若干流动的栏目和版块，如“博爱”（收录90后爱心公益等方面的故事和情感）、“谈情说爱”（收录90后看爱情的思考、言论和理论性作品）、“微情事”（收录微小说、微博论语、微语录、贴子、QQ签名、手机短信、爱情格言等短小精悍的创作）等等……你也可以来创造新的栏目和版块！

在每一季，还有一个重磅版块，就是“90后派·访谈”：我是90后大明星，我正在接受“超级90后”的访谈——亦即《超级90后》会对每一季的90后执行团队全体成员或者本期90后重点作者进行全方面的访谈，并且，配以他们青春的影像……你想成为90后大明星吗？你想接受《超级90后》的访谈吗？

那就给我们投稿吧！Come and join us!

你可以有以下几种方式参与：

1. 新青年官方微博：http://weibo.com/newyouthbook（新浪）

2. 新青年官方QQ：70239125，超级90后QQ群：57786724

3. 投稿邮箱：newyouthbook@sina.com

4. 写信给我们：北京东城区东四12条21号中国青年出版社新青年读物工作室（邮编：100708）

以上任一投稿方式均视为作者自动授权本丛书编辑部采编成图书出版，并授权中国青年出版社全权处理（含许可第三方使用）网络专有出版权等事宜。来稿请附上你的姓名、简介、昵称（笔名）、照片（七寸生活彩照）、地址、联系方式等，以便后期编辑出版联络。

中国青年出版社新青年读物工作室

2012年3月

新青年读物工作室

《亲爱的》主题图书征稿启事

《亲爱的》系列为中国青年出版社新青年读物工作室创办的主题图书，不定期出版，旨在展示90后的情感观与生活状态，以90后原创的情感类型作品为主。

在成功策划出版《亲爱的》（第1季）的基础上，现正在筹备第2季和第3季的选稿和审稿。

欢迎90后自投和荐稿，把您创作或身边朋友创作的90后情感作品与大家共享。文章体裁不限，形式不拘：小说、散文、诗歌、随笔和微博言论等均可。

为更有针对性地投稿和荐稿，请仔细阅读以下栏目的选稿意向：

1、卷首语：

从当期作品和作者中选择一篇不错的随笔、散文，来揭开本期90后情感之旅的序幕。

2、封面主题：

每一期"亲爱的"会有一个隐含的主题，侧重于展现90后某一种类型的亚情感模式，比如，反映女孩和女孩之间的友谊与亲爱、伤害与敌意；呈现90后和父母的矛盾、沟通和妥协；展现90后的博爱、关爱和爱心……越是不局囿于男生女生之间情感模式的作品越容易入选哟（拒绝耽美）。

3、个人专辑：

为了配合新青年·超级90后"3年打造30名青春文学星生代"的培养计划，每季集中展示一名90后青春作家的作品。要求投稿文章不少于5篇，以聚焦同一主题为佳，比如第1季中的"再见，少年"；以不同体裁搭配为佳（小说、散文、随笔、博客或微博言论等），以从不同角度展示你的创作才华和挖掘潜力，为我们"海选"90后派文学新星并推出其单行本图书，提供参照系。走过，飘过，不要错过哟。

4、青梅·木马：

本栏目主要征集展示90后纯真情感的文字："郎骑竹马来，绕床弄青梅。"你可还有那些渐渐逝去的天真、纯洁的回忆？如果有，让文字为证吧。尤其是胡同弄巷，邻家隔壁，村头村尾，河东河西……越纯越爱，越爱越纯……这些少年情怀少女情愫，是我们一生的记忆。

5、同桌的你：

本栏目聚集同桌/同窗那种"有界限之爱"：你的同桌，是安静的、是争吵的？是天真单纯的，是多愁善感的？是坚强的，是爱哭的？岁月尘埃落定，在尘埃中依然清晰的同桌是怎样的？你们之间发生过什么样的青春碰撞？请撰文讲述你们的同桌/同窗情谊吧。

6、情书：

本栏目收录那些在暗恋、初恋或所谓懵懂季节热恋时"头脑发昏时写下的文字——信或者其他"：投笺互诉衷肠的年华总是美丽的，情窦初开的人儿总是敏感的，懵懂中的爱情不总是甜蜜的。在青涩年华中绽放的情窦，不如将其记录在笔尖纸端，让我们一同聆听和感受爱的滋味。

7、男生vs女生：

侧重于从男生、女生各自的角度来讲同一种情感的故事：男生说，女生说……要求故事性强，讲述方式有创新，能写出男生、女生各自不同的情感思维模式。嗯，我知道有难度——不过，不是有好多人从异性的角度来讲一种情感么，不看简介，我还真不知道，原来写出女生情感的原来是男生！那你再试试讲讲男生的故事啦！

8、如果·恋：

不能爱的季节，假如真的爱上了，是一件让所有人都会头痛的事情。你会怎么办？或者，挚爱却不得不分开的伤，是这个世界上一朵不败的花。你有过这样的经历或感慨吗？欢迎投稿本栏目。